KB141089

일본 학자가 본 식민지 근대화론

— 일제강점기 일본인 토목청부업자의
부당 이익을 중심으로

도리우미 유타카

지식산업사

도리우미 유타카鳥海豊

일본 와세다대학 정치경제학부에서 경제학을 전공하였다. 같은 대학 아시아 태평양 연구과에서 석사 과정을 밟은 뒤 서울대학교 대학원 국사학과에서 〈일제하 일본인 토목請負業者의 활동과 이윤창출〉로 박사 학위를 받았다. 현재 한국역사연구원 상임연구원, 선문대학교 강사이다. 일본인들에게 무의식중에 형성된 혐한적 역사 인식을 바로잡는 강의로 한국학생들과 일본인 유학생들의 호응을 얻고 있다.

주요 논저로 《3·1독립만세운동과 식민지배체제: 3·1운동 100주년 기념 한일공동연구》(공저, 지식산업사, 2019), 〈일제하 수리조합사업과 일본인 토목청부업자〉, 〈식민지 근대화론에 대한 분류와 반론〉 등이 있으며, 《東大生に語った韓國史》(李泰鎭 著, 明石書店, 2006)를 옮겼다.

일본 학자가 본 식민지 근대화론
— 일제강점기 일본인 토목청부업자의 부당 이익을 중심으로

초판 1쇄 발행	2019년 9월 5일	
초판 3쇄 발행	2020년 8월 31일	

지은이	도리우미 유타카	
펴낸이	김경희	
펴낸곳	(주)지식산업사	
	파주본사	10881, 경기도 파주시 광인사길 53 (문발동)
	전화 (031) 955-4226~7	팩스 (031) 955-4228
	서울사무소	03044, 서울특별시 종로구 자하문로6길 18-7 (통의동)
	전화 (02) 734-1978, 1958	팩스 (02) 720-7900
누리집	www.jisik.co.kr	
전자우편	jsp@jisik.co.kr	
등록번호	1-363	
등록날짜	1969년 5월 8일	

책값은 뒤표지에 있습니다.

이 책에 대한 문의는 지식산업사로 해 주시길 바랍니다.

일본학자가 본
식민지 근대화론

일제강점기 일본인 토목청부업자의
부당 이익을 중심으로

도리우미 유타카 지음

지식산업사

일러두기

1. 역자를 따로 밝히지 않은 일본어판 자료는 지은이가 직접 옮긴 것이다.

2. 이 책은 필자의 다음과 같은 박사논문과 학술논문을 재구성하는 것이지만, 수정보완한 부분이 있다.

　'일제하 일본인 토목청부업자의 활동과 이윤창출'

　'일제하 조선인 노동자의 저임금과 일본인 토목청부업자의 부당 이익'

　'일제하 수리조합사업과 일본인 토목청부업자'

　'식민지근대화론에 대한 분류와 반론'

3. 41, 74, 161, 169, 180, 207쪽에 게재한 사진들은 일본 토목학회 토목도서관 디지털 아카이브(土木圖書館 デジタルア__カイブ)가 제공해 준 것이다. 감사를 드린다.

4. 일본인의 이름은 일반적으로 한자 표기만이므로, 읽기가 불분명한 경우도 있다. 일본 국내에서 많이 사용되고 있는 읽기로 한글 표기를 했다.

머리말

    일본에서 한국은 지리적으로 가장 가까운 나라이지만 1980년대 초반까지 필자의 세대는 한국이라는 나라에 대해 아는 바가 거의 없었다. 고등학교 일본사 수업에서는 러일전쟁의 목적이 한반도의 권익 확보라고 배웠지만, 러일전쟁 이후 일본이 한반도를 어떻게 했는지는 배우지 않았으며, 일본사 교과서도 그 부분은 거의 다루지 않았다. 그래서 일본이 한국을 식민지로 지배했다는 것에 대해서도 거의 모르고 있었다.

    그러나 1990년대에 들어서면서 상황이 크게 변했다. 한일 역사 문제가 매일같이 뉴스에서 보도되었다. 지나간 역사 문제이므로 머지않아 해결되리라고 생각했지만 전혀 그렇지 않았다. 한국이 가장 가깝게 위치한 나라임에도 학교에서 거의 가르치고 있지 않다는 것은 일본 정부가 의도적으로 한국 자체를 회피하고 있는 것이라는 생각도 들었다.

    이처럼 한일 문제가 급부상하면서 한국에 대해 관심을 두게 되었고, 이 분야에 대해 연구해 보고 싶었다. 그러나 당시 일본에서는 한국 역사를 공부할 수 있는 대학이 거의 없었다. 동양사에서도 일본사에서도 한국 역사는 다루지 않았고, 간혹 한국사를 연구하는 교수님들이 계시기는 했지만 대부분 사회학부나 경제학부, 사학부 등에서 독자적으로 연구하시는 분들이었다. 그러던 차에 모교인 와세다대학 대학원에 아시아 태평양 연구과가 개설되어, 한일 근대사와 동아시아를 공부하기 위해 석사 과정에 들어가게 되었다.

우리가 살고 있는 세계를 이해하려면 경제 분야를 알아야 한다는 생각으로 1980년대 와세다대학에서 경제학을 전공했던 것도 있고, 또 식민지에 대한 연구의 기본은 경제 분야를 살펴보는 것이라고 여겨서 석사 과정 때 한국 근대사 경제 분야를 연구하고 싶었다. 하지만 그 분야를 지도해 주실 교수님도 계시지 않고 자료도 찾기 어려워 '일본의 한국에 대한 역사 인식 문제'를 다루어 학위를 받게 되었다.

요다 요시이에依田憙家 지도교수님은 일본과 중국의 근대사를 전문적으로 비교 연구하시는 분이셨는데, 필자가 한국 근대사에 관심 있어 하는 것을 아시고, "나는 일본 근대사의 구조나 이론을 이해한 뒤 중국 근대사를 공부하니 중국이 잘 보였다. 자네도 일본 근대사를 잘 이해하고 나서 한국 근대사를 공부하면 분명 한국이 잘 보일 것이다."라고 조언해 주셨다. 또 "한국 근대사를 공부하려면 한국에 직접 가서 하는 게 좋다."라고도 말씀하셨다. 이 말씀이 계기가 되어 한국 유학을 결심하였고, 서울대학교 국사학과에 입학해 박사 과정을 밟게 되었다.

예전부터 지금까지 한국과 일본 두 나라의 일제 식민지 지배에 대한 경제 분야의 논점을 정리하면 다음과 같다.

일본(우익) 측 주장은 "일제강점기 시절, 일본은 자국의 나랏돈을 한국에 투자하여 한국의 경제 성장을 도모했다. 이러한 부분은 한국이 긍정적으로 재평가해야 한다."라는 식민지 근대화론이 정론이다. 이와 달리 한국에서는 '일제강점기는 일제 식민지 수탈 역사'라는 수탈론이 정론으로 자리 잡고 있다. 이처럼 각각 일제강점기에 관한 견해가 극명하게 나뉘어 있다.

한국인이 가지고 있는 일본인에 대한 가장 큰 오해 가운데 하나는 '일본인들은 일제가 나쁜 짓을 많이 한 것을 알고 있으면서도 한국을 무시하고 독도를 일본 영토라고 하거나 식민지 시대에 일본이 오히려 좋은 일을 했다고 한다.'라고 여기는 점이다. 그래서 한국인은 일본에 대한 강한 분노를 보여 주면, 일본인이 각성하여 반성하리라고 생각하는 듯하다.

그러나 대다수 일본인은 한국에 대해서 너무도 모르고 있다. 일본이 가해자라는 의식도 그다지 없다. 단지 일본에 유리한 정보만 알고 있을 뿐이다. 그래서 한국인의 분노를 봐도 이해하지 못하는 것이다. 다만 한국인이 감정적으로 화를 내고 있으니 양국의 관계를 위해 표면적으로 사과해 두는 것이 상책이라고 생각하는 사람도 많다. 딱 그 정도이다. 일부 예외는 있으나, 진심 어린 반성을 찾아보기는 어렵다. 그 때문에 한국인은 일본이 하는 사과에 진정성을 느끼지 못하고, 일본 쪽에서는 자신들이 잘못했다고 생각하지 않는데 사과와 보상을 계속 요구받으니까 오히려 반감만 쌓여 가는 것이다.

여기에서 필자는 이러한 상황을 해결하기 위해서는 일본인도 납득할 수 있는 식민지 지배에 대한 증거와 논리가 필요하다고 생각했다.

그러나 쉽지 않은 일이다. 일제가 식민지 지배를 합리화하면서 일본에 유리한 자료를 많이 작성하고 남겨서, 일제가 감춘 사실들을 정확히 발굴하기란 쉽지 않기 때문이다. 특히 경제 분야에서는 더욱더 그러하다. 일제가 남긴 통계 자료를 보면, 일제의 식민지 지배는 그다지 나쁘지 않았으며 오히려 잘했다는 느낌이 들 정도이다. 이것이 지금의 한국 학계까지 영향을 미쳐 식민지 근대화론이 강세를 이루었다고 보인다.

식민지 근대화론은 식민지에 대한 일반 한국 국민들의 기억이나 견해와 전혀 맞지 않고, 필자 또한 납득이 가지 않았다. 하지만 수탈론은 조선총독부의 자료와 모순된다. 진실이라는 것은 그 자체로도 모순이 없고, 그 밖에 있는 것과의 관계에서도 모순이 없는 것이다. 그렇다고 통계 자료가 전부 위조라는 증거도 없으니 어떻게 해야 할지 고민에 빠졌다. 그러나 여기서부터 출발할 수밖에 없었다.

식민지 근대화론을 주장하는 책이나 논문, 그리고 식민지 근대화론을 비판하는 측의 책이나 논문을 많이 보았다. 지식은 쌓여 가는 것 같았지만 논문의 방향을 설정하기는 좀처럼 쉽지 않았다. 그때 서울대학교 객원연구원으로 와 계시던 이시카와 료타石川亮太 교수님과 우연한 기회에 필자의 박사논문 이야기를 나누다가, 산업조사위원회를 조사해 보면 좋을지도 모르겠다는 이야기가 나왔다. 그리고 산업조사위원회의 기록과 관련 논문을 살펴본 뒤, 일제에 의한 토목공사가 답이라는 생각이 들어 토목건축청부업자에 대한 연구를 시작했다.

그러나 남아 있을 것으로 생각했던 일제강점기 사료가 없는 경우가 많아서 어려움을 겪었다. 사료들을 찾고자 한국과 일본을 오가며 두 나라의 국회도서관, 서울대학교 도서관과 국립중앙도서관 등 이곳저

곳을 뛰어다녔다. 오랜 시간 동안 노력을 기울인 끝에 마침내 그 결과물을 얻을 수 있었다. 2013년에 필자의 〈일제하 일본인 토목청부업자의 활동과 이윤 창출〉이 박사논문 심사를 통과한 것이다. 이것을 보완하고 수정한 내용을 드디어 책으로 펴내게 되었다.

일본은 한국에 셀 수 없이 많은 악행을 저질렀다. 시간상으로 일제의 식민지 지배는 과거의 일이 되었지만, 그 상처나 영향은 아직도 현재 진행 중이다. 지금도 괴로워하는 피해 당사자들이 살아 계신 것은 말할 것도 없고, 그 피해를 심정적으로 공유하면서 함께 힘들어하는 한국 국민들이 대다수이다. 해결해야 할 문제들이 그대로 남아 있는 것이다. 이 책에서는 이를 위해 일본이 감춘 사실들을 발굴하여, 식민지 시기의 실상을 밝히는 방향으로 나아가고자 하였다. 이것이 두 나라 사람들에게 식민지 시기에 대한 공통적인 인식을 가져오는 계기가 되길 진심으로 바라 마지않는다. 그렇게 될 때 평화가 실현되고, 밝은 미래가 오리라 본다.

일본은 필자의 고향이며 조국이다. 가해국 국민으로서 책임을 지는 것은 당연하다고 생각한다. 정도의 차이는 있지만, 일본인이라면 모두가 그런 입장에 서 있을 것이다. 일본인이 왜곡한 역사, 일본인이 바로잡아야 한다고 생각하면서도 이러한 연구를 좀 더 빨리, 많이 하지 못해서 항상 한국 사람들에게 미안한 마음이다.

이 책이 출판되기까지 많은 분께 은혜를 입었다.

박사 논문을 완성할 수 있도록 상세한 부분까지 체크해 주신 권태억權泰億 지도교수님, 어려울 때 여러 면으로 도와주신 이상찬李相燦 교수님, 논문 마지막 단계에서 조언과 도움을 아끼지 않으신 염복규廉馥圭

교수님께 감사드린다. 심사를 맡아 주신 노태돈盧泰敦 교수님, 김인걸金
仁杰 교수님께도 감사의 말씀을 드린다. 그 논문을 평가하고 채용해 주
신 선문대학교 역사학과장 임승휘林承徽 교수님께도 감사를 전한다.

이태진李泰鎭 교수님께서는 필자의 큰 학문적 버팀목이 되어 주셨
다. 교수님의 저서《동경대생들에게 들려준 한국사》번역을 맡겨 주셨
고, 2014년부터는 '3.1독립만세운동과 식민지배체제'라는 학술회의
에도 참가시켜 주시며 늘 자애롭게 지도해 주셨다. 이 기회를 빌려 진
심으로 감사하다는 인사를 드리고 싶다. 수년 동안 학문에 전념할 수
있도록 전폭적으로 지원해 주신 석오石梧문화재단 윤동한尹東漢 이사장
님께도 이 자리를 빌려 깊은 감사를 표한다.

요다 요시이에 교수님, 이시카와 료타 교수님, 이선배 선생님께도
감사드린다.

사랑하는 가족들에게도 감사의 마음을 전하고자 한다. 부족한 필자
를 언제나 이해하고 응원해 준 아내와 세 딸에게는 언제나 고맙고 미
안하다. 한국 유학을 도와주신 일본의 부모님, 누나, 동생에게도 감사
하고, 일본인 사위를 받아주신 장모님, 항상 필자의 가족을 응원해 준
처제와 처남에게도 고마움을 전한다.

끝으로 이 책이 세상에 나올 수 있도록 전적으로 배려해 주시고 한
국어가 서툴러 원고 제출이 늦을 때마다 격려해 주신 지식산업사 김경
희 사장님께 감사를 드린다. 원고를 꼼꼼히 검토해 주신 편집부의 김
연주, 맹다솜 씨에게도 감사를 표한다.

2019년 8월

도리우미 유타카

차례

제4장 식민지 근대화론에 대한 분류와 반론

결 어 279

일본학자가 본 식민지 근대화론

서설

서 설

들어가는 말 : 다양한 체험담

필자는 일제강점기 한국의 경제에 대하여 조사해 왔다. 경제를 조사하는 경우에는 통계 조사도 필요하지만, 여러 사람들의 체험담도 중요하다고 생각한다. 기억에 남는 것이 한둘이 아닌데, 특히 그때 조선에 살고 있던 일본인이 쓴 글이 인상적이었다. 《어머니의 경성, 나의 서울母の京城, 私のソウル》이라는 책에는 다음과 같은 서술이 있다.

귀국할 때까지도 어머니는 농사일을 하는 일본인의 모습을 본 적이 없었다.

내지内地[일본 본토]로 돌아와 어머니는 심한 문화 쇼크를 받은 것 같다. 상륙한 항구에서 짐을 짊어지고 일하는 사람이나, 농사일을 하는 사람이 모두 일본인이었던 것에 우선 놀랐다고 한다.

조선에서 농사일과 같은 육체노동을 하는 일본인은 거의 없었다는 것이다. 같은 책에는 다음과 같은 서술도 있다.

> 1944년의 연봉은 3,450엔이며, 그중 연 2회의 보너스는 1천 엔씩 이었다고 한다. 당시 1천 엔이 있으면 웬만한 집을 한 채 살 수 있었 다고 하니, 이 연봉은 상당한 금액이다.[001]

위의 연봉을 받은 것은 어머니의 부친으로 저자의 조부였는데, 그 는 1920년에 보통문관 시험에 합격하여 1922년에 25세로 판임관이, 1937년에 주임관이 되었고, 45세인 1943년에 조선총독부를 퇴직한 뒤 낙하산 인사로 반관반민半官半民인 조선농지개발영단朝鮮農地開發營團 의 회계과장이 되었다. 그때의 연봉이 3,450엔이라는 것이다.[002] 제일 연봉이 높았을 때이긴 하지만, 그렇다고 하더라도 고액이다. 당시 일 본인의 연평균 수입은 7백 엔 정도였으니 그 5배에 달한다. 현재 일본 인 연평균 수입이 4백~5백만 엔이므로, 현재 시가로 환산한다면 2천 ~2천 5백만 엔 정도다. 일본이었다면 문제가 되지 않겠지만, 정말로 궁핍한 일제강점기 한국에서 근무하던 공무원의 임금이 이 정도 수준 이었던 것이다.

또《이제 나는 경성인으로 돌아갈 수 없다もう僕は京城っ子には戻れな

001 澤井理惠,《母の京城, 私のソウル》, 草風館, 1996, 11·58·83쪽.
002 당시 일본과 한국에서 유통되었던 통화(동전과 지폐)는 달랐지만, 같은 엔 단위를
     사용하고 있어 일대일 교환이 보장되었다.

い》[003]를 보면, 저자는 1920년 야마구치현山口県에서 태어나서 1931년에 가족과 함께 조선 경성으로 이주하였다. 그의 부모는 제과점을 경영하였고, 그는 야구부에 소속하여 야구를 즐기는 동시에 아이스크림을 사 먹고 친구의 집에서 레코드를 들으며 어린이 과학잡지에 실린 전신기, 전화기 기사를 읽고 부품을 사서 조립하기도 하였다. 이 책에서도 경제적으로 고생했다는 내용은 전혀 나오지 않는다.

토목공사 청부업자로 일했던 마쓰오 시게루松尾茂는《내가 조선반도에서 한 일私が朝鮮半島でしたこと》[004]에서 소련군이 진주하면서 재산을 몰수당해 5만 엔을 빼앗겼지만, 남은 돈이 있었기 때문에 곤란하지 않았다고 말했다. 5만 엔을 앞에서 언급한 연수입 7백 엔으로 환산하면 현재의 3억 엔, 곧 약 30억 원에 이른다. 토건업의 간부사원이라고는 해도, 사장도 아니었던 그가 1928년부터 1945년까지 궁핍했던 일제강점기 조선에서 17년 동안 일하여 생활하면서 남은 것이 3억 엔 이상이라고 하니, 앞에서 살펴본 주임관보다 수입이 많았다는 생각이 든다.

한편 조선인에 관해서는 다음과 같이 서술되어 있다. 베를린 올림픽 마라톤에서 우승하여 금메달을 딴 손기정의 전기《일장기와 마라톤日章旗とマラソン》[005]에 따르면, 그는 양정고등보통학교 육상부에서 연습할 때 하루 세 번의 보통 식사만으로는 부족하여 항상 배가 고팠고, "중국빵을 먹으면 평소의 2배의 힘으로 달릴 수 있었다."라고 입버릇

• • • • • • • • • • • • • •
003   尾崎新二,《もう僕は京城っ子には戻れない》, 世界日報社, 1995.
004   松尾茂,《私が朝鮮半島でしたこと》, 草思社, 2002.
005   孫基禎·鎌田忠良,《日章旗とマラソン: ベルリン オリンピックの孫基禎》, 講談社, 1988.

처럼 말했다고 한다. 그러나 그의 일본인 친구가 중국빵을 사 주는 일
은 좀처럼 없었다. 중국빵은 한 개에 5전밖에 하지 않아서 먹고 싶으
면 용돈으로 서너 개 정도는 사 먹을 수 있는 가벼운 간식이었으므로,
손기정이 그 정도도 먹지 못할 만큼 돈이 없다고는 상상할 수 없었다
는 것이다. 당시 손기정은 조선인으로서는 매우 풍족한 처지여서 고등
보통학교에 다니고 있었는데도 이 정도로 차이가 났다.

일제강점기 조선 경제에 대한 연구사

몇 권의 서적을 본 것만으로도 같은 조선에 살고 있었지만 일본인
과 조선인 사이에 뚜렷한 격차가 있었다는 것을 알 수 있다. 이러한 상
황을 이해한 뒤 일제강점기의 경제 상황에 대해 살펴보고자 한다. 일
제강점기 한국의 경제 상황을 어떻게 파악할 것인가 하는 문제에 대하
여 지금까지도 연구자들 사이에서 다양한 의견과 논쟁이 있었다. 이를
차례대로 살펴보고자 한다.

일본 제국주의 어용학자는 일제강점기에 조선의 경제가 눈부시게
발전하였다고 자화자찬하였다. 해방 뒤 한국의 역사학회는 이와 같은
식민사관을 극복하는 것을 우선 과제로 했기 때문에, 일제강점기의 경
제 상황이 얼마나 비참한 것이었는지를 상술하고 그 모든 원인이 일본
제국주의에 의한 '수탈'이라고 결론지었다. 순수한 경제 거래라고는
할 수 없는 권력이나 폭력을 수반하는 방법, 즉 수탈에 의해 한국의 잉
여가치를 빼앗겼으므로 일제강점기 시대의 한국인의 생활은 비참하
였으며, 그만큼 일본 제국주의는 악랄했다는 결론이다. 그것이 당연하
다고 생각하였다.

그런데 1980년대에 많은 개발도상국이 경제적 곤경에 허덕이는 가운데 한국은 눈부신 경제 발전을 이루며 주목을 받았다. 이러한 한국 경제 발전의 비밀을 찾기 위하여, 경제학계로부터 그 기원으로 일제강점기를 살펴보려는 움직임이 나타나기 시작했다. 이들은 상세한 통계를 이용하여 일제강점기 시대의 경제 발전과 근대화를 실증하고자 하였다.

그 과정에서 수탈의 내용에도 비판과 검토가 더해졌다. 수탈의 가장 전형적인 사례로 인정되어 온 '토지 조사 사업에 의한 토지수탈'이 실제로는 거의 존재하지 않았음이 실증되었다는 글이 나왔다.[006] '일제에 의한 쌀의 수탈'이라고 역사 교과서에 기술되어 온 것도 수탈이 아니고, 단순한 경제 거래로 일본으로 수출한 것이었다는 주장도 제기되었다. 즉, 쌀의 수탈도 토지의 수탈도 수탈이 아니라 통상의 경제 거래에 지나지 않았다는 것이다.[007]

물론 일본 제국주의가 정치적인 면에서 난폭했던 것은 분명하며, 수탈이 전혀 없었다는 것은 아니라고 했다.[008] 제2차 세계대전 무렵에

006 조석곤, 〈식민지근대화론과 내재적 발전론 재검토〉, 《동향과 전망》 제38호, 한국사회과학연구소, 1998.
007 허수열, 〈일제시대 개발은 '개발 없는 개발'〉, 《월간 말》 227호, 2005, 109쪽.
008 예를 들면, 도로 건설에 필요한 토지는 조선총독부에 의해 기부의 명목으로 강제 수용되고 있었다는 것이 中野正剛, 《我が觀たる滿鮮》, 政教社, 1915, 55쪽에 서술되어 있다. 또한 도로 건설에 동원된 노동력의 상당수는 인민의 부역이므로, 무상의 강제노동이어서 노동력의 착취라고도 할 수 있다. 도로 건설에 관한 토지 및 노동력 수탈의 실태는 広瀬貞三, 〈1910年代の道路建設と朝鮮社會〉, 《朝鮮學報》 제164호, 1997에 자세히 서술되어 있다. 도로건설 이외의 수탈도 다양하다. 《동아일보》 1927년 2월 17일자에 오노다시멘트가 공장용지를 매수하면서 경찰의 권력을 동원하여 20만~40만 엔 상당의 토지를 3만 엔으로 매입하였다는 기사가 있다. 《조선일보》 1927년

는 총독부의 강제 공출, 강제 연행 등 문자 그대로의 '수탈'이 심하게 이루어져, 특히 일제 말기에 대한 인상이 강하게 남아 있는 산증인들이 '일제가 전부 가지고 갔다.'와 같이 증언하기도 하였고, 그 이외의 기간에도 도로 건설에 따르는 토지의 강제적 기부나 부역(강제노동) 등 총독부의 권력을 배경으로 한 부분적인 수탈까지 없었다는 것은 아니라고 설명했다. 그러나 적어도 국가권력에 의한 수탈은 어디까지나 예외적이거나 부분적인 것이므로, 일제강점기 조선의 경제 상황을 전체적으로 부감俯瞰하려고 하는 경우에는 중요하지 않다고 여겼다.

이와 같은 주장은 한국 역사학계에 매우 큰 충격을 주었다. 지금까지 쌀의 수탈과 토지 조사 사업이 수탈의 가장 중심이라고 생각해 왔는데, 이 주장은 토지 수탈이 없었음이 학문적으로 입증된다고 보는 것이기 때문이다. 따라서 수탈론을 기초로 하여 경제적으로 비참한 일제강점기 시대를 그린 역사관은 수정되어야 하지 않는가 하는 상황이 되었다. 이 단계에서 일제 지배 아래 경제적 피해를 강조하는 관점에서 있던 역사학계는 유효한 반론을 내지 못하였다. 수탈의 구체적인 사례를 좀처럼 들지 못했고, 사례를 들었다고 해도 예외적이거나 부분적인 경우였다. 따라서 수탈 때문에 조선의 일제강점기는 가난했으며 이를 자행한 일본 제국주의를 악이라고 할 수는 없게 되는 듯했다.

역사학계가 유효한 반론을 내지 못한 것은 경제적인 면을 충분히

••••••••••••••

7월 21일자에는 청부업자 나카무라야구미가 인부의 임금 1만 6천 엔을 지불하지 않은 데 대해 조선인 노동자가 단결하여 항의하자, 경찰관이 발포하여 조선인의 요구를 물리쳤다는 기사가 있다. 이러한 경찰권력에 따른 일본 기업의 부당한 이익 확보에 관한 기사는 많다.

고려하지 않은 것과 공산주의 이론에 영향을 받았던 것이 원인일 것이다. 역사학계에서 자주 나오는 비판은 경제만으로는 역사를 분석할 수 없으며, 수탈론과 식민지 근대화론은 양쪽 모두 단선적이고 경제 중심의 역사관이어서 근대 자본주의를 절대선絕對善으로 하고 있으므로 더욱 다면적인 연구가 필요하다는 내용이다.[009]

그러나 경제만으로는 역사를 분석할 수 없다는 비판을 다시 검토해 보자. 경제만으로 역사를 분석하는 것은 분명히 이상하지만, 식민지 근대화론은 경제만으로 역사의 모든 것을 판단하려는 것이 아니라 일제강점기의 경제에 대해 연구하는 것이기 때문에 이러한 비판은 타당하지 않다. 게다가 역사학계가 수탈론이라는 경제 중심의 개념을 사용하여 일제강점기를 설명하여 왔는데, 식민지 근대화론이 경제 개념으로 역사를 설명하는 것을 비판하는 것은 이치에 맞지 않는다. 또한 '수탈론이나 일제강점기 근대화론 모두 단선적이고 경제 중심의 역사관이어서 근대 자본주의를 절대선으로 하고 있으므로 더욱 다면적인 연구를 해야 한다'는 비판도 그다지 설득력을 지니는 것은 아니다. 일제강점기의 경제 연구는 근대 자본주의를 절대선이라고 주장하는 것이 아니고, 이를 전제하는 것도 아니며, 이러한 비판처럼 다면적인 연구를 한다고 해도 그 속에 경제적 요소 또한 일정한 비율로 포함되어야 하기 때문이다. 정말로 필요한 연구는 경제적인 측면에서 수탈론을 재구축하는 것인데, 이에 대해서는 그다지 논의되지 않았다.

••••••••••••••
009   정태헌,《한국의 식민지적 근대 성찰》, 선인, 2007, 145~147쪽.

또한 공산주의 이론이 미친 폐해도 컸다고 생각된다. 자본주의 경제에서 이루어지는 일상의 경제적인 거래에서 착취를 발견하는 것이 공산주의 이론이다. 그 때문에 공산주의 이론으로 경제적인 착취를 문제시하면 일제시대나 해방 이후가 별반 다르지 않다. 한국이 일제시대에 일본 제국주의에 의한 식민지였다는 것은 문제가 없지만, 해방 이후에도 미국 제국주의에 의한 식민지라고 규정해 버리면 해방 전과 해방 이후의 본질적인 차이가 없어지게 된다. 1980~1990년대 민주화 운동, 특히 주체사상파(주사파, NL파)는 해방 이후의 한국을 미국 제국주의의 식민지라고 규정하여, 일제시대와 제국주의의 식민지라는 점에서는 본질적으로 다르지 않다고 주장했다. 이에 따라 일본 제국주의에 의한 경제적인 착취 문제가 자본주의의 보편적인 문제와 동일해져 오히려 일제시대의 문제가 보이지 않게 되었다고 생각된다.

요즈음 식민지 근대화를 인정하는 측은 차근차근 연구 실적을 쌓아서 더욱 그 폭을 넓히고 있는 실정이다.

조선인 빈곤의 원인은 무엇인가

이와 같은 상황에서 허수열(許粹烈)이 《개발 없는 개발》[010]을 출판하였다. 그는 식민지 근대화론자가 주장하는 일제강점기 시대의 눈부신 경제 발전을 인정하면서도, 수탈이라는 개념을 사용하지 않고 이 경제 발전이 많은 한국인에게는 의미가 없는 것이었다는 것, 즉 경제 발전의 혜택이 대부분의 한국인에게는 골고루 미치지 않았으며, 한국인의

••••••••••••••
010   허수열, 《개발 없는 개발: 일제하 조선경제 개발의 현상과 본질》, 은행나무, 2005.

대부분은 궁핍한 생활에서 벗어나지 못했다는 것을 실증적으로 서술하였다. 이것은 매우 획기적인 연구였다고 할 수 있다. 이 연구의 세세한 부분에 대해 식민지 근대화론 측의 비판이 다소 있었으나, 일제강점기 조선의 경제적 양상에 대해서는 어느 정도 정확한 윤곽을 제시했다고 하겠다. 즉 경제 발전은 했지만 한국인에게 혜택은 거의 미치지 않았으며, 한국인의 상당수는 가난에서 벗어나지 못했다는 것이다.

한국인의 생활 수준이 일제강점기를 거치며 상승했느냐, 그렇지 않으면 하강했느냐 하는 문제는 아직 논쟁이 격렬하게 전개되고 있지만,[011] 조선에 거주하였던 일본인에 견주어 압도적으로 가난했다는 점에서는 양자의 견해가 일치한다.

그러나 이 단계에서 큰 문제가 남는다. 일제강점기의 눈부신 경제 발전 속에서도 많은 한국인은 왜 가난에서 벗어나지 못했느냐는 것이다. 한국인이 가난한 원인은 무엇이었는가? 이는 더 구체적으로 말하자면 한국인의 가난은 일본 제국주의의 수탈에 의한 것인가, 아니면 전혀 별개의 원인이 존재하는가 하는 문제다.

허수열에 따르면, 일본인과 조선인의 사이에 존재하는 극단적인 소유 불평등이 소득 불평등을 낳았다.[012] 그러나 정말로 이렇게 말할 수 있는 것인지 의문이다. 예를 들어 앞의 체험담을 쓴 일본인 가운데 일

011   허수열, 《《해방 전후사의 재인식》의 식민지경제에 대한 인식 오류〉, 《역사비평》 제75호, 2006; 조석곤, 〈식민지 근대화론 연구성과의 비판적 수용을 위한 제언〉, 《역사비평》 제75호, 2006; 김낙년, 〈일제하 조선인의 생활 수준은 악화되었을까?〉, 《역사비평》 제77호, 2006.
012   허수열, 앞의 책, 124쪽.

본에서 거금을 가지고 조선에 들어온 사람은 한 명도 없었다. 하지만 모든 일본인이 경제적으로 성공하였는데, 이것은 단순한 우연인가?

또한 소유 불평등이 수입 불평등을 초래하는 경우는 많으나, 그것이 전부라고는 할 수 없다. 가난한 사람이 필사적으로 일해서 부자가 되는 경우도 자주 있으며, 부자가 사치스러운 생활을 하거나 사업 실패로 전락하여 가난해지는 경우도 자주 있다. 그러므로 일제강점기가 정치적으로는 불평등이 존재해도 경제적으로는 평등한 통상의 경제 상태였다면, 가난한 한국인이 성공해서 부자가 되거나 부자인 일본인이 전락하여 궁핍해지는 사례가 더 있어야 할 듯하다. 그러나 이러한 경우가 너무 적다는 점에 필자는 의문을 느끼지 않을 수 없다.

더욱 큰 문제는 허수열이 '수탈' 같은 용어는 사용하지 않을 것이라고 하여[013] 일본의 의도적인 수탈과 착취를 부정한 것이다. 이는 일본의 경제적 악행을 부정한 셈으로, 결과적으로 조선인들이 가난해졌다고 해도 일본이 의도한 것은 아니라는 주장이 되어 버린 것이다. 그는 부등가교환에 따른 한국에서부터의 가치 유출을 인정하기는 했으나, 이는 너무 강도가 약하다.

• • • • • • • • • • • • • • • •

013 허수열은 앞의 책, 27쪽에서 다음과 같이 말한다.
"'수탈론'의 핵심 용어인 '수탈'과 같은 용어는 사용하지 않을 것이다. 일제하 조선경제가 일본 제국주의권에 편입되면서 유통과정을 비롯하여 일부 생산과정에서 자본주의적 제 관계가 발전하고 있었다. 자본주의 경제의 특징은 교환관계에 있기 때문에, 폭력을 수반하는 경제외적인 방법으로 잉여가치를 빼앗아 간다는 뉘앙스를 가진 수탈의 개념은 그다지 타당하지 않다."

한국인의 빈곤은 자본주의 성립기의 보편적 현상인가

일제강점기에 경제가 발전하였는데 왜 한국인은 가난에서 벗어나지 못했느냐는 문제에 대해 많은 경제학자는 일본 제국주의가 원인이 아니라 자본주의 성립 초기 단계에 전 세계에서 보편적으로 발생하는 빈부 격차의 증대일 것이라고 생각하고 있다.[014] 이렇게 본다면 당시 조선인이 가난했던 것은 그때 근대적 경제 성장이 시작되었기 때문이며, 일본 제국주의는 책임이 없다. 다시 말하자면 일본은 경제적으로 조선에 악영향을 끼치지 않았다는 것이다. 이런 주장을 하는 대표적인 논자로 김낙년金洛年을 들 수 있다. 그는 다음과 같이 말하고 있다.

> 식민지 지배의 부당성은 일본 제국주의가 한국 국민의 의사에 반하여 주권을 침탈한 데 있는 것이며, 그것은 예컨대 그 시기 경제적 성과의 좋고 나쁨과 같은 평가에 의해 좌우될 수 있는 성격이 아니다. 오히려 민족주의적인 시각에서 나타나듯이 만약 그 부당성의 근거를 식민지 경제의 '수탈'에서 찾는다면, 그 논리는 한층 취약한 것이 되지 않을 수 없다. 주권의 침탈과 같이 강제력이 행사되는 정치·군사의 영역과는 달리, 일상日常의 자발적 거래를 중심으로 하는 경제 영역에 있어서는 문자 그대로의 의미로 '수탈'이 일반적으로 이루어졌다고는 생각할 수 없기 때문이다. 식민지 지배의 부당성에 대

014 車明洙, 〈經濟成長·所得分配·構造変化〉, 金洛年 編, 《植民地期朝鮮の國民經濟計算: 1910-1945》, 東京大學出版會, 2008, 348~349쪽(차명수, 〈경제 성장·소득분배·구조변화〉, 김낙년 편, 《한국의 경제 성장: 1910-1945》, 서울대학교출판부, 2006, 325~326쪽).

한 비판과 식민지기에 나타난 경제현상에 관한 분석은 차원이 다른 것이지만, '수탈론'은 양자를 혼동하고 있다.[015]

곧 일본 제국주의의 악은 정치적인 면에 있으며, 경제적인 면에 있는 것은 아니라는 말이다. 조선인의 빈곤에 대한 책임은 일본 제국주의에는 없다는 것이다. 그가 우려하는 것은, 일본 제국주의가 수탈을 했으므로 나쁘다고 주장해 온 학자들이 수탈 사실이 부정되었을 때 오히려 일본 제국주의 비판의 근거를 잃게 되지는 않을까 하는 점이다. 일제강점기에 경제가 발전했다고 해서 일본 제국주의의 악이 면죄되는 일은 없으므로, 냉정하게 일제강점기 경제의 발전에 대해서도 연구해야 한다는 것이다.

당시의 일본의 경제 상황

그러나 김낙년의 견해는 너무 순진하다고 생각한다. 만약에 주권을 빼앗은 당시 일본이 경제적으로 순조로워 전혀 문제가 없는 상황이었다면 어떨지 모르겠지만, 그때 일본은 후진 자본주의 단계에 접어들면서 경제적으로 어려운 상태가 이어지고 있었다. 기본적으로 섬유 제품을 외국에 수출해서 외화를 벌어들였고, 군함을 비롯한 무기나 다양

• • • • • • • • • • • • • • •

015   金洛年,《日本帝國主義下の朝鮮經濟》, 東京大學出版會, 2002, 236~237쪽;《일제하 한국경제》, 해남, 2003, 2~3쪽; 〈머리말〉, 金洛年 編,《植民地期朝鮮の國民經濟計算: 1910-1945》, 東京大學出版會, 2008. 김낙년은 2002년에 서술한 내용과 거의 동일한 내용을 2003년과 2008년에도 쓰고 있으므로, 이 내용은 그의 강한 주장이라고 할 수 있다.

한 기계제품 등을 수입해야 했으며, 외화 부족으로 곤궁했던 처지였다. 1890년에 열린 제1회 제국의회에서는 증세하여 군대를 확충하려는 정부 측과 감세를 해서 국민의 부담을 덜어야 한다는 민당民黨 측이 싸웠으며,[016] 이러한 상태는 청일전쟁까지 계속되었다. 청일전쟁으로 거액의 배상금을 받아 냈지만 거의 대부분 군비 확장에 사용되었다. 게다가 러일전쟁의 전비는 매우 부족하여 외채로 조달했기 때문에 증세가 이루어졌다. 1895~1897년과 1910~1912년을 비교하면 가구당 조세부담이 약 4배 증가하였다. 1894년도에 13엔 49전 9리였던 부담이 1912년도에는 57엔 4리가 되었다. 이러한 증세로 말미암아 체납자가 증가하여 재산을 차압당하는 사람들도 많아졌다. 1907년 2월 1일자《평민신문平民新聞》에는 "가혹한 세금이 호랑이 같다."라고 보도되었다.[017] 이러한 상황에서 일본이 타국의 주권을 빼앗아 식민지로 만들었다면, 당연히 식민지를 통해서 조금이라도 자국의 경제문제를 해결하고자 하였을 것이다.

그렇다면 한국의 국가주권이라는 정치 면을 장악한 일본 제국주의가 당시 조선 경제의 어떤 분야에 관여했을 것인가? 경제에 개입할 수 있는 정치권력은 재정과 금융이다. 따라서 일본 제국주의가 식민지 조선에서 수탈을 했다면, 일상의 자발적인 거래를 중심으로 하는 경제 영역이 아니라, 재정·금융 분야를 통해서였을 가능성이 가장 높다.

이 책에서는 다루지 않았지만, 금융 문제는 컸다. 예를 들어 대출 금

016   海野福寿,《日淸·日露戦争》(日本の歴史 18), 集英社, 1992, 48쪽.
017   위의 책, 206~208쪽.

리가 일본인에게는 5퍼센트, 한국인에게는 10퍼센트와 같이 격차가 있으면, 자동적으로 한국인에게서 일본인으로 자금 유출이 일어날 것이다. 일본인이 5퍼센트로 자금을 빌려서 한국인에게 8퍼센트로 대출해 준다면, 일본인은 불로소득을 얻을 수 있으며 한국인에게서 일본인으로 합법적인 잉여가치의 이동이 발생한다. 역사적 사실은 이러한 예를 한층 웃돌았다. 당시 한국인은 은행에서 차입이 거의 불가능했지만 일본인은 일본인이라는 것만으로 저리의 대출을 받을 수 있었으므로, 대부분의 일본인은 표면상의 직업과는 별도로 조선인에게 고리대금을 해서 부자가 되었다는 증언이 있다.[018]

금융보다 더 직접적으로 정치 개입이 가능한 경제 분야가 재정일 것이다. 일본 제국주의는 조선을 식민지 지배하면서 재정을 어떻게 운영하였을까?

조선총독부의 재정

이러한 관점에서 조선총독부의 재정에 대한 연구가 이루어져 왔다. 조선총독부의 재정에 대한 선행 연구는 징세 분야를 중심으로 다룬 것이 많다.[019] 세금 징수 자체를 수탈이라고 간주하기 때문에 수탈론의 입장에서 논술하기 쉽기 때문이다. 재정 지출에는 일본인 관리에 대한 봉급 기준이 상세히 서술되어 있다. 또한 치안을 위해서라고 사칭하며

018   中野実, 〈私における朝鮮〉, 《季刊 三千里》 11號, 1977, 21쪽.
019   차병권, 《일정하 조선의 조세정책》, 한국조세연구원, 1998; 金玉根, 《日帝下朝鮮財政史論攷》, 一潮閣, 1994; 정태헌, 《일제하의 경제정책과 조선사회: 조세정책을 중심으로》, 歷史批評社, 1996.

조선인의 독립운동 탄압에 사용한 재정 지출이 많다는 점을 문제시하고 있다. 이것만으로도 충분한 비판이라고 할 수 있겠지만, 이것은 이미 1920년 4월, 창간된 지 얼마 되지 않은 《동아일보》의 사설에서 3회에 걸쳐서 이루어진 주장이기도 하다.[020]

《동아일보》의 내용을 간단하게 정리해 보면 다음과 같다. 첫째, 본래 현대 정치에서는 납세자가 예산 결정권을 가지고, 납세하는 국민의 대표인 국회의원이 예산을 정하며, 납세하는 국민을 위해서 예산이 사용되어야 할 것인데, 조선총독부 예산에는 납세자인 조선인의 의사는 전혀 반영되어 있지 않으며, 둘째, 교육비와 산업비를 합쳐도 헌병비·경무비·수감비·재판비와 같은 경찰 관련비의 7분의 1에서 8분의 1에 지나지 않는다는 것, 즉 한국인의 생활 수준 향상에는 조금밖에 사용되지 않고, 한국인의 독립운동 탄압을 위해서만 사용되었다는 것이다.

이런 내용은 비판으로서는 중요하지만, 그것만으로는 불충분하다. 다음과 같은 반론이 예상되기 때문이다. 조선인으로부터 세금을 징수한 것이 수탈이라면 일본 정부가 일본 국민에게 세금을 징수한 것도 수탈이었다고 볼 수 있는데, 세율을 비교해 보면 일본 쪽이 조선보다 높았으므로 일본인이 더 수탈을 당했다는 결론을 얻게 된다. 조선총독부는 세금만으로는 세입이 부족하여 일본에서 보충금을 받았고, 공채를 발행하여 일본 대장성大藏省 예금부로부터 자금을 유입하고 있었다. 일본의 높은 세율과 한국 안의 낮은 세율, 그리고 일본으로부터 자금 유입을 전체적으로 보면 한국인이 수탈당했다고는 할 수 없게 된다.

••••••••••••••
020 〈조선총독부 예산을 논하다〉 (1)~(3), 《동아일보》 1920.4.8.~10.

오히려 반대로 일본인이 수탈당한 것이 된다. 이 정도의 재정 분석으로는 한국인의 빈곤을 설명할 수 없으며, 일본의 악도 설명되지 않는다.

이 때문에 김낙년은 그의 저서《일본 제국주의 하의 조선 경제日本帝國主義下の朝鮮經濟》에서 조선총독부의 징세 문제나 재정 문제를 다루면서도, 조선의 지세율이 일본이나 대만에 견주어 낮았던 것, 부족한 자금을 보충금이나 대장성 예금부에서 채웠던 것을 기술하고 과세에 대한 국민의 동의권 등이 제도적으로 정착하지 못한 것을 일제강점기의 문제점으로 지적하는 데 그치고 있다.[021] 그의 관점에서 보면 재정 분야의 수탈은 성립하지 않는다고 할 수 있을 것이다.

즉, 세금을 받고 있었다고 해서 일본 제국주의는 수탈이었다고 하는 수준의 비판은 매우 약하다. 일본인 관리의 급료가 너무 높고 경찰 및 감옥 등에 지출이 많았다고 하더라도, 뛰어난 능력을 가진 일본인 관리에게 어느 정도 높은 급료를 지불하는 것이나, 식민지를 통치하는 측에서 질서를 어지럽히는 행위를 경찰이 단속하도록 하는 것은 당연하다고 할 수 있다. 비록 예산 편성에 조선인의 의사를 반영하지 않은 등 여러 가지 세세한 문제는 있다고 하더라도, 결국 조선총독부의 재정은 한국의 근대화에 사용된 것이며 근본적인 부분에는 한국인조차 찬성하지 않을 수 없지 않느냐는 주장을 예상할 수 있다. 철도를 부설하고, 도로나 상하수도를 정비하며, 학교를 건설하고, 산미증식계획에 재정 원조를 실시하여 쌀의 증산을 도모한 정책에 무슨 문제가 있느냐는 반론 말이다. 만약 조선이 식민지 지배를 받지 않았다고 해도, 근대

••••••••••••••

021   金洛年, 앞의 책, 2002, 37~57쪽.

화하려고 했다면 결국은 같은 정책을 행하는 것 말고 다른 선택사항이 있을 수 있었겠느냐는 강력한 주장이다. 이러한 주장은 당시부터 조선인을 침묵시키는 데 매우 유효했다고 보이며, 기회가 있을 때마다 이러한 주장이 반복되었다.

이와 같은 주장에 대해 필자도 매우 난처하였다. 틀림없이 재정에 문제가 있었을 듯한데, 쉽사리 문제점을 발견할 수 없었던 것이다. 《조선총독부 통계연보朝鮮總督府統計年報》의 예산 금액을 정리하고, 그 비율의 추이를 그래프로 만들어 어디에 문제가 있는지를 필사적으로 분석하였지만, 정확히 파악하지 못한 채였다. 그때 산업조사위원회를 조사해 보라는 조언을 받고 기분 전환을 할 생각으로 조사를 시작했다. 그런데 그곳에서 간신히 해답의 실마리를 찾아내게 되었다.

산업조사위원회

산업조사위원회는 3·1운동의 영향을 받아 개최하게 된 회의이다. 3·1운동과 같은 항일 독립운동에 조선인 상류계급까지 참가하였다는 것은 일본 측에게 큰 충격이었다. 하층 민중이 참가하는 것이야 어쩔 수 없지만, 조선인 상류계급까지 참여한 것은 문제라고 생각하였던 것이다. 그래서 상류계급의 조선인에게 이익을 주어 조선총독부의 아군으로 삼으려는 움직임을 보였다.[022] 1920년에 회사령會社令이 철폐되고, 조선총독부의 주최로 1921년 9월에 산업조사위원회가 열렸다. 조선총독부가 조선인 대표를 불러서 조선인의 의견을 정식으로 들어 보

022　カーター·J·エッカート, 小谷まさ代 訳,《日本帝國の申し子》, 草思社, 2004, 77~80쪽.

겠다는 취지였으므로 조선인들의 기대가 컸다. 《동아일보》에서는 산업조사위원회 개최가 결정된 뒤로 개회 때까지 수십 번이나 기사화하였으며, 〈산업조사회에 대한 요망〉이라는 제목의 사설을 시리즈로 게재했을 정도였다. 그러나 실제로는 주최 측인 일본인들의 주도로 회의가 진행되었기 때문에, 출석한 조선인들은 만족스럽게 의견을 내놓을 수 없었다. 회의록을 읽어 보면, 조선인 상류계급에 이익을 주어 일본의 아군으로 삼겠다는 목표를 망각하고 있는 것은 아닌가 의심될 정도로 일본인의 오만한 태도가 눈에 띈다. 그래도 조선인들이 필사적으로 호소한 내용이 있다. 바로 이 땅은 조선이니까 조선인 본위의 정책을 해 주기를 바라며, 일본인 중심이 아니라 조선인 중심의 경제 정책을 희망한다는 것이다. 그러나 그것은 역차별이라는 후지이 간타로藤井寬太郎 등의 말도 되지 않는 반대로 받아들여지지 않았다.

조선인 본위의 정책 요청을 완전히 무시하고 결정된 것은 무엇일까. 자세한 것은 〈조선 산업에 관한 일반 방침 및 계획 요령朝鮮産業ニ關スル一般方針及ビ計畫要領〉이라고 되어 있지만, 요점은 '조선인 본위의 정책은 하지 않는다', '앞으로 조선에서는 철도의 부설과 산미증식계획을 추진해 간다'는 것이다.[023]

철도 부설과 산미증식계획

철도 부설과 산미증식계획産米增殖計劃은 한반도의 경제 발전에서 빼

• • • • • • • • • • • • • •
023   金子文夫, 〈1920年代における朝鮮産業政策の形成—産業調査委員會を中心に〉, 原朗 編, 《近代日本の經濟と政治》, 山川出版社, 1986.

놓을 수 없는 사항이다. 그 자체에 문제가 있는 것은 아니지만, 조선인의 의견을 완전히 무시한 계획임에도 조선의 경제 발전을 위한 것이었다고 일컬어진다는 점에 위화감이 들지 않을 수 없다. 조선인을 무시하고서 조선을 위한다고 하는 점에서 문득 떠오른 생각이 있었다. 당시 조선에 살고 있던 일본인(在朝日本人)에게만 이익이 되는 것이 아니었을까 하는 점이다.

이러한 측면에서 여러 가지 철도의 부설과 산미증식계획을 분석해보자, 양쪽 모두 대규모 토목공사가 포함된 계획이며 일본 건설회사가 하청을 받는다는 공통점이 있음을 깨닫게 되었다. 그래서 곧바로 서울대학교 도서관에서 일제강점기의 조선 토목에 관한 자료가 있는지 검색하다가 발견한 것이 바로 《조선토목건축협회회보朝鮮土木建築協會會報》이다.[024] 당시 조선에서 토목건축청부업에 종사하는 사람들이 설립한 사단법인 조선토목건축협회朝鮮土木建築協會가 발행한 잡지로, 전부 남아 있는 것은 아니다. 그 가운데 제일 오래된 잡지의 열람을 신청하여 읽기 시작했다. 그리고 운이 좋게도 원하던 기사를 접하게 되었다.

이 조선에서 수리사업은 대부분이 토목공사이다. 따라서 향후 3억만 엔의 대공사를 12년에 걸쳐 시공하게 된다고 한다면, 조선의 사업계 및 토목계는 대단히 번망하게 될 것이라고 생각한다.[025]

---

024 朝鮮土木建築協會, 《朝鮮土木建築協會會報》. 현존하는 것은 92호(1926)에서 190호(1934)까지이다.
025 〈朝鮮の産業的実質を示すの一新時期 朝鮮總督府殖産局農務課長渡邊豊日子談〉, 《朝鮮土木建築協會會報》第九十二號, 1926, 3쪽.

산미증식계획, 철도망 속성안速成案 같은 방대한 예산이 실시되는 것은 조선 합병 이래 처음 있는 일이다. 더구나 일 년이 아니라, 향후 십몇 년 동안 계속될 것이기 때문에 조선 공사계의 전도는 실로 다사다망하다고 하지 않을 수 없다.[026]

예상대로였다. 산업조사위원회에서 결정된 철도 건설과 산미증식계획이라는 2대 정책은 조선에 있는 일본인의 이익이 되는 정책이었던 것이다. 특히 일본인 토목건축업자에게 이익을 주었다.《조선토목건축협회회보》에 조선인 청부업자가 하나도 없는 것이 유감이라는 기사가 실려 있으므로,[027] 말단에서 노동자로 일하는 경우는 있어도 이때 조선인 건설업자는 거의 존재하지 않았음을 알 수 있다. 이러한 상황을 종합하여 생각해 보면, 산업조사위원회가 결정한 철도 건설과 산미증식계획은 조선총독부의 예산이 조선인의 승인 없이 '조선을 위한다'는 대의명분을 확보하면서 일본의 건설업자에게 흘러들어가는 구조였음이 뚜렷해진다.

더욱이 토목청부업에 주목하지 않을 수 없었던 이유는, 수리조합에 대해 조사하던 가운데 우연히 보게 된 다음 〈사진 1-1〉~〈사진 1-3〉[028]과 같은 자료 때문이다. 사진들은 《조선의 수리조합朝鮮の水利組合》의 13, 21, 25쪽에서 인용하였다.

• • • • • • • • • • • • • •

026 〈主張 完全なる工事と純正なる費額〉,《朝鮮土木建築協會會報》第百五號, 1927, 5쪽.

027 李昌業,〈朝鮮勞働者の指導に就て〉,《朝鮮土木建築協會會報》第百八號, 1927.

028 朝鮮總督府 土地改良部,《朝鮮の水利組合》, 1929.

〈사진 1〉 동진수리조합東津水利組合 운암雲岩 저수지

〈사진 2〉 익옥수리조합益沃水利組合 대아제大雅堤

〈사진 3〉 안녕수리조합安寧水利組合 장수제長壽堤 취수탑

필자는 그때까지 가난한 조선에서의 수리조합사업은 농민이 삽질을 해 농수로를 정비하는 정도라고 생각하고 있었는데, 사실은 매우 큰 규모의 토목공사였다는 사실을 알게 되었다. 가난한 조선 농촌과 수리조합사업의 대규모 공사 사이에 심각한 모순과 괴리를 확인하는 계기가 되어 토목청부업자를 다루고자 한 것이다.

자본주의 형성기의 일본 재정

만약 일본 제국주의가 진정한 의미에서 한국의 경제 발전을 고려했다면, 어떠한 경제 정책이 적절했을까? 당시 한국은 자본주의의 형성

기였기 때문에 메이지 유신明治維新 직후의 일본이 참고가 될 것이다.

당시 메이지 정부의 표어는 부국강병富國强兵, 국가를 풍족하게 하고 강력한 군사력을 갖추는 것이었다. 그러려면 경제를 발전시켜야 했으므로, 국가가 주도하여 산업혁명을 일으키려고 하였다. 그것이 식산흥업이다.[029] 메이지 정부는 국가 재정을 사용하여 도로 건설, 철도 건설 같은 인프라스트럭처infrastructure 정비도 실행하였지만, 동시에 수많은 관영 공장이나 광산을 운영하고 있었다. 관영 공장이나 광산을 민간에게 불하하는 것은 일본의 자본주의 확립에서 획기적인 것이었고, 이후 일본 경제는 급속히 발전하게 된다.[030] 실패한 관영사업도 꽤 있지만, 그것은 본래 민간 자본가가 부담했을 '최초의 기업가의 실패'를 정부가 대신 부담했다는 의미도 있다고 하겠다.[031]

이와 같이 메이지 정부가 식산흥업에 지불한 재정자금은 메이지 원년[1868]부터 메이지 22년[1889]까지 2억 5천만 엔이다. 즉, 같은 기간의 중앙재정 지출 16억 엔 가운데 약 16퍼센트가 식산흥업에 할당되고 있었다는 이야기이다. 메이지 초년의 재정지출 규모가 2천만~3천만 엔이었고, 봉토를 폐지하고 현을 설치한 후에 규모가 확대되지만 청일전쟁까지는 6천만 엔에서 8천만 엔이었다.[032] 정부는 이 기간에 보신

••••••••••••••
029   田村貞雄,《殖産興業》, 教育社, 1977, 22쪽.
030   依田憙家,《再增補 日中両國近代化の比較研究序説》, 龍渓書舍, 1993, 191~192쪽.
031   田村貞雄,《殖産興業》, 教育社, 1977, 24쪽.
032   林健久,《日本における租稅國家の成立》, 東京大學出版會, 1965, 53쪽; 三和良一,《改訂版日本經濟史》, 放送大學教育振興會, 1989, 50쪽에 따르면 식산흥업에 소비된 재정은 1867년 12월부터 1886년 3월까지 18년 동안 2억 엔을 넘었다.

전쟁戊辰戰爭이나 세이난 전쟁西南戰爭이라는 메이지 유신이 붕괴할 수도 있는 국내 전쟁을 겪었고, 도쿠가와 막부가 거느리고 있던 공무원인 막대한 인원수의 사족士族에 대한 급여로 녹봉공채를 발행함과 동시에 새로이 관료 기구를 정비하고 군비를 증강하는 등, 식산흥업 이외에도 해야 할 일이 정말로 많았다. 이러한 시기에 이 정도의 금액을 식산흥업으로 돌린 것이다.

자본주의의 형성기의 한국 재정

이때 한국에서는 도로나 철도 건설, 항만 정비, 수리조합水利組合을 통한 관개 설비 건설과 정비 등 인프라 정비에는 막대한 예산이 투입되었지만, 관영 공장은 전혀 지어지지 않았다. 다양한 산업시험장은 건설되었지만, 관영 공장은 건설도 되지 않고 운영되지도 않았기 때문에 당연히 민간에 불하힐 수 있는 것도 없었다. 민간에게 불하할 수 있는 광산도 없었다.

1934년에 발행된 《조선과 만주 문제의 귀추滿鮮問題の歸趨》는, 공업에는 연 6만 엔 남짓한 보조금만 주었는데 농업 방면에는 연간 약 2천만 엔의 보조금을 주는 것은 지나친 공업 경시가 아니냐며, 종전의 조선 산업정책이 너무 농업에 기울고 공업 방면의 산업은 지극히 방치되어 온 경향이 있다[033]고 비판하였는데, 이러한 지적이 맞는 것 같다. 그리고 농업에 대한 원조 대부분이 수리조합에 따른 토목사업 원조이다. 수리조합사업으로 농업 생산량이 일반적으로 증가하기는 하였지

033   大陸硏究社 編,《滿鮮問題の歸趨》, 大陸硏究社, 1934, 183~184쪽.

〈사진 4〉 1927년 한강 다리 트러스 보〔構桁, trussed girder〕 상승공사
(工事画報社 《土木工事画報》 1927년 7월호 표지)

만, 1919년 일본의 쌀 파동 이후 쌀값은 장기적으로 하락하는 경향을 띠었다. 이 때문에 쌀의 생산량이 증가해도 농가의 수입 증가로는 직접 이어지지 않았고, 수리조합비 부담만 증가했다. 그러므로 진정한 의미에서 농업 원조라고 할 수는 없으며, 토건업자를 원조한 형태가 되었다.

조선의 안행형 경제 발전을 무서워한 일본

당시 일본은 조선, 특히 조선 남부에 쌀의 단일작물 농업, 즉 모노컬처 경제monoculture economy, 單作經濟를 강제했다고 알려져 있다.[034] 왜 일본은 한국에 공업을 일으키려고 하지 않았던 것일까? 그것은 한국에 공업을 발전시키면, 일본과 경쟁하게 되기 때문이었다. 1941년에 열린 경성상공회의소京城商工會議所 25주년 기념 좌담회 석상에서 다가와 쓰네시로田川常次郎는 시모오카 주지下岡忠治 정무총감과 담진했을 때 이야기를 다음과 같이 회상하였다.

우리는 "산미증식도 좋고, 원시산물을 증식하는 일도 매우 좋지만, 농공을 병행하여야만 국가 경제가 발달할 수 있을 것입니다. 어째서 산미증식의 자금만 받아 오고, 공업을 진흥하는 방법을 강구하지 않습니까?"라고 시모오카 씨에게 이야기했던 적이 있었습니다. 그때 시모오카 씨의 이야기에 따르면, "과연 그것은 자네 말대로다. 국가 경제는 농공병진으로 가야 하는 것이다. 우리도 그것은 잘 알고

• • • • • • • • • • • • • • •
034 森武麿,《アジア·太平洋戦争》(日本の歴史 20), 集英社, 1993, 75쪽.

있지만, 내지의 모든 회합, 혹은 내각에서 조선에 공업을 일으키자고 하면 어떻게 해서든지 이를 반대한다. 내지에서는 요즈음 공장이 있지만 일을 쉬는 경우가 많다. 그러므로 조선에서 이러한 공장에 원료를 보내어 생산품으로 만든 뒤 다시 조선으로 들여보내는 것이 방침이다. 그러니까 조선의 공업 자금이나 원조에 관한 이야기를 해도 전혀 먹혀들지 않는다."[035]

이것은 매우 중요한 내용이다. 필자가 강의에서 일제강점기의 경제를 가르칠 때 제일 먼저 설명하는 부분이다. 제2차 세계대전 이후의 동아시아 경제 발전을 공부한 적이 있다면 안행형태론雁行形態論, flying geese model이라는 것을 알고 있을 것이다. 일본이 경제 발전을 한 뒤에 한국, 대만, 싱가포르, 그리고 동남아시아의 여러 나라들이 이를 쫓아 차례로 경제 발전을 하는 것을 안행형태론, 또는 안행형 발전이라고 한다. 일본으로부터 기술을 조금씩 배워 낮은 인건비로 생산해 나가면 일본과 동일한 품질의 제품을 일본보다 싸게 생산할 수 있게 되므로 당연히 잘 팔려서 경제 발전에 성공할 수 있다.

일제강점기에도 조선 경제는 충분히 일본 경제 성장을 뒤쫓으며 발전해 나갈 수 있었다. 기술을 약간 배워서 일본보다 낮은 인건비로 공업 생산을 실시하면 반드시 발전하게 되어 있었다. 일본은 그것이 무서워서 조선의 공업 발달을 저지했던 것이다. 조선에서 공업이 발전하면 일본의 공업이 그만큼 손해를 입게 된다고 생각하고 있었으므로

---

035   京城商工會議所,《京城商工會議所二十五年史》, 京城商工會議所, 1941, 87~88쪽.

당연하다. 일제에 의한 조선의 공업화 정책이 자주 거론되지만, 실제로 장기간에 걸쳐서 이루어졌던 것은 공업 억제 정책이었다. 그런데도 1930년대 후반부터 공업은 발전하기 시작하는데, 이는 고품질의 제품이 필요 없어서 일본의 공업제품과 경쟁하지 않아도 되는 만주국이라는 시장을 확보할 수 있었던 것과, 규제가 많은 일본 본토보다 신규 공장을 건설하는 것이 훨씬 편하다는 등의 사정이 있었다.

결국 조선은 해방될 때까지 공장의 수도 제한되었고, 공업에 종사하는 인구도 매우 적은 한정된 공업 발전밖에 하지 못했다. 때문에 거시적인 시각으로 보면 일본은 조선에 쌀의 모노컬처 경제를 강제했다고 평가되는 것이다. 식민지 조선이 궁핍했던 원인은 수탈에도 있지만, 그보다 더 큰 것은 쌀의 모노컬처 경제였다. 더욱이 1920년부터 쌀 가격이 장기적으로 하락하는 경향을 보였으므로, 궁핍한 것은 당연했다. 개발도상국 대부분이 그다지 수탈당하지 않았는데도 가난했던 이유는 모노컬처 경제 때문이다. 한 종류만 생산하니 그 가격이 낮아져도 별다른 방법이 없는 것이다. 식민지 조선에서도 대부분의 농민은 일본이 필요로 하는 쌀을 강제적으로 생산해야만 했고, 경작 작물을 선택할 자유가 없었다. 쌀 가격이 내려가도 어찌하지 못했다.

조선에 투자된 자금은 조선 거주 일본인이 독점

식민지 조선은 왜 가난했던 것일까? 또 하나의 원인은, 일본으로부터 많은 투자가 이루어졌지만 투자 자금의 대부분을 조선에 살고 있는 일본인이 독점하는 구조가 만들어졌기 때문이다. 일본의 대규모 투자는 대장성 예금부의 자금으로 구입한 공채였고, 공공사업, 즉 철도 건설이나 산미증식계획의 수리조합사업 등으로 공공 공사에 투자되었다. 그 자금을 일본인 토목청부업자가 독점하는 구조가 형성되고 있었던 것이다.

조선총독부의 재정은 일본보다 세율이 낮았으며, 일본에서 매년 보충금을 받았고, 공채를 발행하여 대장성 예금부의 자금을 사용하는 등 세입 부분에서는 문제가 별로 없다는 것이 밝혀졌다. 하지만 세출 부분에서는 조선 경제가 일본과 경합하지 않도록 식산흥업을 실시하지 않았고, 한국을 위한다는 대의명분을 내걸고 일본 토건업자의 이익을 확보할 수 있는 철도 건설이나 산미증식계획에 매진하였음을 알 수 있다. 일본인 관리의 높은 봉급과 대량 등용 또한 문제였다 하겠다. 이러한 구조가 결과적으로 농촌의 과잉 인구를 흡수할 수 있는 산업 발전을 억제하고, 모노컬처 경제를 강요하는 형태가 되어 조선의 빈곤을 강제하게 되었다고 말할 수 있을 것이다.

본문에서는 일본인 토목청부업자들이 조선에서 어떻게 이익을 독점하였으며 어떻게 수탈한 것인지를 상세하게 설명하고자 한다.

제 1 장

1910년 이전
일본인 청부업자의 성장과 조선 진출

제 1 절 일본인 청부업자의 발생과 성장

일본 개국과 서양 토목기술의 습득

식민지 조선에서 일본인 청부업자請負業者의 활동을 살펴보기 전에, 그들이 일본에서 어떻게 생겨났고, 서양 기술을 받아들이면서 어떻게 성장했는지를 살펴보고자 한다.[001]

---

[001] 청부업자라는 표현은 현대에서는 살인 청부업자라는 특별한 경우 말고는 별로 쓰지 않지만, 원래는 어떤 일을 맡아서 완성하고 그 일의 결과에 대해 보수를 받는 일을 하는 사람을 의미하는 말로, 토목건설업자와 거의 같은 의미로 사용되었다. 당시 자료에는 토목건설업자보다 청부업자라는 말이 훨씬 많이 사용되었다. 따라서 이 책

메이지 유신 이후 일본은 메이지 정부가 중심이 되어 근대화를 추진하였다. 그 세부 내용을 보면 통치 기구 정비나 법률 제정, 신분제도 해체 등 제도적인 면도 많았지만, 철도 부설, 도로 건설, 항만 정비, 상하수도 설치, 도시 개조 및 정비 등 대부분의 정책이 토목공사에 관계된 사업이었다. 토목사업에 따른 근대화를 일본은 실로 훌륭하게 완수해 갔다.

다른 아시아 여러 나라들과 달리 어떻게 일본은 식민지화되지 않고 근대화에 성공했는가 하는 문제의 한 요인으로 흔히 일본의 개국 시기가 좋았던 점을 꼽는다. 영국은 인도와 중국에 큰 관심을 갖게 된 뒤 크림 전쟁(1853~1856)에 휩쓸렸고, 세포이 항쟁(1857~1859)과 태평천국太平天國의 난(1851~1864)을 경험하며 식민지배에 신중하게 되었다.[002] 미국은 1861년부터 남북 전쟁에 돌입하여 대외적으로 진출할 여유를 갖지 못했다.[003] 이러한 국제적인 환경 아래에서 일본은 자국을 식민지화할 의지가 없는 영국만을 상대하면 되었으므로, 시기적으로 요행히 혜택을 받았다는 것이다.[004]

이와 같은 개국 시기의 장점은 외교적인 문제뿐만이 아니라 토목건축에도 적용된다. 사바타 도요유키鯖田豊之는 그의 저서《문명의 조건文明の條件》에서 다음과 같이 지적하고 있다.

••••••••••••••••
에서도 청부업자라는 말을 사용하였다. 다만 당시에는 공사장에 재료를 납품하는 납품업자까지 청부업자라고 말하는 경우도 있었다.

002 依田憙家,《日中両國近代化の比較研究序説》再増補版, 龍渓書舍, 1993, 161쪽.
003 石井孝,《明治維新の舞台裏》, 1975, 3~5쪽.
004 遠山茂樹,《明治維新》岩波書店, 1950, 47쪽.

만일 일본의 개국이 조금 더 늦어져서, 구미제국에서 이미 철근콘크리트鐵筋concrete의 단계로 들어갔다면 어떻게 되었을까? 일본인이 벽돌이나 석조와 같은 유럽 건축의 기본을 착실히 습득할 여유는 없었을 것이다. 목조건축 이외에 다룬 적이 없는 채로, 단번에 복잡한 강도를 계산해야 하는 철근콘크리트 건축에 매달리지 않으면 안 되었을 것이다. 실제로 과연 그런 일이 가능했을까? 우리들은 일본의 개국 시기가 행운이었음을 재차 인식해야 한다.[005]

일본의 개국 시기는 일본인이 서양 건축기술을 습득하기 쉬운 시기였고, 일본인이 서양 건축기술의 기본을 배운 뒤 철근콘크리트 단계로 진보한 덕분에 일본 건축기술이 발달하기 유리했다. 토목사업에서도 운하·철도·항만·사방沙防·치수·등대·전신 및 전화·전등·도로 부설 등 장기간에 걸친 수많은 서구 토목사업과 기술의 성과를 일본은 국가사업으로써 단번에 받아들일 수 있었다. 에도 시대에 대규모 토목공사가 행해지고 토목기술이 발달하고 있었던 것은 서양의 선진적인 토목 기술을 일본이 어렵지 않게 흡수해 나가는 데 큰 도움이 되었다고 본다.

외국인 기술자를 통한 토목기술 수용

토목기술 가운데서도 가장 중심이 되는 것은 철도에 관한 기술이다. 철도는 측량에서부터 토목, 토지 조성, 교량 건설 이외에도 궤도·차량의 설계와 제작 및 수리水利, 운전, 통신, 신호, 역무 등을 포함한 복합적

005 鯖田豊之,《文明の条件》, 講談社, 1972, 37~38쪽.

인 기술체계이다. 더구나 급수給水·급탄給炭·급전給電 등 산업 기술과 연계가 필수 불가결한, 복잡하고 정밀하며 거대한 근대적 시스템이었다. 외국이 쌓아올린 이러한 근대적 시스템을 일본은 외국인 기술자를 통해 단기간에 도입하여, 이미 1870년대 후반에는 일본인 기술자만으로 철도를 운영할 수 있게 되었던 것이다. 철도 이외의 토목공사에서도 외국인 기술자에게 기술을 배웠으므로 일본토목학회에서 이들에 대한 평가는 매우 높다.

이를 단적으로 나타내고 있는 것이 1938년에 토목학회에 토목학계의 외국인 공적 조사위원회가 설치되고 토목 관계 외국인 기술자에 대한 조사가 이루어져서 1941년에《메이지 이후 일본 토목과 외국인明治以後本邦土木と外人》006이라는 책으로 출판되었다는 점이다. 일본이 중일전쟁에 돌입하면서, 중국 국민당 정권을 계속 원조하던 영국과 미국을 간접적이었다고는 하더라도 적으로 돌려 버린 시대였다. 이때 이러한 조사위원회가 설치되고, 실제로 영미와 전쟁을 시작하기 고작 3개월 전에 이와 같이 영미인에 감사하고 그 공적을 기념하는 책이 출판되었음은 놀라운 일이다. 책에는 네덜란드인이나 캐나다인, 독일인 등도 포함되어 있었지만, 영국인과 미국인이 압도적으로 많았던 것이다. 일본의 토목학회나 토목업계가 얼마나 외국인 기술자에게 감사하고 있었는지를 가늠할 수 있다. 이것은 한국의 경우와 매우 다른 점이다. 한국에서 일본인 토목기술자에 감사하는 분위기는 전혀 없었다.

이 토목기술 이입의 중심에 있던 외국인 기술자에 대해 살펴보겠

• • • • • • • • • • • • • • • •
006   土木學會 編,《明治以後本邦土木と外人》, 土木學會, 1942.

다. 외국인 기술자의 총 인원수는 2,299명으로, 영국인 928명, 미국인 374명, 프랑스인 259명, 중국인 253명, 독일인 175명, 네덜란드인 87명 등으로 구성되어 있다. 이 가운데 토목 관계자는 146명이다. 그 내역은 다음 〈표 1-1〉과 같다.

〈표 1-1〉 토목 관계 외국인 기술자의 국적별 분류

국명	인원수	국명	인원수
영국	108	프랑스	11
네덜란드	13	독일	1
미국	12	핀란드	1
합계			146

출전   高橋裕,《現代日本土木史》第二版, 彰國社, 2007, 71쪽.

국적별 분류를 보면 알 수 있듯이 토목과 관련하여 압도적으로 많은 것은 영국인이었는데, 철도 관계 기술자가 많았다. 다음으로 네덜란드, 미국, 프랑스로 이어진다. 미국, 프랑스는 국력이나 일본과의 관계상 당연하게 생각되지만, 네덜란드는 의외일지 모른다. 그러나 네덜란드는 치수 기술이 발달한 나라이다. 유럽은 강우량도 적고 태풍이나 몬순monsoon으로 말미암은 다량의 강수도 없기 때문에, 수해 발생 빈도가 동아시아에 견주면 훨씬 낮아 치수 기술이 그다지 발달하지 않았다. 그러나 네덜란드는 라인Rijn강, 마스Maas강, 스헬더Schelde강의 하구 델타에 위치하고, 국토의 4분의 1이 해수면 아래에 있어 수해가 많았다. 이 때문에 일찍부터 수해를 막기 위해 강바닥을 준설하여 하천의 유량을 확보하였으며, 하천과 해안가에는 고조高潮 대책으로서 제방을

둘러싸고 하구에 둑을 쌓는 근대적인 치수기술이 발달했다. 이 기술을
도입하려고 네덜란드인 기사를 부른 것이다. 관공서별 고용 분류를 보
면 〈표 1-2〉와 같다.

〈표 1-2〉 관공서별 토목 관계자 고용 분류

관공서명	인원수	관공서명	인원수
鐵道寮	56	海軍省	7
內務省土木寮	15	陸軍省	4
測量司(務·工部)地理寮	15	神奈川縣	3
山寮	15	東京都	2
電信寮	15	農商務省	1
開拓使	13	大阪府	1
工部省	11	京都府	1
工部大學校·開成學校·帝國大學	11	民間	4

출전　高橋裕, 《現代日本土木史》第二版, 彰國社, 72쪽.
비고　寮는 기숙사가 아니라 관청을 의미한다.

표에서 알 수 있듯이, 철도 관계 관공서 인력이 압도적으로 많다. 그
다음으로 내무성, 측량, 광산, 전신순이다. 또한 〈표 1-3〉에서 외국인
기술자의 급여가 상당히 높았던 것을 알 수 있다. 같은 시기 일본인으
로서 최고 급여를 받았던 태정대신太政大臣 산조 사네토미三條實美의 월
급이 8백 엔이었고, 메이지 유신의 중심 인물인 우대신右大臣 이와쿠라
도모미岩倉具視가 6백 엔, 참의參議 오쿠보 도시미치大久保利通가 5백 엔
정도를 받았다. 일본인 상급 관리가 월급 수십 엔, 하급 관리는 수 엔
정도일 때이다.

<표 1-3> 외국인 기술자 기사의 급여

이름	직함	고용 연도	월급(엔)
R. Henry Brunton	등대 축조 수장	1868	600
Edmund Morel	토목사장	1870	850
Van Doorn	장공사	1872	500
I. H. Lindow	2등공사	1872	400
Henry Dyer	공학교[고부대학교 전신]	1873	660
Johannis de Rijike	4등공사	1873	300
G. A. Escher	일등공사	1873	450
Thomas Alexender	고부대학교 교사	1879	350

출전   高橋裕, 《現代日本土木史》第二版, 彰國社, 2007, 73쪽.

메이지 유신 직후의 1엔은 환산 방법에 따라 차이가 있으나 현재의 약 10만 엔(1백만 원)에 상당하므로, 이와쿠라의 6백 엔은 지금의 6천만 엔이 된다. 에드먼드 모렐Edmund Morel의 급여가 그보다도 많은 850엔이었다면 매우 높은 수준이다. 전체 외국인 기술자의 급여를 보아도 월급 1백 엔 이하가 18퍼센트, 1백~2백 엔이 35퍼센트, 2백~3백 엔이 18퍼센트였다고[007] 하므로 상당히 높다. 이 같은 높은 급료는 외국 기술에 의존하는 데 대한 부담으로 작용함으로써 일본의 기술적 자립을 앞당겼다고도 평가된다.

이러한 외국인 기술자를 통한 기술 도입은 무엇보다도 그들이 교사로 재직하고 있는 학교를 중심으로 이루어졌다. 도쿄대학東京大學[1877년 도쿄카이세이학교東京開成學敎에서 개칭] 토목공학과, 고부대학교工部大學校

••••••••••••••
007   梅渓昇, 《お雇い外國人: 明治日本の脇役たち》, 講談社, 2007, 237쪽.

[1886년 도쿄대학과 합병], 삿포로농학교札幌農學校[1907년 도호쿠제국대학東北帝國大學으로, 1918년 홋카이도제국대학으로 발전적 해체] 등이 토목 기술자의 배출에 공헌했고,[008] 거기에서 이시구로 이소지石黑五十二, 센고쿠 미쓰구仙石貢, 미타 젠지로三田善次郎 등의 토목기술자가 나왔다. 또한 히라이 세이지로平井晴二郎(미국), 하라구치 가나메原口要(미국), 후루이치 고이古市公威(프랑스)가 1875년, 마스다 레이사쿠增田禮作(영국), 오키노 다다오沖野忠雄(프랑스)가 1876년에 국비로 유학을 떠났다. 이들은 귀국하여 일본 토목기술의 선구자가 되었다. 이와 같이 일본 내에서 배웠든지 외국으로 유학을 가서 배웠든지 간에, 이 시대의 토목기술자는 외국인으로부터 기술을 배우고 습득하였던 것이다.

이들 학교의 교사는 처음에는 모두 외국인이었으며,《메이지 이후 일본 토목의 외국인》에 기록되어 있는 토목기술 교사만도 21명이나 된다. 이렇게 외국인 교사가 학교에서 가르치기도 했고, 일본인이 국비 유학으로 구미에 건너가서 배우기도 했으며, 직접 토목공사 현장에서 외국인 기술자로부터 배우기도 하였다. 이와 같은 노력으로 일본의 토목기술은 급격하게 발전했던 것이다.

코르넬리스 요하네스 판 도른

학교에서 가르치지는 않았으나 직접 현장에서 활약한 고용 외국인이었던 도른Cornelis Johannes van Doorn, 1837~1906에 대해 살펴보도록 하자. 그는 1872년 2월에 일본으로 와서 일본의 토목사업, 특히 하천 항만의

---

008   高橋裕,《現代日本土木史》第二版, 彰國社, 2007, 95쪽.

정비 및 농업 수리기술의 육성과 발전에 힘쓴 네덜란드인이다. 1868
년 메이지 정부가 출발했지만, 에도 시대 말기까지 하천은 완전히 방
치되어 있는 상황이었기 때문에 치수공사가 필요하였다. 1870년 민부
성 토목사는 치수 축항기술 면에서 당시 가장 우수한 기술을 갖고 있
다고 믿었던 네덜란드로부터 기사를 초청하기로 결정하였고, 1872년
에 도른이 일본에 건너왔다.[009]

도른에게 맡겨진 임무는 중요 대하강의 개수와 치수공사, 그 수원
의 사방공사 등이었다. 그가 관여한 공사도 많았지만, 더욱 대단한 것
은 일본인에 대한 자세였다. 도른은 자주 일본인 관료에게 "제군이 훌
륭히 자립하여, 조속히 나에게 의존하지 않게 되기를 희망한다."라고
했으며, 또한 치수 축항에 필요한 재료는 되도록이면 일본의 국산품
을 구입·사용하도록 하였다. 외국에서 재료를 구입할 수밖에 없는 상황
은 매우 불행한 일이므로 시멘트와 같은 것은 하루 빨리 일본 국내에
서 제조해야 한다고 말하며, 스스로 광석을 탐구하여 시멘트를 만들 것
을 제언했을 정도라고 한다. 외국으로부터 준설 기계를 살 때는 문제가
생기지 않도록 반드시 정부의 관리를 동석시켜서, 영어 또는 프랑스어
등 그 관리가 알고 있는 외국어로 담화할 정도로 주의 깊었다.[010]

도른의 가장 큰 공적은 아사카 수로安積疏水의 완성일 것이다. 도호
쿠東北 지방 후쿠시마현福島縣의 아사카 광야安積原野에는 3천 6백 정보,
곧 42제곱킬로미터나 되는 논(畓)이 있으나 관개수가 충분하지 않았기

· · · · · · · · · · · · · · ·
009   土木學會 編, 앞의 책, 155~157쪽.
010   土木學會 編, 위의 책, 158~159쪽.

때문에 약한 가뭄에도 큰 피해를 입고 있었다. 이 아사카 광야의 서쪽에는 이나와시로호猪苗代湖라는 103.3제곱킬로미터에 달하는 광대한 호수가 있다. 그 사이에 험한 산이 있긴 하지만, 이곳 사람들은 오랜 세월 동안 이 이나와시로 호수에서 아사카 광야로 물이 흐르도록 용수로를 연결하면 아사카의 농업이 단번에 발전할 것이라고 생각해 왔다. 또 이 지역에는 메이지 신정부가 아니라 도쿠가와 막부 측의 영지(藩)와 불평사족不平士族이 많았다. 관개용수를 확보하여 새로운 이주지를 주면 실직한 사족들의 생활 안정에도 도움이 될 것이라고 하여, 국가 예산을 들인 메이지 정부 최초의 국영 개척 사업으로 수로를 건설하고자 한 것이다.[011]

　1878년 도른은 현지조사를 하여 1879년에 이나와시로 호수의 수로 개삭공사 설계 복명서를 토목국장에게 제출하였다. 같은 해 10월 공사가 시작되었고, 약 3년 동안 85만 명이 동원되어 130킬로미터(간선수로 52킬로미터, 지선 수로 78킬로미터)에 걸친 수로를 완성하였다. 이 아사카 수로로 신전新田 개발 4천 헥타르와 원래부터 있었던 논 3천 8백 헥타르에 관개 보급이 이루어지게 되었다. 도른의 훌륭한 점은, 이 아사카 수로 사업으로 종래의 이나와시로 호수의 수리권이 침해되지 않도록 설계하고, 이를 확인하기 위해서 호수 수위의 계측과 그 기록의 보존을 명하였다는 점이다. 일제 지배 아래 조선에서 수리조합사업이 기존의 수리권을 침해하는 경우가 많았던 것과는 대조적이다. 그렇기 때문에 안심하고 이나와시로호 연안의 주민도 이 사업에 찬성하고 협력하

• • • • • • • • • • • • • • • •
011　高橋裕, 앞의 책, 75~77쪽.

게 되었던 것이다. 도른이 수로 개삭공사가 가능하다는 것을 보고하지 않았다면 이 사업은 진행되지 못하였을 것이고, 메이지 초기에 인구가 겨우 5천 명의 한촌이었던 고리야마郡山가 125년 동안 인구 34만 명에 달하는 큰 도시가 되었을 리 만무하다.

이 아사카 수로의 완성에 공을 세운 도른을 칭송하기 위해서 1931년 이나와시로수력전기 주식회사의 창설자인 공학박사 센고쿠 미쓰구의 제창과 지역 주민의 협력으로 도른의 동상이 건립되었다. 제2차 세계대전 중이던 1944년에 군부는 군수산업 자원으로서 금속류의 강제공출 명령을 발표하고, 일반 가정뿐만 아니라 절과 신사 등에서 철저히 회수하였다. 적국인인 도른의 동상도 당연히 그 대상이 되었지만, 아사카 수로 상설위원이었던 와타나베 노부토渡邊信任는 국민이 아니라고 매도를 당하더라도 아사카 수로의 은인을 전장에 보낼 수는 없다고 말하면서 부근의 농가에서 인부를 모아 동상을 산에 묻어 감추고, 그들에게 각각 10엔씩 주며 "이를 말하면 목이 날아간다."라고 하였다. 헌병대는 몇 번이나 와타나베를 추궁했지만, 그는 "받침대에서 동상을 내렸는데, 그날 밤 도둑맞았다. 나야말로 빨리 찾아 주었으면 한다."라고 모르는 체하였다고 한다. 이윽고 전쟁이 끝나자 2년 전에 묻었던 동상을 힘들게 찾아내서 원래 받침대에 올려놓았으며, 다리는 시멘트로 고정시켰다.[012]

이 일화에서 도른이 일본에서 얼마나 사랑받고 있었는지 알 수 있

012 遠藤正一, 〈安積疏水を作ったファン・ドールン〉, 《農村振興》第692號, 全國農村振興技術連盟, 2007, 18~19쪽.

을 것이다. 이러한 외국인 초빙사의 활약으로 일본의 토목건설업은 발전해 나갔다.

근대적 청부업의 등장과 발전

메이지 유신 이후 토목기술의 발전과 함께 토목건축업자의 수도 늘어 갔다. 근대적 토목건축업자, 즉 청부업자가 어떻게 등장하였는지 살펴보기로 하자.

토목청부업이 처음으로 이루어진 것은 에도 시대 수도 에도[도쿄]에 있는 다리의 수리와 재가설, 강과 수로 준설 등이었다. 이와 같은 공사는 항상 일정한 수요가 있었다. 매년 범람을 되풀이하는 강줄기의 복구 및 개수공사 또한 항상 일정한 양이 있었다. 그래서 토목청부업자가 생겨난 것이다.[013]

일정한 양의 공사가 항시 있는 상황이라면 청부업은 발전해 나가게 되어 있다. 메이지 유신 이후 공사의 양이 대폭 증가하면서 청부업이 발달했던 것이다. 건축 분야에서는 대량의 서양 건축물을 세워야 했기 때문에 건축청부업이 급속히 발전했고, 토목 분야에서는 철도 공사에 힘입어 토목청부업이 급속히 발달했다. 토목공사에서 빠뜨릴 수 없는 하천 개수공사 등의 치수 공사는 정부 직영이 되면서 청부업이 발달하지 않았다. 에도 시대에 근대적인 도로 포장이 이루어지지는 않았지만, 도로가 어느 정도 이미 건설되어 있었으므로 도로는 철도 건설만큼 중시되지 않았다. 그 때문에 토목청부업은 철도 공사가 중심이 되

••••••••••••••
013   土木工業協會·電力建設業協會, 《日本土木建設業史》, 技報堂, 1971, 12~17쪽.

었던 것이다. 그때부터 가지마구미鹿島組[현 가지마건설鹿島建設], 오쿠라토목大倉土木[현 다이세이건설大成建設] 등은 철도 공사를 청부하면서 성장해 나갔다.

회계법의 성립과 청부업의 난립

메이지 유신이 시작된 지 약 20년 뒤인 1889년 2월에 회계법會計法이 공포되었다. 이 법은 관청의 여러 공사를 원칙적으로 일반경쟁입찰에 부쳐 하청받게 하는 것이었다. 게다가 같은 해 4월에 공포된 회계규칙에서 정한 입찰 참가자의 자격 조건이 까다롭지 않았으므로 토목건설업계에 새로이 참가하기가 매우 쉬워졌다. 이를 기회로 새로 청부업자가 된 하자마구미間組의 하자마 다케마間猛馬 같은 사람도 많았다.[014]

회계법은 국가에 의한 세입 징수, 지출, 계약 등에 대해 규정한 것이며, 대일본제국헌법과 같은 시기에 공포·시행되었다. 그때까지 메이지 정부는 메이지 유신을 성공시킨 일부 정치가가 국민 선거도 거치지 않고 유사전제有司專制라고 불리는 일종의 독재정치를 행해 왔다. 이러한 정치체제를 비판하고 민주주의 실현을 목표로 하는 자유민권운동이 일어났고, 이 운동의 정당함을 정부로서도 인정하지 않을 수 없게 되었다. 그 결과 대일본제국헌법大日本帝國憲法이 반포되고(1889), 선거로 국회의원이 선출되어(1890) 제국의회가 소집되었다. 메이지 시대는 근대화 시대이다. 근대화 사업을 추진하는 데는 막대한 국가 재정이 들어간다. 그러한 지출을 이용하여 산업이 형성되는데, 이때 공평한 정

•••••••••••••

014   間組百年史編纂委員會,《間組百年史 1899-1945》, (株)間組, 1989, 14~37쪽.

치가 확보되지 않으면 정계와 재계 사이에 유착이나 부정이 생기게 된다. 일본에서도 이 시기 가이타쿠시開拓使 관유물 불하사건(1881) 등 정부와 재벌의 유착이 문제가 되어 비판받았기 때문에, 정부 예산의 용도나 민간 기업과의 관계 등을 공정하고 투명하게 하지 않을 수 없게 되었으므로 회계법이 제정되기에 이른 것이다.

회계법 제24조[015]는 정부가 행하는 청부계약은 법률·칙령에 따른 예외를 제외하고는 일반경쟁입찰로 하지 않으면 안 된다고 규정하고 있다. 예외가 되는 경우는 그것을 판매하는 업자가 하나밖에 없는 경우, 군사적인 관계 등으로 정부가 비밀리에 진행하고자 하는 경우, 금액이 매우 싼 경우 등이다. 어쩔 수 없는 사정이나 그다지 중요하지 않은 거래를 제외하고는 모두 일반경쟁입찰로 하라는 것이다.

토목청부업계는 매우 큰 충격을 받았다. 지금까지는 정치가와 안면이 있고 어느 정도 신용을 얻게 되면 토목건축업자는 자동적으로 일을 얻을 수 있었는데, 더 이상 그렇게 할 수 없게 된 것이다. 특명이나 지명입찰에 의지하고 있던 기존 청부업자의 존립 기반은 흔들리게 되었으나, 신사업자에게는 새로운 기회였다. 공사를 완성시킬 자신이 있으면 일반경쟁입찰에 참가하여 일을 수주할 수 있게 되었기 때문이다.

질록처분秩祿處分이라는 무사武士에 대한 급여정책이 전폐全廢되면

015   內閣官報局,《法令全書第31冊》, 1889, 54~55쪽.
      "明治22年　會計法
      第二十四條　法律勅令ヲ以テ定メタル場合ノ外工事又ハ物件ノ賣買貸借ハ總テ公告シテ競爭ニ付スヘシ但シ左ノ場合ニ於テハ競爭ニ付セス随意ノ約定ニ依ルコトヲ得ヘシ
      第一　一人又ハ一會社ニテ專有スル物品ノ買入レ又ハ借入ルヽトキ……"

서 많은 사족이 일자리를 찾고 있었고, 게다가 위생환경 개선 등의 영향으로 인구가 급증하면서 일자리는 몹시 부족했다. 이러한 때에 일반 경쟁입찰을 인정하는 회계법이 제정되었으므로, 당연히 새롭게 청부업자가 되려고 하는 자가 쇄도하였고, 결과적으로 청부업자의 난립을 초래했다. 회계법은 정부나 부府·현縣과 관계된 공사에만 적용되는 것으로 민간 공사와는 관계없었지만, 그때는 공사량 면에서 민간 공사에 견주어 정부와 부·현 관련 공사가 압도적이었기 때문에 회계법의 영향이 컸다.

경쟁입찰에 실제로 참가하기 위해서는 어떤 조건이 필요했을까? 이에 대해서는 1889년에 공포된 회계규칙에 다음과 같이 나와 있다.

제69조   공사 또는 물품 공급 경쟁에 참가하거나 계약을 체결하려는 자는 그 공사 또는 물품 공급에 2년 이상 종사하고 있음을 증명해야 한다. 공사 또는 물품 매매와 임대 경쟁에 참가하거나 계약을 체결하려는 자는 현금 또는 공채증서로써 보증금을 납입해야 한다.016

제70조   전조의 보증금은 아래의 제한에 의거하여 각 성의 대신이 정한다.
제1. 경쟁에 참가하려는 자는 그 사항의 견적대금의 100분의 5

016   內閣官報局, 앞의 책, 126~127쪽.
"會計規則第六十九条   工事又ハ物品供給ノ競争ニ加ハラントシ若シクハ其契約ヲ結ハントスル者ハ其工事又ハ物品ノ供給ニ二年以来従事スルコトヲ証明スヘシ   工事又ハ物品売買貸借ノ競争ニ加ハラントシ若シクハ其契約ヲ結ハントスル者ハ現金又ハ公債証書ヲ以テ保証金ヲ納ムヘシ"

이상

　제2. 계약을 체결하려는 자는 그 사항의 대금의 100분의 10 이상[017]

　제71조　경쟁 낙찰자가 청부 또는 매매 계약을 체결하지 않을 경우, 그 보증금은 정부의 소득으로 한다.[018]

　위 조문에 따르면, 업무 경력이 2년 이상이고 견적 대금의 100분의 5 이상 입찰 보증금을 납입할 수 있으면 입찰에 참가할 수 있다.

　업무 경력을 증명하려면 각 시·읍·면장 또는 세무서장이 보증한다는 서면이 필요했다.[019] 그러나 실제로 과거 2년 동안의 업무 경력이 없더라도, 각 시·읍·면의 사무소나 세무서에 출두하여 과거 2년분을 소급하여 납세하면 간단하게 납세 증명서를 발행해 주었다고 한다.[020] 이것은 조선의 사례이지만, 일본에서도 사정은 비슷했을 것이다.

　입찰 보증금이라고 하는 것은, 입찰 참가자가 낙찰받았음에도 계약을 체결하지 않을 경우 발주자가 입을 손해에 대비해서 입찰에 참가하려고 하는 자에게 견적 금액의 100분의 5 이상을 납부하게 하는 것을

• • • • • • • • • • • • • •

017　內閣官報局, 앞의 책, 127쪽.
　　"會計規則第七十条　前条ノ保証金ハ左ノ制限ニ依リ各省大臣之ヲ定ムヘシ
　　第一　競争ニ加ハラントスル者ハ其事項ノ見積代金ノ百分ノ五以上
　　第二　契約ヲ結ハントスル者ハ其事項ノ代金ノ百分ノ十以上"
018　위의 책.
　　"會計規則第七十一条　競争ノ落札者請負又ハ売買ノ契約ヲ其保証金ハ結ハサルトキ
　　ハ其保証金ハ政府ノ所得トス"
019　石森憲治,《會計法精義》, 淸水書店, 1909, 179쪽.
020　兒玉琢 口述, 竹下留二 編,《朝鮮の談合》, 吉岡印刷所, 1933, 3쪽.

말한다. 이 입찰 보증금은 낙찰자가 계약을 체결하면 반환되지만, 계약을 체결하지 않는 경우에는 몰수된다. 물론 대부분의 경우 낙찰자는 계약을 체결하므로, 입찰 보증금은 잠시 동안 지불하기만 하면 되는 것이었기 때문에 고리대금업자에게서 필요한 자금을 일시적으로 빌려 충당했다.

입찰에 참가했지만 낙찰되지 않은 경우에는 입찰 보증금이 그대로 반환되지만, 본인이 낙찰받아서 계약이 성립하면 이번에는 계약 보증금이라는 것을 납입하지 않으면 안 된다. 이것은 보통 계약금액의 10분의 1이다. 계약 보증금이라고 하는 것은, 계약을 했음에도 청부업자가 이를 이행하지 않거나 청부업자의 사정으로 계약을 해지하는 경우의 손해에 대비해서 계약한 청부업자가 발주자에게 맡기는 금액을 일컫는다. 이 경우에는 계약을 체결하였으므로 고리대금이 아니라 은행 등의 금융 기관에서 융자를 받을 수 있다.

이렇게 살펴보면, 업무 경력 2년 이상을 증명해 주는 납세 증명, 그리고 입찰 보증금과 낙찰받은 뒤의 계약 보증금 같은 여러 가지 수속이 있어 복잡하고 자금도 필요하였다. 하지만 일단 일을 맡게 되어 공사를 완성시키면 확실히 대금을 받을 수 있으므로, 다른 업종으로 창업하거나 신규 참여하는 것보다 안전했다고 볼 수 있다.

다른 업종에서는 공장을 지어 제품을 만들어도 그것이 팔릴지 어떨지를 걱정하지 않으면 안 되지만, 청부업은 매각을 계약으로 정하고 나서 움직이는 것이기 때문에 위험이 적다고 할 수 있다. 입찰 전에 입찰 금액의 견적을 내야 하고 여러 가지 준비도 필요하긴 하지만, 그래도 실제로 공사를 개시하는 시점이 계약이 체결되고 매각이 확실해진

계약 후라는 점은 큰 장점일 것이다.

실제로 얼마나 청부업 창업이 쉬웠는가를 나타내는 일화가 있다. 청일전쟁 무렵 어느 돌팔이 의사가 우연히 나가사키현長崎縣 산카쿠三 角의 축항 공사 청부를 맡게 되었다. 그는 여러 가지를 고심한 끝에 보증금과 당좌 계정용 비용을 마련하고, 집 앞에는 모래를 넣은 쌀가마니를 쌓아 올려 부자인 것처럼 보이도록 했는데, 이것이 적중하여 신용을 얻게 되고 대성공하여 수천 엔을 벌었다. 그리고 이를 계기로 차례차례 공사를 맡아 마침내 확고부동한 토목청부업자가 되었다고 한다.[021] 간단하게 수천 엔이라고 했지만, 목수 일당이 40전(0.4엔), 인부 일당은 20전(0.2엔)이던 시대였다.[022] 현재 일본의 목수 일당은 1만 2천 엔에서 3만 엔, 인부 일당은 6천 엔에서 1만 5천 엔 정도이므로, 평균을 내어 목수 2만 엔, 인부 1만 엔이라고 하면 1890년대 임금의 5만 배이다.[023] 그렇다면 1천 엔은 5천만 엔(5억 원)이므로, 수천 엔을 번 것은 수십억 원을 번 것이다. 이러한 단순 비교로 모든 것을 알 수는 없지만, 당시 토목건축업계에서 성공하면 큰 돈을 벌 수 있었다는 사실은 확인할 수 있다.

1889년의 회계법 성립의 영향을 받아 성립한 하자마구미나 오바야시구미大林組와 같은 청부업자가 있고, 그 뒤에도 신규 토목청부업

••••••••••••••
021 土木工業協會·電力建設業協會,《日本土木建設史》, 앞의 책, 42~43쪽.

022 厚生勞働省大臣官房統計情報部,《平成16年屋外勞働者職種別賃金調查(建設業技能職種)の概況》, 2005.

023 土木工業協會·電力建設業協會, 위의 책, 44쪽. 메이지 시대 후반기가 되면 물가나 임금이 상승해서 1만 배 정도로 환산되지만, 이때는 약 5만 배 정도였을 것으로 추측된다.

자가 잇달아 나타났다. 특히 메이지 30년[1897] 무렵부터 청부업자가 눈에 띄게 증가했다. 그 이유를 가지마 세이이치鹿島精一[가지마건설 제3대 사장]는 다음과 같이 말했다.

그 당시의 업주라고 하는 것은 처음에는 본인이 스스로 일하지만, 조금 발이 넓어지면 일을 거의 반장에게 맡기고 자신은 도쿄에서 섭외를 하고 있어도 좋을 정도였다. 그러나 한편으로는 현장에서 일하는 자, 즉 기사장이라든지 건설부장이라든가 하는 자가 기업가 본인보다 상당히 권력이 있어서, 일에 대해서도 그러한 자의 의견이 많이 수용되었다. 이 때문에 일이 많아지면서 기업가나 각 방면에서 반장들에게 일을 맡기겠으니 독립하라고 권유하게 되고, 반장의 처지에서도 어차피 전권을 맡아서 하고 있기 때문에 언제까지나 반장을 하고 있을 필요는 없다고 생각하여, 독립해서 청부업을 시작한 사람이 매우 많았다.[024]

호시노구미星野組를 만든 호시노 교사부로星野鏡三郎는 가지마구미의 반장이었다가 독립했으며, 시키구미志岐組의 시키 노부타로志岐信太郎는 구메구미久米組의 점장에서 독립했다고 한다. 요컨대 청부업자의 대리인으로 근무하다가 결국 독립해서 청부업자가 되는 성장 과정은 매우 일반적이었다. 반장이 공사현장에서 거의 대부분의 권한을 가지고 일하고 있었고, 누군가의 밑에 고용되어 있는 것보다는 독립해서

• • • • • • • • • • • • • •
024   土木工業協會·電力建設業協會, 앞의 책, 81쪽.

사업을 하는 것이 전망이 밝기 때문이다. 다만 이렇게 대리인에서 출발한 청부업자는 실패한 사례가 많았다고 한다.

한편, 청부업자의 하청을 맡았던 하청업자가 직접 일을 받는 청부업자가 되기도 했다. 이러한 경우는 대리인에서 청부업자가 되는 것보다 안정적이어서 성공할 확률이 많았다고 한다. 가지마구미, 하자마구미의 수하였던 니시마쓰 게이스케西松桂輔[니시마쓰구미西松組→니시마쓰건설西松建設]나, 니시모토 겐지로西本健次郎[니시모토구미西本組→미쓰이건설三井建設→미쓰이스미모토건설三井住友建設], 미즈노 진지로水野甚次郎[미즈노구미水野組→고요건설五洋建設], 나카노 기사부로中野喜三郎[나카노구미中野組→나카노후도건설ナカノフド-建設], 구마가이 산타로熊谷三太郎[구마가이구미熊谷組] 등이 이에 속한다.[025]

· · · · · · · · · · · · · · ·
025　앞의 책, 85쪽.

제2절 일본인 청부업자의 조선 철도 건설 진출

일본 철도 건설의 정체

일본에서 성장한 청부업자들이 조선에 본격적으로 진출한 것은 조선에서 철도 건설이 시작되었을 때부터다. 이 조선 철도 건설을 계기로 일본인 청부업자가 조선에 정착하게 되었다. 조선인 청부업자들도 철도 건설에 진출했지만 배제당했고, 결국 소규모 청부업자밖에 살아남지 못했다.

일본의 철도 건설은 메이지 유신 이후 빠른 속도로 진행되었고, 그에 따라 토목청부업도 발전해 갔다. 하지만 메이지 후반기가 되자 철도 건설은 정체되기 시작했다. 자금이 한계에 다다랐고, 이미 상당한 정도의 철도가 부설되었기 때문이다.

일본의 철도 건설은 1872년 신바시新橋-요코하마橫浜 사이의 관영 철도 개통을 시작으로 추진되어 왔으나, 항상 재원이 문제가 되었다. 철도 개설·건축 자금은 공채금과 일반 세입, 두 종류로 조달하게 되어 있었다. 공채는 영국英國 공채, 기업 공채, 나카센도中山道 철도 공채, 철도비 보충공채로 네 종류였는데, 이것으로는 부족한 경우가 많았다고 한다. 부족분은 일반 세입에서 보충하였으니 그때의 철도 건설은 정부 재정에 기대는 일이 상당했던 셈이다.[026]

이것이 국가 재정에 부담이 되면서, 1892년에 공포된 철도부설법鐵道敷設法에는 철도 건설비용을 일반회계 예산에서 내지 않고 철도공채

••••••••••••••

[026]　鐵道省,《日本鐵道史上編》, 鐵道省, 1921, 549~550쪽.

를 발행하여 충당한다는 원칙이 명기되었다. 청일전쟁에 따른 과대한 군사비의 상당 부분도 공채시장에 의존하였기 때문에 금융 압박을 초래하였다. 1900년대에는 막대한 철도 건설 자금을 어떻게 염출하느냐는 문제를 둘러싸고 공채로 충당할 것인지 아니면 일반회계 예산으로 충당할 것인지가 논의되었다. 공채도 일반회계도 재원이 부족한 상태였으므로 주목을 받게 된 것이 철도 운영으로 발생하는 이익, 즉 철도 이익금이었다. 대장성이 철도 이익금을 정부 재원으로서 중시하고 철도회계를 일반회계로 그대로 두고자 했던 것과 달리 정우회政友會는 철도 건설 자금을 철도 이익금에서 충당하여 건설 자금을 확보하고자 했으므로 양쪽이 대립했지만, 결국 1909년 일본철도회계법帝國鐵道會計法이 개정되어 철도회계가 독립하고 철도 이익금도 투입되게 되었다. 그리고 철도 건설 자금으로서 철도 이익금이나 공채는 물론이거니와 대장성 예금부의 자금과 단기 증권까지 발행하게 된다.[027] 이처럼 일본 정부는 철도 건설 자금을 확보하는 데 매우 고심하고 있었다.

일본의 민영 철도회사는 1881년부터 설립되기 시작했는데, 철도 붐이 일어난 1880년대 후반에는 관영철도보다 신속하게 건설공사가 진행되어 갔다. 1890년에는 영업거리가 관영철도를 넘어섰고, 1900년에는 관영철도의 세 배에 달할 정도였다. 그러나 청일전쟁 뒤의 공황으로 민영철도 건설도 자금난에 직면하여 침체 상태에 빠지게 되었다.[028] 1906년에 민영철도의 주요 간선은 모두 국유화되었고 관영철도

••••••••••••••
027 松下孝昭, 《近代日本の鐵道政策: 1890~1922》, 日本經濟評論社, 2004, 383~385쪽.
028 中村尚史, 〈帝國鐵道協會の成立: 日本鐵道業の發展と業界團体〉, 《經濟學硏究》 第

영업거리의 증가 속도도 회복되었지만, 급증하고 있던 청부업자들의
공사 수요를 충족시키기에는 매우 부족하였다.

게다가 메이지 후반기에는 일본의 국토 가운데 중요한 부분, 즉 철
도를 부설하여 충분한 이익이 예상되는 간선 공사를 완료하게 되었
다. 이 때문에 1900년 무렵이 되면, 일본의 철도 공사 수요는 급속히
감소한다. 1896년에 착공한 주오센中央線과 도카이도센東海道線의 복
선공사, 1899년에 착공한 가고시마센鹿兒島線, 1900년에 착공한 산인
센山陰線의 공사 이후 철도 공사는 거의 발주되지 않았다. 공사가 없던
1901~1902년 무렵에는 각 업자가 모두 무리하게 입찰하여 매우 고통
스러웠다고 한다.[029] 그 뒤 일본에서 철도 부설공사는 다시 회복세를
띠었지만, 그래도 가능한 한 많은 공사를 수주하려는 토목청부업자가
많았기 때문에 공사가 부족하다는 느낌은 부정할 수 없었을 것이다.
이런 일본 내지의 상황과 달리 급격하게 공사의 양이 증가했던 곳이
식민지 조선이었다.

조선에서 철도 건설의 시작과 경인철도

전쟁 때 군부軍夫가 공급한 청부는 별개로 치면, 일본 청부업자들이
외국에서 처음 진행한 공사는 조선의 경인철도京仁鐵道[제물포-노량진 사이
33킬로미터] 공사다. 1899년에 개통한 경인철도는 조선의 첫 철도였다.
미국인 모스James R. Morse가 1896년 3월에 조선 정부의 허가를 받아 건

· · · · · · · · · · · · · ·
　70卷 第4·5合倂號, 九州大學, 2004.
029　土木工業協會·電力建設業協會, 앞의 책, 88쪽.

설에 착수하였는데, 이때 계약 내용을 보면 12개월 이내에 착공하고, 착공 후 3년 안에 완성시키며, 이 기한을 지킬 수 없을 때는 특허가 상실된다고 정해져 있었다. 모스는 1897년 3월에 인천에서 2마일 떨어진 우각리牛角里에서 기공식을 거행하고 콜브란Henry Collbran에 의한 청부공사를 개시했지만, 본국에서 자금 조달에 실패하여 공사를 할 수 없는 상황에 처했다.

이때 일본 측이 관민 합심하여 맹렬한 인수 공작을 펴서, 경인철도 부설권은 1897년 5월에 시부사와 에이이치澁澤榮一[일본 자본주의의 아버지로 불리는 실업가] 등이 조직한 경인철도인수조합에 양도된다. 경인철도 인수조합 결성 시의 구성원은 이와사키 야노스케岩崎彌之助[미쓰비시재벌 2대 당주, 일본은행 제4대 총재], 하라 젠자부로原善三郎[생실 상인, 중의원·귀족원 의원 역임], 오타니 가에大谷嘉兵衛[제다製茶 무역업자, 귀족원 의원], 오쿠라 기하치로 大倉喜八郎[오쿠라재벌 창업자], 오에 다쿠大江卓[전 중의원 의원, 도쿄증권거래소 회장], 오자키 사부로尾崎三良[전 법제국 장관], 다케우치 쓰나竹內綱[중의원 의원], 나카노 다케나카中野武營[중의원 의원, 실업가], 나카미가와 히코지로中上川彦次 郎[미쓰이은행 이사, 미쓰이재벌을 재건시킨 실업가], 야스다 젠지로安田善次郎[야스다재 벌 창시자], 마에지마 히소카前島密[정치가, 일본 우편제도 창설자], 마스다 다카시益田孝[미쓰이재벌 실업가], 미쓰이 다카야스三井高保[미쓰이은행 사장], 아라타 헤이고로荒田平五郎, 시부사와 에이이치, 모리무라 이치자에몬森村市左 衛門[모리무라재벌 창설자]이다.[030] 미쓰이三井, 미쓰비시三菱, 야스다安田, 오쿠

••••••••••••••
030   財團法人鮮交會,《朝鮮交通史》, 1986, 28~33쪽.

라大倉 같은 당시의 거물 재벌 실업가가 늘어서 있는 것을 보면, 일본 측에서 조선 철도 건설을 얼마나 중요하게 인식하고 있었는지를 알 수 있다. 이 양도 계약은 조선인을 완전히 배제하고 일본인과 미국인 사이에서 멋대로 체결된 것이었다.[031]

이렇게 경인철도 부설공사는 경인철도인수조합의 직영공사가 되었지만, 콜브란이 시공하였던 부분이 당초의 설계와 많이 달랐고, 축제築堤·절취한 너비는 선로의 폭으로 충분하지 않았으며, 한강 교량의 기초공사는 불완전한 것 등 조잡하기까지 하여 다시 공사하지 않을 수 없었다고 한다. 그래서 가지마구미에 특명을 내려 1899년 4월에 기공식을 행하고, 한국인 인부를 모집해 공사를 진행했다고 한다. 가지마구미의 대리인은 니미 시치노조新見七之丞였다.[032] 같은 해 9월에 인천-노량진 사이의 개업식이 거행되고, 이듬해[1900] 7월에 한강 가교 공사가 완료된 뒤 경성-인천 사이에서도 영업하게 되어, 11월에 전선 개통식이 거행되었다. 한강 교량 공사를 직접 담당한 다니구치 고지로谷口小次郎의 이야기가 당시 일본의 기술 수준을 느끼게 하므로 인용하기로 한다.

한강 교량은 먼저 미국인 기사가 공사를 어느 정도 진행하고 있었지만, 공사 중 몇 번이나 수해水害를 당해 교각은 유실되고 재료도 떠내려갔다. 때문에 이번에는 일본인이 와서 공사를 속행한다는 것을

031   高成鳳,《植民地鐵道と民衆生活》, 法政大學出版局, 1999, 1~2쪽.

032   朝鮮總督府鐵道局,《朝鮮鐵道史》第一卷, 朝鮮總督府鐵道局, 1929, 241~252
       쪽; 土木工業協會·電力建設業協會, 앞의 책, 88쪽.

듣고 당시의 반도인[한국인]은 모두 웃었다. "미국인조차 그 교량 공사에서 그렇게 고생하고 결국 완성할 수 없었다. 후진국인 일본인이 어떻게 할 수 있겠는가. 헛수고다. 미국인 이상으로 고생하고, 재료도 떠내려가 반드시 소동이 일어날 것이다."라고 말하며 모두 웃었다. 경성에서는 오로지 그렇게 비판하고 있었지만, 과연 교량을 만족하게 구축할 수 있을 만큼의 성공 가능성이 있을지 없을지를 당시 반도 주재공사 하야시 곤스케林權助가 나에게 확인하였다. 내지를 출발하기 전에도 "한강의 철교는 미국인도 만들지 못할 정도야. 그러니까 조선에 가서 멋지게 만들어 주게."라고 철도국장 마쓰모토 소우이치로松本莊一郎 박사로부터 격려도 받았다. ……무식하여 지리적 지식이 부족한 나는 조선의 한강을 멍청하게도 중국 한커우漢口로 착각하고 있었다. 그래서 한구교량漢口橋梁이라고 하니까 중국 양쯔강揚子江에 다리를 놓는 것이라고 생각하고, '이거 참 재미있는 일을 맡게 되었군.' 하며 내심 크게 긍지를 갖고 출발했다. 드디어 현장에 도착해 지금의 노량진에 와 보니 의외로 작은 강이었다. 뭐야, 이런 강의 철교인가. 이 정도 일이라면 내지에서 몇 번이나 했던 일이다. 할 수 있고 없고의 문제가 아니라, 우스꽝스러울 정도였다. 이 교량 공사를 맡았던 미국인은 기량이 그다지 뛰어난 사람이 아니었을 것이고, 돈도 들이지 않았을 것이며, 여러 가지 사정이 있어서 잘 되지 않았을 것이다. 그곳 공사를 맡게 된 것은 나의 행운으로, 나는 아무런 어려움도 겪지 않고 오히려 수월하게 일을 해서 일 년 만에 완성시켜 1901년 10월 무렵에 완공(落成)하여 경인선의 개통식이 거행된 것이다.[033]

●●●●●●●●●●●●●●●●

033　日本鐵道建設業協會, 《日本鐵道請負業史》 明治編, 日本鐵道建設業協會, 1967, 376쪽.

철도 건설공사는 크게 일반토공, 터널 뚫기〔隧道開鑿〕, 다리 놓기〔橋梁架設〕라는 세 부분으로 나뉜다. 공사의 핵심은 가능한 한 직선으로 선로를 놓는 것이다.

기관차에는 핸들이 없고, 차바퀴는 직선으로 붙어 있을 뿐이어서 좌우로 움직이지 않는다. 차륜에는 탈선을 막아 주는 플랜지flange라는 챙이 있지만, 돌릴 때마다 항상 플랜지에 의존하면 플랜지가 단숨에 닳아 없어져 버릴 뿐만 아니라 운행 소음도 심해질 것이다. 차륜이 사다리꼴 모양이므로, 열차를 운행하다가 커브curve에 접어들며 원심력으로 말미암아 바깥쪽으로 밀릴 때 바깥쪽 차륜은 안쪽 직경의 큰 부분을 레일에 맞추어 회전시키고, 안쪽 차륜은 바깥쪽 직경의 작은 부분을 레일에 맞추어 회전시켜야 순조롭게 돌 수 있다. 이렇듯 급히 돌릴 수 없는 구조이므로 최대한 선로가 휘지 않도록 해야 하는 것이다. 상하의 경사도 최소한으로 해야 한다. 차륜도 레일도 철로 되어 있기 때문에 경사가 심하면 차륜이 미끄러져 기관차가 오를 수 없다.

이러한 제약 속에서 선로를 놓으려면 아무래도 그 장소를 최대한 직선으로 정돈해야 한다. 이와 같이 철도의 선로를 깔기 위해서 흙을 파거나 옮기는 등의 일이 일반토공이다. 평평한 장소에는 흙을 쌓아 올려서 선로가 지나는 장소를 주위보다 높게 하는 둑 쌓기〔築堤〕라는 작업이 필요하다. 그 부분에 자갈로 도상道床을 까는 것이다. 또한 선로를 가설할 때 높아서 방해가 되는 부분은 깎아서 낮게 해야〔切取〕 한다. 이 축제와 절취가 일반토공의 중심이다.[034]

....
034 土木學會, 岡田宏 編, 〈鐵道〉(I),《新体系土木工學》66, 技報堂出版, 1980, 63~71쪽.

〈사진 1-1〉 서선식산철도西鮮殖産鐵道 건설 현장 가운데
서호교西湖橋의 보〔梁桁, girder beam〕 가설공사 광경
(토목귀중사진컬렉션 후쿠이 도모사부로福井友三郎 소장)

오르막길이어서 넘을 수 없을 것 같은 산이나 언덕이 있으면 우회하거나 잘라내야 하지만, 둘 다 불가능한 경우에는 터널을 판다. 넘을 수 없을 것 같은 움푹 패인 땅(窪地)이나 골짜기, 강에는 다리를 놓는다.

대규모 노동력이 필요한 일반토공과 달리 다리를 놓는 것은 터널 뚫기와 함께 철도 부설공사에서 기술적으로 어려운 부분이다. 그러나 다니구치의 교량 가설 수준은 매우 높았다. 조선에 진출한 단계에서 일본의 철도 부설 기술 수준을 잘 보여 주는 기록이라고 할 수 있다.

경인철도 부설공사와 거의 같은 시기에 대만臺灣 종관철도의 개축공사가 이루어졌다. 본래 대만에 있었던 1백 킬로미터의 철도는 원래도 불완전하였는데 전쟁으로 완전히 파괴되었다. 대만이 일본에 귀속되는 동시에 개축공사가 행해져, 스기이구미杉井組·아리마구미有馬組·오쿠라구미大倉組 등의 청부 시공으로 1898년에 완성되었다. 1908년까지 대만 지룽基隆에서 가오슝高雄에 이르는 4백 킬로미터의 종관철도도 건설되었다. 일본 내지에서 철도 청부공사가 거의 없던 1900년대의 불황에, 대만의 공사는 조선의 공사와 마찬가지로 청부업자들에게 귀중한 것이었다.

경부철도의 건설

조선에서는 1900년에 개통한 경인철도에 이어서 경부철도京釜鐵道, 경의철도京義鐵道가 부설되었다. 경인철도에 비해 훨씬 긴 이 철도들은 청부업자들에게 매우 중요한 것이었다.

1898년 9월에 경부철도 주식회사京釜鐵道株式會社는 대한제국 정부와 경부철도합동조약京釜鐵道合同條約을 체결하고 최종적으로 경부철도 부설권을 획득했다. 그러나 이 계약은 3년 이내에 기공하지 않으면 무효가 되는 것이었기 때문에, 경부철도 주식회사는 자본을 모집하여 1899년 3월과 1900년 3월 두 번에 걸쳐 현지조사를 하고 노선을 결정했다. 궤도의 폭을 어떻게 할 것인가도 문제가 되었는데, 이는 일본에 맞는 협궤狹軌가 아니라 대륙에 맞는 표준궤標準軌를 채용하기로 했다.

이 정도라면 경부철도 주식회사가 직접 철도 부설공사를 해도 괜찮았겠지만, 그렇게 할 수 없는 사정이 있었다. 그것은 당시 철도 부설공사의 일반적인 형태가 그렇지 않았다는 것과, 공사가 진행되는 곳이 한국이었다고 하는 두 가지 사정에서 비롯한다.

그때의 철도 부설공사는 일반적으로 발기회사가 철도 건설 계획과 노선 선정 및 철도용지 확보 등의 업무를 담당하고, 토목건축청부회사가 철도 부설공사를 담당하는 형식이었다. 발기회사가 철도 부설공사까지 행하기에는 부담이 너무 컸고, 철도 부설공사에 익숙해 있는 토목청부회사도 많았기 때문이었을 것이다.

또한 경부철도는 한국에서 이루어지는 대규모 공사였기 때문에 한국 청부업자를 쓰게 되어 있었다. 경부철도를 건설할 즈음 한국인들에게 방대한 면적의 토지를 매수하고 수천수만에 이르는 한국인 노동자를 고용해야 했으므로 대한제국 정부의 협력이 절대적으로 필요했던 사정도 있어, 경부철도합동조약 제6조에는 다음과 같이 규정되었다.

한인韓人 및 외국인의 구별 없이 고용하는 것은 감독의 의견에 따른다고 해도, 한인을 반드시 다수 고용해야 한다. 흙일(土役)에는 10분의 9의 비율로 한인을 고용해야 한다. 공사가 매우 바쁠 때 한인의

노임 인상 때문에 별도로 타국인을 외국으로부터 고용한 경우에는
해당 철도의 낙성 뒤 그 타국인을 본국으로 송환하기로 하고, 입·출
항할 때 해관에서 명부를 검사하여 한 명이라도 체류를 허용하지 않
아야 한다. 목재는 한국산을 이용하고, 만약 한국산 목재 수용에 맞
지 않는 경우에는 일본산을 혼용하도록 한다.[035]

즉, 한국인과 외국인을 구별 없이 고용하는 것은 감독의 의견에 따
른다고 해도, 반드시 한국인을 다수 고용할 것, 특히 흙을 쌓는 등의
단순한 토목공사에는 10분의 9의 비율로 한국인을 고용할 것이 명문
화되어 있었다. 둑을 쌓고 땅을 깎는 데는 그다지 고도의 기술이 필요
하지 않으나, 압도적으로 많은 노동력이 필요하다. 여기에 한국 청부
업자를 투입해야 했던 것이다.

〈표 1-4〉 경부철도의 건설비 예산액 내역

항목	금액(원)	비율(퍼센트)
토목비	5,177,266	20.70
궤도비	5,209,324	20.83
터널비	3,655,344	14.62
차량비	2,798,000	11.19
교량비	2,777,483	11.10
기타(16종) 합계	5,352,585	21.56

출전   정재정,《일제침략과 한국철도: 1892~1945》, 서울대학교출판부, 1999, 175쪽.

• • • • • • • • • • • • •

035   정재정,《일제침략과 한국철도: 1892~1945》, 서울대학교출판부, 1999, 177쪽;〈京釜
鐵道合同〉第6条, 奎章閣文書 23085; 朝鮮總督府鐵道局,《朝鮮鐵道史》, 1915, 15쪽.

이 흙일은 토목비에 해당하는 것으로, 전체 공사비에서 20퍼센트나 차지하는 것이었다. 이 토목비의 90퍼센트나 되는 부분을 경부철도합동조약 제6조에 따라 한국인 또는 한국 청부업자를 이용하지 않을 수 없는 상황이었던 것이다. 한국의 청부업자는 목재나 돌 등의 재료와 노동자를 공급하는 용달회사나 역부회사 수준이었지만 충분히 일할 수 있었다. 일본 토목건축청부업자의 발생을 생각해 보면 알 수 있을 것이다.

당연히 한국 안에서는 이 경부철도 토목사업의 청부를 맡으려고 하는 업자와 회사가 발생하게 된다. 경부철도 부설공사의 수주 활동을 일찍부터 시작한 것은 대한국내철도용달회사였다.[036] 대한국내 철도 용달회사는 1899년 3월에 국내 철도 건설에서 사용되는 노동력이나 자재를 제공하여 국부의 국외 유출을 막으려는 취지로[037] 농상공부의 인가를 받아 설립되었다. 대한국내철도용달회사는 우선 고종 황제의 외척이며 궁내부 대신을 역임한 민영철을 사장으로 선임하고, 정부나 궁내부의 유력자였던 박기종·강석호·나세환·이유태·김규복 등을 이사로 삼았다. 다른 유력한 청부업자가 아직 없는 상태였기에 이 회사는 경부철도 부설공사의 모든 토역을 수주하려고 했지만, 경부철도 주식회사의 다케우치 쓰나가 이에 반발했다.

다케우치는 공사 청부 조건으로 철도 부설공사 경험이 있는 철도기사와 자본금 확보를 요구했다. 공사 청부의 일반 규정에 청부계약 체

• • • • • • • • • • • • • •
036   정재정, 《일제침략과 한국철도: 1892~1945》, 앞의 책, 178~179쪽.
037   《皇城新聞》 1899.3.10.

결과 동시에 청부금액의 10분의 1을 보증금으로 맡겨 두게 되어 있으므로 자본금이 충분히 없으면 청부가 불가능하다는 것이다. 또 자본금이 충분하다고 해도 오늘날 철도 공사는 옛 토목건축과 달리 궤도 건설, 교량 가설, 터널 굴착 등에서 서양 기술에 의지하지 않으면 안 되므로, 과거에 일본이 20년 정도 서양인 기사를 고용한 것처럼 한국인 회사도 경험이 있는 일본인 기사를 초빙·고용하도록 강요하였다.[038]

결국 대한국내철도용달회사는 다케우치가 추천하는 일본인 기사 두 명을 채용하고, 경부철도 주식회사는 대한국내철도용달회사에 일부 철도 공사의 시공을 맡기고 자재나 일꾼들을 공급하게 하는 것으로 일단 합의했다.

일본도 철도 부설공사 초기에는 보유한 기술이 거의 없었기 때문에 일꾼을 공급하거나 인재를 파견하는 정도였지만, 공사를 발주하는 정부 측에 철도 기술자가 붙어 있었다. 즉, 일본 정부가 외국인 기술자를 고용하여 그들에게 감독시킨 것이지 청부업자가 기술자를 고용한 것은 아니었다. 그런데도 다케우치는 한국 청부업자가 기술자를 고용하라고 요구했던 것이다. 이것은 일본에서 서서히 청부업자의 기술 수준이 높아지면서 기업자 측(대부분 일본 정부)뿐만 아니라 청부업자 측에서도 공사 감독이 나오는 상황이 자주 있었기 때문이라고 추측할 수 있다.[039] 청부업자 측 공사 감독이 기술적인 지도를 하는 상황을 늘 보아 온 일본인에게는 한국의 청부업자에게도 이를 요구하는 것은 당연

••••••••••••••
038   정재정, 앞의 책, 184쪽.
039   土木工業協會·電力建設業協會, 앞의 책, 105쪽.

한 일이었을 것이다. 게다가 어떻게 해서든지 한국 청부업자의 진출을 막아 일본인 자신들의 이익을 확보하려고 하는 상황에서는 더욱더 그러하다.

일본의 청부업자들에게 유리했던 점은 서양의 여러 나라에서 외국인 기술자는 보내도 토건업자를 보내는 일은 없었다는 것, 그리고 발주자가 완전히 일본 자본이었기 때문에 일본 토건업자를 배려할 수 있었던 점일 것이다.

대한국내철도용달회사 말고도 이 무렵 왕성하게 활동한 회사는 대한경부철도역부회사大韓京釜鐵道役夫會社다. 이 회사는 1900년 7월에 농상공부와 철도원의 특별 허가를 받아 설립되었는데, 사장은 철도원 총재[민병석]가, 부사장은 철도원 감독[성기운]이 겸하는 등 대한제국 정부 고관의 힘을 이용하여 철도 부설공사현장에 노동자를 동원하는 형태의 인재 파견 회사였다. 공사현장에 노동자를 파견하고, 그 노임을 발주자 측에서 받아 그 일부를 징수하여 노동자를 관리하는 구조이다.

처음에는 이러한 정부 고관이 참가한 두 회사, 대한국내철도용달회사와 대한경부철도역부회사가 중심이 되었지만, 이에 자극을 받아 철도 공사 청부를 위한 다양한 토건회사가 설립되었다. 철도목석등물용달회사鐵道木石等物用達會社, 흥업회사興業會社, 경성토목회사京城土木會社, 경성북제특허회사京城北濟特許會社, 부산토목합자회사釜山土木合資會社, 한일공업조韓日工業組, 경부철도경상회사京釜鐵道慶尙會社 등이다. 이 회사들은 경부철도의 부설공사에 참가하기 위해서 생긴 회사이므로 일시적인 현상이라 생각할 수도 있겠지만, 달리 생각하면 사회적인 큰 변화라고도 볼 수 있다. 무엇보다도 서울 시내에 벌써 전차가 달리고 있었으므로, 서울 시민에게 있어서는 전차나 기차는 희귀한 것이었다고 해도 전혀 미지의 것은 아니었다. 또한 이러한 토건회사 설립 성황과 때를 같이해서 각종 철도학교에서는 서양식 토목기술을 습득한 졸업생을 다수 배출하고 있었다. 1900년 5월에는 남서장동南署長洞에서 개교한 사립철도학교는 교장에 대한국내철도용달회사 사장 민영철을, 교감에 철도국장 김규희를 초빙하여 연 15명의 졸업생을 배출했다. 이 학교는 1901년 10월에 일본인 공학사 오에 산지로大江三次郎를 초빙하여 철도공업에 관한 교육을 실시한 적도 있었다. 그 외에도 낙영학교樂英學校는 철도학과를 특설하여 기사를 양성하였고, 흥화학교興化學校의 양지과量地科는 연 23명의 졸업생을 배출하였다.[040]

일본 측 토건업자는 당연히 자신들의 업자가 이 공사를 하청받아야 한다고 생각하고 있었겠지만, 초기 단계에서는 대한제국 업자 측에게 유리한 점이 몇 가지 있었다.

첫째, 앞에서 살펴본 경부철도 주식회사와 대한제국 정부가 체결한 경부철도합동조약 제6조다. 둘째, 대한제국 전 국토에 걸쳐서 철도 부설공사가 있었기 때문에, 경부철도 주식회사는 한국인 관료나 일반 인민의 불평불만과 배일 감정을 달래고 철도 부설에 필요한 모든 편의를 손에 넣기 위해서 한국의 고급 관리를 아군으로 삼으려고 했다. 그 때문에 철도 부설 청부를 한국인 고위 관료가 임원을 맡고 있는 회사에 발주하려고 하였던 것이다. 셋째, 자금 면에서 어려운 상황에 있던 경부철도 주식회사는 청부단가가 싼 한국의 토건회사에 하청을 맡기고

••••••••••••
040   정재정, 앞의 책, 187쪽.

싶어 했다. 이러한 세 가지 조건이 분명히 존재하고 있던 공사 초기에는 대한제국의 토건회사가 활약할 수 있는 충분한 환경이 갖추어져 있었다고 말할 수 있다.

1901년 8월 20일 서울 영등포에서 경부철도의 북부 기공식이 행해지고, 다음 8월 21일에 부산 초량에서 남부 기공식이 행해져서[041] 공사가 시작되었다.

재단법인 센코우카이鮮交會가 출판한 《조선교통사朝鮮交通史》 자료편에 따르면, 공사에 참가한 청부업자는 한일공업조, 시키구미, 야마구치 다혜에山口太兵衛, 아가와구미阿川組, 하자마구미, 오타구미太田組, 가지마구미, 스기이구미, 오바야시구미, 아라이구미荒井組, 요시다구미吉田組, 오쿠라구미 등이 있었다.[042]

한국 토건업자는 한일공업조밖에 기재되지 않았지만,《일본철도청부업사日本鐵道請負業史》 메이지편을 보면 한국 측의 청부업자로 권재형운수회사權在衡運輸會社[대한운수회사大韓運輸會社], 민영선역부회사閔詠璇役夫會社[경성토목회사], 경성북제특허회사, 민영철용달회사閔詠喆用達會社[대한국내철도용달회사]가 기록되어 있다. 다른 자료에는 철도목석등물용달회사, 흥업회사, 대한경부철도역부회사, 부산토목합자회사, 경부철도경상회사 등도 기록되어 있다.[043] 이 가운데에는 청부공사 그 자체를 담당한 것이 아니라 목석 같은 각종 물품의 조달 등을 담당한 회사도 있다.

041   日本鐵道建設業協會,《日本鐵道請負業史》明治編, 앞의 책, 421쪽.
042   財團法人鮮交會,《朝鮮交通史》資料編, 1986, 192쪽.
043   정재정, 앞의 책, 187쪽.

이 경부철도 부설공사에 많은 한국인이 동원되었지만, 매우 성적이 좋았다는 기록이 남아 있다.

경부철도 경성 방면 공사 근황

작년도에 제1기 선공사가 준공한 부분은 궤도를 부설하지 못하였기 때문인지 사촌沙村과 석수동石水洞의 교량을 완성하지 않았다. 이 교량은 지난 10월 19일에 낙성하고, 그 뒤 밤낮으로 인부를 독려하여 이달 11일까지 영등포에서 명학동鳴鶴洞 정거장 예정지에 이르는 11리 48쇄(11마일 48체인)를 부설하여 완성하고, 다음날[12일]에 경성과 인천 사이의 중요한 관민을 초청하여 시운전을 거행하였다. 대단히 좋은 성적을 내었으며, 그날은 궤도 부설 실황을 내빈이 관람하도록 제공하였다. 이에 종사한 인부는 대부분 한인이었는데, 그들의 숙련된 솜씨는 내빈을 깜짝 놀라게 하였다. 특히 그들은 이 공사에 임하며 마치 어린이가 즐겁게 노는 것처럼 기쁘게 일하여서 전혀 힘들어하는 것 같지 않았으므로, 실로 이 나라에서 보기 드문 좋은 인부라고 할 수 있을 것이다.[044]

영등포역에서 명학동역까지 선로가 완성되었으므로 많은 관객을 불러 시운전 의식을 거행했는데 그때 궤도 부설, 즉 선로를 실제로 놓는 시범을 보였으며, 그 인부들은 전원 한국인이었지만 내빈을 놀라게 할 정도의 숙련된 솜씨를 선보였다는 것이다. 또한 힘도 셌다.

••••••••••••••

[044] 《通商彙纂》第250號, 1902(外務省通商局 編纂, 《通商彙纂》韓國篇 10, 驪江出版社, 1987, 507쪽).

흙일에는 모두 한인 인부가 고용되었다. 그들은 지게라고 하는 운반 용구를 짊어지고 열심히 일했다. 그들은 짊어지는 힘도 매우 세어, 보통 네 말들이 물통(四斗樽) 한 개를 지게로 짊어지고 운반했다.[045]

사두준(四斗樽)이라고 하는 것은 4두斗, 곧 72리터들이 통이다. 이 통 자체의 무게가 약 13킬로그램이고, 물 72리터가 들어가므로 합계 85킬로그램으로 계산되는데, 흙을 담았다면 족히 1백 킬로그램은 넘었을 것이다.[046] 이를 한국인이 아무렇지도 않게 운반하는 것을 경이롭게 생각한다고 기술하였다. 일본인에 견주어 한국인이 체격이 좋았기 때문에 일도 더 잘할 수 있었을 것이다. 또한 다음과 같은 기록도 있다.

제1기 선잔線殘 공사 및 제2기 선토성線土盛 공사

안양에서 진위에 이르는 22리 반의 공사는 이를 10개 소구로 나누어 일곱 명의 청부업자로 하여금 분담하게 하고, 준공 계약기한은 빠르면 내년 5월, 늦게는 6월로 하여 지난 9월 1일부터 기공하였는데, 10월 하순 무렵까지는 농삿일로 바쁘기 때문에 인부의 수가 줄어들었다. 따라서 공사가 매우 늦어졌는데, 11월에 접어들어 농삿일이 한산해져 인부를 쉽게 구할 수 있었다. 때문에 공사는 큰 진척을 보

••••••••••••••••

045   日本鐵道建設業協會, 앞의 책, 434쪽.

046   일반적으로 흙의 밀도는 그램당 1.4~2.6세제곱센티미터이므로, 72리터짜리 통을 전부 흙으로 채우면 전체 무게는 113.8~200.2킬로그램이나 된다. 물론 틈이 어느 정도는 존재할 것이며 가득 채우지는 않을 것이므로 이보다는 가볍겠지만, 대체로 100~120킬로그램 정도를 운반했을 것이라고 생각된다.

여, 이달 20일 무렵까지는 전체 공사의 10분의 4를 끝낼 수 있으리라
본다. 지금 이 공사에 사역하고 있는 본국의 인부는 350명, 한국인
인부는 약 3천 명이라고 한다.[047]

농번기에는 철도 인부로 일하는 사람들이 줄어들어 공사 속도가 지
체되었지만, 농한기가 되면 많은 인부가 몰려들었다. 그리고 일본인
인부는 350명인데 한국인 인부는 3천 명이라고 하였다. 본래는 이와
같이 농번기와 농한기에 맞추어 한국인 인부를 고용하면서 한국의 사
정에 맞추어 공사를 진행시켜야 하겠지만, 당시 일본에는 그렇게 할
수 없는 사정이 있었다. 러시아와의 관계 때문이었다.

경부철도의 속성 공사

러시아는 1900년에 중국에서 의화단 사건이 일어나자 만주에 출병
하였는데, 사태가 진정된 뒤에도 철군하지 않고 계속 주둔하고 있었
다. 이에 대해서 일본은 청나라에 제의해서 러시아와 청나라 사이에
만주반환조약을 맺게 하고, 러시아군의 만주 철수를 약속하게 했다.
만주반환조약은 러시아군을 3기로 나누어 철병을 완료케 하는 것이었
다. 1902년 10월 8일을 기한으로 하는 제1기 철병은 무사히 이루어
졌지만, 1903년 4월 8일을 기한으로 하는 제2기 철병은 행해지지 않
았고, 러시아군은 압록강鴨綠江 연안을 차지했다. 만주와 조선의 권익

---

047 《通商彙纂》第250號, 1902(外務省通商局 編纂, 《通商彙纂》韓國篇 10, 驪江出版社,
1987, 507쪽).

에 대해 일본과 러시아가 협상을 하여 한때는 교섭이 상당히 진척되었으나, 1903년 12월 교섭이 결렬되면서 러일전쟁을 피할 수 없게 되었다.[048] 이 당시 일본의 대한정책의 골자는 러시아를 의식하면서 한반도를 남북으로 종관해서 대륙으로 연결되는 철도망을 구축하는 것이었다. 한국은 일본이 대륙으로 가는 중요한 통로에 해당하는 곳이므로, 이 통로의 끝에 있는 러시아와 전쟁하려는 때에 통로인 한반도의 교통편이 불편해서는 이야기가 되지 않는 것이다. 그리고 1904년 2월, 실제로 러일전쟁이 시작되었다.

러일전쟁 전년[1903] 말까지 경부철도 268마일(약 430킬로미터) 가운데 개통된 것은 북부 51.5킬로미터, 남부 53.1킬로미터에 지나지 않았다. 일본 정부는 1903년 12월 28일에 칙령 제291·292호를 발포하고 공사를 서둘렀다. 칙령 제291호에는 경부철도 주식회사가 직면한 자금난을 해소하기 위해서 일본 정부가 회사가 발행하는 사채 1천만 엔에 대해 원리금 지불을 보증하고, 또 속성 비용을 별도로 175만 엔, 게다가 필요에 따라서 45만 엔, 합계 220만 엔을 별도로 지급한다고 되어 있었다. 칙령 제292호의 내용은 경부철도 주식회사의 인사를 일본 정부가 직접 장악하는 것을 목적으로 하고 있었다.[049]

이 단계에서 한국의 청부업자는 모두 사라져 버렸다.[050] 일본 정부가 직접 경부철도 부설공사를 담당하는 형태로 바뀌었기 때문이다. 또

048   海野福寿, 《日淸·日露戰爭》(日本の歷史 18), 集英社, 1992, 146~148쪽.
049   정재정, 앞의 책, 215쪽.
050   日本鐵道建設業協會, 앞의 책, 432쪽.

한 일본군이 한반도로 전개하기 위한 군사력을 등에 업고 한국을 대하게 되면서, 앞서 살펴본 한국 토건업자를 고용해야만 하는 세 가지 이유가 없어졌다.

일본이 전쟁을 시작하기 직전 상태였으므로, 첫 번째 이유였던 경부철도합동조약 제6조는 거의 무효화되었다. 무력으로 강제 진압하면 되었으므로, 더 이상 한국인의 불평불만을 달래고 철도 부설에 필요한 편의를 도모하기 위해서 한국인 고위 관리를 같은 편으로 할 이유도 없어졌다. 1904년 2월 23일 일본 측의 군사적 위협 아래 한일의정서韓日議定書가 조인되면서 한국 정부는 일본에 충분한 편의를 제공해야 했고 일본의 군용지 임시 수용이 가능해졌다. 이 때문에 상당히 자유롭게 군용품이나 노동력을 징발할 수 있게 되었고 용지 수용 또한 신경 쓰지 않아도 되었다. 게다가 자금 면에서 힘든 상황이었던 경부철도 주식회사가 1천만 엔의 사채의 원리 보증을 받고, 또 그것과는 별도로 합계 220만 엔을 지급받으면서 굳이 청부 단가가 싼 한국 청부업자에게 발주해야 할 필연성이 없어졌다.

그 결과 이 속성 공사를 하청받은 업자는 오쿠라구미, 요시다 도라마쓰吉田寅松, 아라이 하쓰타로荒井初太郎, 오타구미, 가지마구미, 스기이구미, 하자마구미, 오시마 요조大島要三, 아가와구미, 한일공업조, 이나바구미稻場組, 스가와라공무소菅原工務所, 시키구미, 마에다 에이지로前田榮次郎 등 거의 대부분 일본인 업자들이었다.

경의철도 공사
러시아와 전쟁하기 위해서 일본은 한반도를 종관하는 철도를 건설

해야 했다. 서울과 부산을 연결하는 경부철도만으로는 충분하지 않았으므로, 서울에서 신의주新義州에 이르는 경의철도도 같이 건설하지 않으면 안 되었다. 그래서 민간 회사조직의 발족을 기다리지 않고, 일본 정부가 스스로 착수하여 1904년 3월에 임시 군용철도감부에 의해 부설공사가 시작되었다. 처음에는 전선全線 공사를 군대에서 직접 한국인 인부를 사역하는 직영 공사로 진행하였으나, 그 방법이 곤란하다는 것을 깨닫고 청부공사로 전환하였다.[051]

경의철도 전선에서 청부공사를 담당한 것은 하자마구미, 미야자키구미宮崎組, 가지마구미, 아가와구미, 야마다구미山田組, 오쿠라구미, 요시다구미, 구메구미, 니시모토구미, 시키구미, 스기이구미, 아키야마구미秋山組, 오바야시구미, 모리구미森組, 에모리구미江森組, 스가와라구미菅原組, 세이요우샤盛陽社, 마에다구미前田組, 마쓰모토구미松本組, 호쿠리쿠토목北陸土木, 철도공업鐵道工業 등[052] 일본인 청부업자 일색이었다.

일본 측의 기록에 따르면, 이 공사에서 가장 힘들었던 것은 무엇보다도 불편한 교통편에 따른 노고였다. 철도를 놓기 전 상태였기 때문에 당연하다면 당연하겠으나, 배·우차·마차 등도 없고 도로도 그다지 정비되어 있지 않은 상태였다. 공사를 입찰할 때는 현지에 직접 가서 현장의 상태를 자세히 살펴보고 견적 금액을 내야 하는데, 교통편이 나쁘고 직접 현지에 갈 시간적 여유도 없었기 때문에 도면만 보고 견적 금액을 내서 입찰하고 계약했다. 이것만으로도 청부업자들에게는

---

051 朝鮮總督府鐵道局,《朝鮮鐵道史》第一卷, 앞의 책, 364~365쪽.
052 財團法人鮮交會,《朝鮮交通史》, 앞의 책, 192쪽.

매우 위험한 일인데, 당시 러일전쟁 중이어서 이 철도 공사로 국가를 위해 힘써 일하겠다는〔奉公〕 애국적인 흥분상태였으므로 상당히 입찰 경쟁이 심하였고 꽤 저가로 낙찰되었다고 한다. 이 때문에 막대한 손실을 내고 도산하는 업자도 많아졌다. 그러자 하자마구미·가지마구미· 미야자키구미 등이 중심이 되어 공사금 증액운동을 시작하여, 경의선 청부업자 18명의 연명 탄원서를 제출하게 되었다. 당국이 계약 완료된 공사에 대해 증액하는 것은 어렵지만, 그 이후의 공사에 대해서는 지금까지 공사 손실을 보상한다는 의미를 담아 넉넉한 금액으로 계약하기로 하면서 청부업자는 간신히 소생의 기회를 얻었다.[053]

경의철도 부설공사 입찰 뒤의 공사금 증액 운동이나 철도용지 접수, 자재資材나 노동력 징발 등은 일본 정부와 일본인 청부업자가 완전히 일체화하였으며 한국 토목사업이 이미 한국인 사업자가 참가할 수 있는 수준이 아니었음을 보여 준다.

한국 토목청부업자의 소멸

이러한 과정에서 한국인 토목청부업자가 결국 소멸하게 된 이유에 대해 생각해 보자. 토목청부업은 발주자가 있어야 비로소 성립되는 회사이다. 대한제국 정부가 존재하던 시대였지만, 발주자는 대한제국 정부가 아니라 일본 자본으로 설립된 일본의 경부철도 주식회사였다. 그러한 것을 알고 있었기 때문에 대한제국 정부는 철도 부설권을 경부철도 주식회사에 양도하는 계약을 맺을 때 그 회사가 한국인 청부업자에

----

053   日本鐵道建設業協會, 앞의 책, 443~444쪽.

게 공사를 발주하도록, 또한 가능한 한 많은 한국인 노동자를 고용하도록 하는 규정을 포함시킨 것이다.

그런데 그 조항이 끝까지 충분히 기능하지 못했고, 한국인 청부업자는 공사를 청부할 수 없게 되었다. 한국인 청부업자가 경험 부족이었다는 이유도 있지만, 그보다는 일본 청부업자들이 일본 내의 불황 때문에 한국으로 밀려들어오고 있었다는 것과, 일본인 청부업자 가운데 경부철도 주식회사의 주식을 보유한 경우도 있었다는 요인이 크게 작용했다. 그러나 일본 정부가 군사력을 배경으로 하여 경부철도 주식회사에 속성 공사를 명하고 일본 청부업자만을 고용하였을 때, 대한제국 정부가 이에 항의하여 한국 토목청부업자를 개입시킬 만큼 정치적·군사적·경제적 힘이 없었던 것이 가장 큰 원인일 것이다.

일본 토목청부업자의 발전 과정을 생각해 보면, 전술한 바와 같이 많은 외국인 기술자를 고용하여 서양 기술 도입을 도모했으나 외국으로부터 토목청부업자가 들어오지는 않았다. 덕분에 일본 토목청부업자는 아무런 기술도 없는 가운데에 서서히 발전할 수 있었다. 또한 그 기술 수준은 일본 청부업자가 충분히 따라갈 수 있을 정도였기 때문에, 메이지 유신으로부터 약 40년 만에 서양의 발달한 토목기술을 완전히 흡수할 수 있었던 것이다.

이와 달리 조선은 시기적으로 불운하였다. 대한제국 개국 후 철도 부설공사 등으로 근대적인 서양 토목기술을 수용하려고 했을 때는 이미 서양 토목기술이 지나치게 발달해 있었다. 게다가 공사 발주자는 일본 자본의 회사였고, 한국 정부(조선 왕조나 대한제국)는 청부업자를 보호·육성할 힘이 없었다. 그나마 평등한 경쟁입찰이 행해졌다면 인건비가 싼 한국 청부업자가 수주하여 성장해 갈 수 있었겠지만, 수많은 일본 청부업자가 수주하려고 밀려들었으며, 그 위에 제국주의적인 군사력 행사까지 더해지면서 한국인 청부업자는 소멸되어 버린 것이다. 이후 1945년 해방까지 한국인[조선인]에 의한 큰 청부회사는 생기지 못했고, 소규모 한국인 청부업자는 차별받았다.[054] 이 부분에 관해서는 제2장 제3절에서 자세히 설명하겠다.

054   李昌業,〈朝鮮勞働者の指導に就て〉,《朝鮮土木建築協會會報》108號, 1927.

제 2 장

조선총독부의
일본인 청부업자 보호정책

제 1 절 재정지출에서 토목 관련 비용의 규모

조선총독부 예산의 토목 관련 비용

이제부터 구체적으로 식민지 시대의 일본인 청부업자에 대해서 살펴보기로 한다. 이 장에서는 일본인 청부업자가 어떻게 해서 부당 이익을 얻고 있었던가의 문제를 다룰 것이다. 조선총독부 측에서 일본인 청부업자에게 준 편익便益과 보호 부분은 제2장으로, 일본인 청부업자가 했던 활동과 얻은 이익 부분은 제3장으로 나누었다. 조선총독부와 일본인 청부업자의 관계가 밀착되어 있어서 엄밀히 나누기는 어려우나, 제2장에서는 조선총독부 측 시각에서 보고자 한다.

조선총독부 예산 가운데 토목에 관련된 예산은 얼마 정도였으며, 어느 정도의 비율을 차지하고 있었는지 등을 검토해 보기로 하자.《조선총독부 통계연보》에서 1910년부터 1939년까지 영선비營繕費, 토목비土木費, 철도 건설 및 개량비[鐵道建設及改良費] 항목을 합계해 낸 것이 〈표 2-1〉이다.

〈표 2-1〉 조선총독부 회계의 영선비, 토목비, 철도 건설 및 개량비 (단위: 엔)

연도	영선비		토목비		철도 건설 및 개량비		합계
1910	1,004,817	45%	1,215,348	55%	–	0%	2,220,165
1911	2,227,127	17%	2,555,015	19%	8,625,257	64%	13,407,399
1912	1,881,018	12%	4,965,774	32%	8,767,647	56%	15,614,439
1913	1,267,256	9%	4,670,071	32%	8,469,387	59%	14,406,714
1914	1,324,651	10%	4,227,592	33%	7,321,953	57%	12,874,196
1915	1,316,882	11%	2,876,189	24%	7,618,076	64%	11,811,147
1916	1,115,706	10%	2,862,679	25%	7,434,505	65%	11,412,890
1917	1,289,654	12%	3,421,847	33%	5,770,302	55%	10,481,803
1918	2,015,279	13%	3,416,984	23%	9,667,914	64%	15,100,177
1919	2,895,255	13%	4,816,762	21%	14,980,222	66%	22,692,239
1920	5,132,174	20%	5,812,635	22%	15,327,829	58%	26,272,638
1921	4,813,689	17%	5,479,905	19%	18,287,157	64%	28,580,751
1922	7,224,280	20%	6,535,643	18%	21,710,999	61%	35,470,922
1923	6,713,530	25%	5,639,569	21%	14,999,904	55%	27,353,003
1924	4,536,178	26%	2,806,150	16%	10,001,841	58%	17,344,169
1925	3,041,204	18%	3,547,842	22%	9,906,504	60%	16,495,550
1926	3,180,451	13%	6,448,500	26%	14,948,338	61%	24,577,289
1927	4,291,555	14%	7,919,380	25%	18,896,587	61%	31,107,522
1928	3,654,706	12%	8,624,172	27%	19,234,545	61%	31,513,423
1929	3,332,071	11%	8,918,977	31%	16,967,204	58%	29,218,252

연도	영선비		토목비		철도 건설 및 개량비		합계
1930	3,180,431	13%	9,271,701	38%	12,052,344	49%	24,504,476
1931	2,307,616	10%	6,952,681	30%	13,632,875	60%	22,893,172
1932	2,442,627	9%	6,859,382	24%	18,906,988	67%	28,208,997
1933	1,956,264	7%	8,554,594	29%	18,705,642	64%	29,216,500
1934	3,310,284	10%	10,168,941	32%	18,497,852	58%	31,977,077
1935	4,463,858	11%	12,034,777	30%	23,880,375	59%	40,379,010
1936	4,707,789	9%	12,935,002	25%	34,424,623	66%	52,067,414
1937	5,558,268	6%	18,744,033	21%	63,041,650	72%	87,343,951
1938	5,867,074	5%	16,086,547	14%	94,351,047	81%	116,304,668
1939	6,418,165	4%	17,280,243	11%	133,282,969	85%	156,981,377
합계	102,469,859	10%	215,648,935	22%	669,712,536	68%	987,831,330

출전   朝鮮總督府 編,《朝鮮總督府統計年報》, 1912~1941.

　　영선비는 건물의 신축·증축·개축·수리 등에 드는 비용으로, 토목청부업자가 하청을 많이 받는 분야이다. 토목청부업자의 명칭은 토목업자土木業者로 되어 있으나, 본디 건축업자였는데 토목으로 사업을 확대한 업자도 많고 처음부터 토목과 건축을 병행한 업자도 있다. 또한 철도 건설을 하청받으면 역사驛舍나 철도 직원의 관사 건축 등도 동시에 하청받는 일이 자주 있으므로, 토목업자라 하더라도 건축업을 겸하는 것이 보통이었다. 그렇기에 여기에 영선비도 포함시켰다. 영선비는 1910년대의 평균이 약 163만 엔, 1920년대의 평균이 약 459만 엔, 1930년대의 평균이 약 402만 엔이고, 1910~1939년까지 합계는 약 1억 엔이다.

　　토목비는 도로 정비, 항만 정비, 하천의 개수공사, 도시 정비 등에

드는 비용이다. 토목비 가운데 일부 하천의 개수공사나 도로 정비는 청부업자에게 발주하지 않고 조선총독부 직영 사업이었지만 토목 관련 비용을 합계하려는 목적이므로 여기에 포함시켰다. 토목비는 1910년대의 평균이 350만 엔, 1920년대의 평균이 559만 엔, 1930년대의 평균은 1,189만 엔이었으며, 1910년에서 1939년까지 합계는 1억 9,850만 엔으로 약 2억 엔에 달하였다.

철도 건설 및 개량비는 신규 철도 건설, 복선화 공사 또는 급구배를 느슨하게 하거나 급커브를 완화하는 등의 철도 개량공사 비용이다. 이것은 1910년대의 평균이 786만 엔, 1920년대의 평균이 1,603만 엔, 1930년대의 평균은 4,308만 엔으로, 합계가 약 6억 7천만이었다.

영선비와 토목비, 철도 건설 및 개량비를 합하여 세출 합계와 비율을 계산해 본 것이 〈표 2-2〉이다. 세출 총계에서 차지하는 토목 관련 비용의 비율을 살펴보자.

〈표 2-2〉 조선총독부 세출 총계와 토목 관련 비용 및 차지율 (단위: 엔)

연도	세출 총계(A)	영선비+토목비+ 철도 건설 및 개량비(B)	B/A
1910	18,257,883	2,220,165	12.2%
1911	46,172,310	13,407,399	29.0%
1912	51,781,224	15,614,439	30.2%
1913	53,454,484	14,406,714	27.0%
1914	59,412,966	12,874,196	21.7%
1915	62,130,784	11,811,147	19.0%
1916	57,562,710	11,412,890	19.8%
1917	51,171,826	10,481,803	20.5%

연도	세출 총계(A)	영선비+토목비+ 철도 건설 및 개량비(B)	B/A
1918	64,062,720	15,100,177	23.6%
1919	93,026,893	22,692,239	24.4%
1920	122,221,293	26,272,638	21.5%
1921	118,414,003	28,580,751	24.1%
1922	155,113,754	35,470,922	22.9%
1923	144,768,149	27,353,003	18.9%
1924	134,810,178	17,344,169	12.9%
1925	171,763,081	16,495,550	9.6%
1926	189,470,101	24,557,289	13.0%
1927	210,852,949	31,107,522	14.8%
1928	217,690,320	31,513,423	14.5%
1929	224,740,305	29,218,252	13.0%
1930	208,724,448	24,504,476	11.7%
1931	207,782,798	22,893,172	11.0%
1932	214,494,728	28,208,997	13.2%
1933	229,224,139	29,216,500	12.7%
1934	268,349,402	31,977,077	11.9%
1935	283,958,943	40,379,010	14.2%
1936	324,472,357	52,067,414	16.0%
1937	407,027,104	87,343,951	21.5%
1938	500,526,409	116,304,668	23.2%
1939	680,066,607	156,978,377	23.1%
合計	5,571,504,868	987,828,330	17.7%

출전　朝鮮總督府 編,《朝鮮總督府統計年報》, 1912~1941에서 산출.

　　1910년은 12퍼센트였지만 그 뒤 1911년부터 1913년까지 3년 동안은 27~30퍼센트라는 높은 수치가 이어진다. 이것은 아직 세출 총계 금액이 비교적 적고, 경부선 개량 공사 같은 한국 병합 전에 행해지고 있던 토목공사가 남아 있었기 때문일 것이다. 그 뒤 1914~1917년은 19~21퍼센트로 낮아지고, 1918~1922년에는 21~24퍼센트로 약간 높아진다. 이는 조선총독부 재정을 독립시키려는 방침에 따라 불요불급한 공사를 하지 않다가, 재정 독립이 거의 달성되고 3·1운동이 일어나면서 조선을 향한 투자를 늘리려는 정책적인 의도가 작용했기 때문이라고 생각된다.

1923~1925년에는 18퍼센트에서 9퍼센트까지 급락하는데, 1923년의 관동 대지진으로 말미암아 조선에 자금이 돌지 않았던 것이 큰 이유이다. 조선에서 철도 공사를 비롯한 토목사업은 조선총독부의 세수입만으로는 꾸려나갈 수 없기 때문에 채권을 발행하여 대장성 예금부에서 인수하게 하는 형태로 자금을 충당하고 있었다. 그런데 관동 대지진으로 파괴된 도쿄를 부흥시키는 데 대장성 예금부의 자금이 사용되어 이를 조선으로 돌릴 수 없게 된 것이었다.

1926년부터 1929년까지 13~14퍼센트였던 수치는 뒤이어 닥친 세계 대공황과 조선 토목업계의 담합談合사건의 영향이라고 생각된다. 1930~1934년에는 11~13퍼센트로 약간 줄었다가, 1935년부터 14퍼센트, 16퍼센트, 21퍼센트, 23퍼센트로 급증하였다. 1935년 무렵부터는 세출 합계 자체가 급증하는 가운데 비율도 같이 늘어났으므로, 금액 그 자체는 더욱더 증가하였다. 이때까지 영선비, 토목비, 철도 건설 및 개량비 합계의 최고 금액은 1927년과 1928년의 3천만 엔대였지만, 1934년부터 3천만 엔, 4천만 엔, 5천만 엔, 8천만 엔, 1억 1천만 엔, 1억 5천만 엔으로 증가해 갔다. 매우 극적인 증가를 보이고 있는데, 그 배경에는 무엇이 있는 것일까. 이는 세계 대공황 직전부터 시작된 총리대신 하마구치 오사치濱口雄幸와 대장대신大藏大臣 이노우에 준노스케井上準之助의 긴축재정과 금 수출 해제 조치가 1931년 연말부터 차기 대장대신 다카하시 고레키요高橋是淸에 의해 중지되어, 오히려 적극적인 재정 정책이 취해지게 된 영향이 크다. 이 때문에 전 일본은 공황으로 말미암은 불경기를 회복하고 자금을 조선으로 돌릴 수 있게 되었다. 또한 만주국滿洲國이 생기며 병참기지로서 한반도의 지위가 재검토되고 있었는데, 조선 담합사건의 결과로 일본인 청부업자에 대한 조선총독부의 보호정책이 강화되었기 때문에 안심하고 토목공사를 확대할 수 있게 된 것으로 보인다.

1937년부터는 한층 더 대폭적으로 증가하게 되는데, 이는 중일전쟁 발발 후에 제정된 임시자금조정법臨時資金調整法에 따라 조선의 토목공사에 자금이 대폭 투입된 것이 압도적인 영향을 미쳤다고 생각된다. 즉 일반 은행이나 우체국 저금 등의 자금도 융자처를 제한하고, 국가가 전쟁 수행에 필요하다고 간주한 사업에 자금을 대량으로 투입하였는데, 조선의 철도·도로 같은 인프라 정비는 중일전쟁 수행에 매우 중요하다고 여겨졌기 때문에 집중적으로 투자했을 것이다.

영선비와 토목비, 철도 건설 및 개량비의 합계에 토지 개량비와 사방사업비砂防事業費를 더한 〈표 2-3〉을 살펴보자. 토지 개량비는 산미증식계획의 중심인 수리조합사업을 추진하기 위한 보조금이며, 사방사업은 산 등의 경사면에서 토사가 붕괴하여 떨어지는 것을 방지하는 공사이다. 토지 개량비는 1920년, 사방사업비는 1922년부터 발생하고 있다. 이 이전에도 약간의 금액은 사용되었지만, 새롭게 별도 항목을 설정할 정도로 규모가 크지는 않았던 듯하다.

〈표 2-3〉 조선총독부 회계의 토지 개량비와 사방사업비 (단위: 엔)

연도	토지 개량사업비	사방사업비	합계
1920	590,059	-	590,059
1921	1,651,385	-	1,651,385
1922	3,310,476	205,865	3,516,341
1923	3,519,454	241,446	3,760,900
1924	2,885,528	51,654	2,937,182
1925	3,153,443	385,612	3,539,055
1926	4,439,831	583,543	5,023,374
1927	5,064,445	713,466	5,777,911
1928	4,249,373	802,870	5,052,243
1929	4,618,545	1,558,415	6,176,960
1930	4,474,133	1,215,313	5,689,446
1931	5,008,412	861,617	5,870,029
1932	3,965,305	1,204,283	5,169,588
1933	5,136,218	1,254,420	6,390,638
1934	4,414,453	896,938	5,311,391
1935	3,850,217	596,330	4,446,547
1936	3,876,651	804,317	4,680,968
1937	3,686,885	1,066,907	4,753,792
1938	2,277,924	999,715	3,277,639
1939	1,425,557	998,486	2,424,043
합계	71,598,294	14,441,197	86,039,491

출전 朝鮮總督府 編,《朝鮮總督府統計年報》, 1912~1941에서 산출.

토지 개량비는 1920년에 59만 엔으로 시작하여 1921년에 165만
엔이 된 뒤, 1922~1925년에는 거의 3백만 엔대이며, 1926~1934년

이 거의 4백만~5백만 엔대로 추이하고, 1935년 이후 3백만 엔대로 떨어져 갔다. 합하면 모두 7천만 엔 정도가 된다. 이것은 산미증식계획, 그 가운데서도 수리조합사업이 한창 추진되고 있던 기간의 금액이 크다고 하겠다. 여기서 계상된 토지 개량비는 총독부의 원조로, 민간 수리조합이 부담한 실제 금액은 더욱 크다. 전체 수리조합사업 비용인 약 2억 엔의 3분의 1 정도가 토지 개량에 쓰인 것이다. 사방사업비는 처음 1922년에 20만 엔에서 시작하였고, 많은 경우라 하더라도 2백만 엔 이하여서 전부 합하여도 1천 4백만 엔밖에 되지 않는다. 다만 1929~1933년에 지출이 컸던 것을 보면 빈민구제 사업으로서의 성격이 강했음을 알 수 있다.

이 토지 개량비와 사방비의 합계를 앞에서 말한 영선비·토목비·철도 건설 및 개량비의 합계에 추가하고, 세출 총계와 비교하여 퍼센트로 나타낸 것이 〈표 2-4〉이다. 영선비·토목비·철도 건설 및 개량비의 비율이 낮아지는 시기에 사방비와 토지 개량비가 이를 메우는 형태로 쓰이고 있었음을 알 수 있다. 특히 1923년의 관동 대지진 이후 세출 총계에서 영선비·토목비·철도 건설 및 개량비가 차지하는 비율이 22퍼센트에서 9퍼센트까지 떨어지고, 그 이후에도 1935년까지 11~13퍼센트를 밑돌며 좀처럼 15퍼센트까지 회복하지 못했던 시기에 사방비·토지 개량비가 유입되어 15퍼센트대를 유지하였음이 나타난다. 토지 개량비는 수리조합사업이기 때문에 총독부 원조 이상으로 민간 자금이 크게 투입되었다는 점을 고려하면, 1920년대부터 1930년대까지 계량된 토지 개량비의 의미는 크다고 할 것이다. 전체 합계를 보면, 조선총독부 회계의 세출 총계에서 토목 관련 비용이 차지하는 비율은 약

20퍼센트(19.3퍼센트)다.

〈표 2-4〉 조선총독부 회계의 총 세출과 토목 관련 비용 및 차지율 (단위: 엔)

연도	세출 총계 (A)	영선비+ 토목비+ 철도 건설 및 개량비 (B)	사방사업비+ 토지 개량비 (C)	B+C (D)	B/A	D/A
1910	18,257,883	2,220,165	–	2,220,165	12.2%	12.2%
1911	46,172,310	13,407,399	–	13,407,399	29.0%	29.0%
1912	51,781,224	15,614,439	–	15,614,439	30.2%	30.2%
1913	53,454,484	14,406,714	–	14,406,714	27.0%	27.0%
1914	59,412,966	12,874,196	–	12,874,196	21.7%	21.7%
1915	62,130,784	11,811,147	–	11,811,147	19.0%	19.0%
1916	57,562,710	11,412,890	–	11,412,890	19.8%	19.8%
1917	51,171,826	10,481,803	–	10,481,803	20.5%	20.5%
1918	64,062,720	15,100,177	–	15,100,177	23.6%	23.6%
1919	93,026,893	22,692,239	–	22,692,239	24.4%	24.4%
1920	122,221,293	26,272,638	590,059	26,862,697	21.5%	22.0%
1921	118,414,003	28,580,751	1,651,385	30,232,136	24.1%	25.5%
1922	155,113,754	35,470,922	3,516,341	38,987,263	22.9%	25.1%
1923	144,768,149	27,353,003	3,760,900	31,113,903	18.9%	21.5%
1924	134,810,178	17,344,169	2,937,182	20,281,351	12.9%	15.0%
1925	171,763,081	16,495,550	3,539,055	20,034,605	9.6%	11.7%
1926	189,470,101	24,557,289	5,023,374	29,580,663	13.0%	15.6%
1927	210,852,949	31,107,522	5,777,911	36,885,433	14.8%	17.5%
1928	217,690,320	31,513,423	5,052,243	36,565,666	14.5%	16.8%
1929	224,740,305	29,218,252	6,176,960	35,395,212	13.0%	15.7%
1930	208,724,448	24,504,476	5,689,446	30,193,922	11.7%	14.5%
1931	207,782,798	22,893,172	5,870,029	28,763,201	11.0%	13.8%
1932	214,494,728	28,208,997	5,169,588	33,378,585	13.2%	15.6%
1933	229,224,139	29,216,500	6,390,638	35,607,138	12.7%	15.5%

연도	세출 총계 (A)	영선비+ 토목비+ 철도 건설 및 개량비 (B)	사방사업비+ 토지 개량비 (C)	B+C (D)	B/A	D/A
1934	268,349,402	31,977,077	5,311,391	37,288,468	11.9%	13.9%
1935	283,958,943	40,379,010	4,446,547	44,825,557	14.2%	15.8%
1936	324,472,357	52,067,414	4,680,968	56,748,382	16.0%	17.5%
1937	407,027,104	87,343,951	4,753,792	92,097,743	21.5%	22.6%
1938	500,526,409	116,304,668	3,277,639	119,582,307	23.2%	23.9%
1939	680,066,607	156,978,377	2,424,043	159,402,420	23.1%	23.4%
평균	185,716,829	32,926,944	4,301,975	35,794,927	17.7%	19.3%
합계	5,571,504,868	987,808,330	86,039,491	1,073,847,821	17.7%	19.3%

출전　朝鮮總督府 編,《朝鮮總督府統計年報》, 1912~1941에서 산출.

　　이 총독부 예산에서 차지하는 토목 관련 비용의 차지율을 일본의
경우와 비교해 보았다. 다만 모든 면에서 식민지 조선이 일본보다 뒤
쳐졌던 1910년부터 1939년까지의 수치를 직접 비교하는 것은 그다지
참고가 되지 않는다. 따라서 일본의 메이지 유신, 즉 1868년부터 30년
동안의 수치를 살펴본 것이 〈표 2-5〉이다.

〈표 2-5〉 일본의 일반회계 총 세출과 토목 관련 비용 및 차지율 (단위: 천 엔)

연도	일반회계 세출 총계(A)	토목 관련 비용(B)	B/A
1868	30,505	-	-
1869	20,786	-	-
1870	20,108	412	2.0%
1871	19,235	401	2.1%

연도	일반회계 세출 총계(A)	토목 관련 비용(B)	B/A
1872	57,730	3,019	5.2%
1873	62,679	2,650	4.2%
1874	82,270	5,980	7.3%
1875	69,203	5,967	8.6%
1876	59,309	2,785	4.7%
1877	48,428	3,276	6.8%
1878	60,941	4,060	6.7%
1879	60,318	4,980	8.3%
1880	63,141	8,886	14.1%
1881	71,460	9,464	13.2%
1882	73,481	10,813	14.7%
1883	83,107	14,771	17.8%
1884	76,663	14,825	19.3%
1885	61,115	16,259	26.6%
1886	83,224	18,125	21.8%
1887	79,453	20,570	25.9%
1888	81,504	22,453	27.5%
1889	79,714	28,822	36.2%
1890	82,125	27,500	33.5%
1891	83,556	26,630	31.9%
1892	76,735	28,524	37.2%
1893	84,582	30,690	36.3%
1894	78,129	41,561	53.2%
1895	85,317	37,004	43.4%
1896	168,857	47,193	27.9%
1897	223,679	73,669	32.9%

비고 이 표는 坂入長太郎,《日本財政史》, バリエ社, 1983의 일반회계 세출 합계 자료와 御座
清泰, 森杉壽芳, 土木學會 編,《社會資本と公共投資》, 技報堂出版, 1981의 공공투자 내
토목 관련 비용을 직접 분석하여 계산한 것이다. 메이지 8년[1875]까지는 회계연도와 실
제 연도가 어긋나지만 무시하고 산출하였다. 이 토목 관련 비용에는 지방자치체의 비용
도 들어 있다.

조선은 조선총독부 회계의 토목 관련 비용을 산출하였지만 일본은 지방 재정분도 합한 숫자이므로 엄밀한 비교라고는 할 수 없으나, 경향은 명확하게 파악되리라고 생각한다.

일본 세출에서 토목 관련 비용의 비율은 1880년 이후 식민지 조선과 비슷하다. 그러나 1885년부터는 조선보다 더 많이 토목공사에 재정을 할당했고, 메이지 유신 후 약 10년 동안의 비율은 매우 낮았음을 알 수 있다. 이는 조선이 병합 직후부터 토목 관련 비용이 20퍼센트를 넘었던 것과는 매우 대조적이다. 일본에서는 메이지 시대 초기에 철도 건설이 궤도에 오르지 않았던 것도 이유 가운데 하나이겠지만, 식산흥업을 추진하기 위해서 에도 시대에 각 번에서 운영하고 있던 광산 또는 공장을 매입하거나 새롭게 관영 공장의 건설을 추진하고 있었던 것이 크다. 즉, 이 시기에는 토목 관련 비용으로 쓰여야 할 금액이 식산흥업에 투입되었던 것이다. 1868년부터 1885년까지 식산흥업에 예산의 16퍼센트밖에 쓰이지 않았다고 하나, 이 표를 근거로 그 기간에 토목 관련 비용으로 투입된 금액을 계산해 보면 9,908만 4천 엔이다. 일반회계 세출 합계인 1억 2,047만 9천 엔의 9.7퍼센트밖에 되지 않으므로 식산흥업에 약 6퍼센트가 더 지출된 것이다.

식민지기의 재정 지출과 사회간접자본의 형성

조선총독부 예산에서 토목 관련 비용으로 영선비·토목비·철도 건설 및 개량비와 토지 개량비·사방사업비를 살펴보았지만, 그것만으로는 정확하게 토목비용을 파악할 수 없다. '토목공사'라는 항목에 모든 토목공사가 들어 있는 것이 아니라 여러 가지 항목에 토목공사가 분산되어 있기 때문이다. 다시 말하자면 수도 요금에 수도공사가 포함되어 있다든지, 시가 정리비용에 토목공사가 포함되어 있는 셈이다. 김재호金載昊는 "식민지기의 재정지출에 의한 사회간접자본Social Overhead Capital(SOC) 투자를 추계하고 그 내용을 검토함으로써 '식민지 정부부문'의 경제적 기능에 대한 이해에 기여하고자"[001] 한다는 취지 아래 이를 가능한 한 정확하게 분석하고자 하였다. 그의 연구를 통해 이 부분을 살펴보고자 한다.

식민지 근대화론 측 학자들은 1960년대 이후 한국의 경제 성장은 국가가 주도한 것이었고, 그것이 식민지 시기의 경제 발전에 기원한다는 것을 인정하고 있다. 그러나 식민지기의 경제 발전이 국가 주도에 따른 것이었는지 여부는 논쟁이 있기 때문에, 김재호는 식민지기의 정부 부문이 인프라 정비 측면에서 경제 발전에 기여하고 있었다는 것을 실증적으로 계산하고자 하였다.

정부 부문의 사회간접자본에 대한 투자는 고정자본 투자이며, 구체적으로 말하자면 도로·철도·항만·공항·수도·도시·전기·통신·수리·치수 등으로 크게는 토목 사업에 해당하는 것이다. 건설사업에 해당하는 것도 포함되어 있지만 토목 사업이 훨씬 많으며, 건설 사업에 해당하는 부분도 이 책에서 강조한 대로 일본인 청부업자의 지휘 아래 진행된 공사이다. 따라서 이런 토목공사에 대한 세출은 조선총독부 특별 회계 안에도 있지만, 도·부·면이라는 각 단계의 지방 재정에도 있다. 이 때

001　김재호, 〈植民地期의 財政支出과 社會間接資本의 形成〉, 《경제사학》 제46호, 경제사학회, 2009, 85~86쪽.

문에 김재호는 조선총독부 특별 회계뿐만 아니라 도의 재정, 부의 재정, 면의 재정에서 토목사업에 해당하는 항목을 전부 골라내서 분배율을 적용하여 계산하였다. 여기서 말하는 분배율이란 그 항목이 사회간접자본 형성에 공헌하는 정도를 나타내는 비율로, 예를 들어 공사비는 분배율이 1.0(100퍼센트)이고, 송전시설비는 0.8(80퍼센트), 수도 사방사업비는 0.6(60퍼센트)이다. 이 숫자를 원래의 비용에 곱한 뒤 모두 더해 사회간접자본 투자액을 구한 것이다. 이렇게 구한 1912년부터 1943년까지 금액이 〈표 2-6〉, 〈그림 2-1〉이다.

〈표 2-6〉 정부 부문 사회간접자본 투자 계 (단위: 엔)

연도	정부 부문 사회간접자본 투자
1911	12,328,000
1912	14,234,000
1913	15,952,000
1914	15,549,000
1915	15,355,000
1916	15,362,000
1917	12,252,000
1918	15,070,000
1919	20,696,000
1920	23,848,000
1921	24,924,000
1922	29,575,000
1923	24,698,000
1924	17,337,000
1925	26,360,000
1926	33,448,000

연도	정부 부문 사회간접자본 투자
1927	41,139,000
1928	39,886,000
1929	37,627,000
1930	29,434,000
1931	45,253,000
1932	51,372,000
1933	53,079,000
1934	54,773,000
1935	53,718,000
1936	61,259,000
1937	106,172,000
1938	145,563,000
1939	199,120,000
1940	225,516,000
1941	232,074,000
1942	226,820,000
합계	1939년까지 1,235,383,000 1942년까지 1,919,793,000

출전　金載昊, 〈植民地期의 財政支出과 社會間接資本의 形成〉,《경제사학》제46호, 경제사학
　　　회, 2009, 85~125쪽.

이 사회간접자본 투자액을 보면, 1939년까지 합계가 12억 3,538만
3천 엔으로, 영선비·토목비·철도 건설 및 개량비, 토지 개량비·사방사
업비를 합한 금액인 10억 7,384만 7,821엔의 1.15배이다. 여기에서 영
선비·토목비·철도 건설 및 개량비·토지 개량비·사방사업비에 포함되
지 않은 금액이 15퍼센트 정도 있다는 것을 알 수 있다.

김재호는 식민지 시기의 경제 발전에 정부 부문이 어느 정도 기여

<그림 2-1> 정부 부문 사회간접자본 투자 계 (단위: 천 엔)

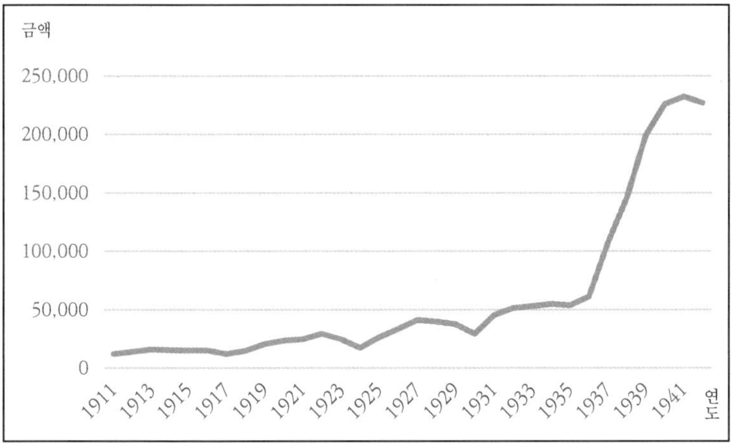

金額

250,000
200,000
150,000
100,000
50,000
0

1911 1913 1915 1917 1919 1921 1923 1925 1927 1929 1931 1933 1935 1937 1939 1941 연도

했는지를 알기 위해서 이 사회간접자본 투자 금액을 계산하였다. 이 숫자가 크면 클수록 조선총독부가 식민지 조선의 경제 발전에 공헌한 것이다. 그러나 필자에게 이 수치는 조선에서 일본인 청부업자가 정부 부문으로부터 발주를 받아 이익을 올린 숫자를 구하기 위한 참고 금액이 된다.

　일본인 청부업자의 이익 규모는 부분적으로밖에 파악되지 않는다. 가장 신뢰할 수 있는 자료는 조선토목건축협회의 수치이지만, 이 협회가 일제강점기가 시작될 때부터 끝까지 있었던 것은 아니므로 알 수 있는 것은 1922~1934년 사이에 소속되어 있던 회원 청부업자의 계약 금액의 합계뿐이다. 이를 나타낸 것이 <표 2-7>이다. 그러나 당시 조선에서 활약하고 있던 청부업자들이 대부분 조선토목건축협회에 소속되어 있었다고 해도 청부업자 모두를 망라하고 있었던 것은 아니며,

5천 엔 이하의 공사비용은 생략되었다.

<표 2-7> 조선토목건축협회 계약액 (단위: 엔)

연도	계약액	연도	계약액
1922	30,024,442	1929	29,688,426
1923	18,472,194	1930	16,116,029
1924	10,456,492	1931	21,831,848
1925	15,706,320	1932	22,461,735
1926	31,773,443	1933	29,654,982
1927	29,394,162	1934	26,156,914
1928	23,943,125		
합계			305,680,112
평균			23,513,855

출전　牧野良三 述,《請負業者の所謂談合に就て》, 1935, 39~40쪽.

　이 표를 보면 조선토목건축협회 소속 청부업자가 도급받은 공사의 계약금액 합계가 1922년부터 1934년까지 약 3억 엔, 한 해 평균 약 2천 3백만 엔이 된다. 같은 기간 김재호가 계산한 사회간접자본 투자금의 합계는 약 4억 8천만 엔(4억 8,398만 1천 엔)이므로 연평균 3천 7백만 엔 정도다. 사회간접자본 투자금액의 약 63퍼센트를 차지하는 공사를 조선토목건축협회 회원인 청부업자와 계약했다는 계산이 나온다.

　정부 부문 토목사업은 대부분 청부업자를 통해 이루어지고 있었기 때문에 정부 부문의 사회간접자본 투자액은 청부업자의 공사 청부금액 합계에 가까울 것이지만, 금액이 달라지는 여러 요인이 있다.

　먼저 하천河川 공사만은 청부업자를 거치지 않고 직영공사로 진행되었기 때문에, 하천공사분 금액은 청부업자 측에 포함되지 않는다. 구조적인 차이도 있다. 정부 부문에서 토목사업을 시행할 때 현장을 시찰한 뒤 계획을 수립하고 구체적으로 설계하여 비용을 계산하고 예정가격을 결정하고 나서 입찰을 진행하는데, 입찰 전까지는 정부에서 하는 일이므로 정부 쪽에서는 그 비용을 토목사업비로 계산하지만, 청부업자 측에서는 계산하지 않는다. 조선토목건축협회 쪽의 기술에도 문제가 있다. 5천 엔 이하의 공사나, 협회에 소속되지 않은 청부업자가 시행한 공사는 〈표 2-7〉의 계약액에 포함되어 있지 않다.

이렇게 계산하였기 때문에, 정부 부문의 사회간접자본 투자액과 청부업자 등이 도급받는 공사금액의 합계는 차이가 난다. 그러나 토목청부업자가 얼마만큼 일하였는지를 파악하는 기준으로는 충분하다. 그 결과가 바로 사회간접자본 투자의 63퍼센트가 청부업자의 공사계약금액 합계라는 계산이다.

이 사회간접자본 투자액과 청부업자의 계약금액 사이의 관계가 이외의 기간에도 그다지 변하지 않았을 것이라고 가정하면, 청부업자의 총 계약금액을 추계할 수 있다. 1911년부터 1942년까지 사회간접자본 투자액의 단순 합계가 약 19억 4천만 엔(19억 3,979만 3천 엔)이므로 그 63퍼센트는 약 12억 엔(12억 2,206만 9,590엔)이다. 1930년대 중반부터 사회간접자본 투자가 급격히 증가하기 때문에, 1935년까지 금액을 따로 보면 약 7억 엔(7억 3,326만 9천 엔)이다. 이 금액의 63퍼센트는 4억 6,195만 엔이다. 그러므로 청부업자의 계약금액 합계는 식민지 시기를 통틀어 약 12억 엔, 1910년부터 1935년까지는 약 5억 엔이 된다.

《조선청부업연감》에서 산출한 토목공사비

여기에서 또 별도의 자료를 사용해서 일본인 청부업자가 어느 정도의 일을 하고 있었는지 살펴보고자 한다. 《조선청부업연감朝鮮請負業年鑑》[002]이라는 책에 약 4백 쪽에 걸쳐 당시 조선에서 활약하고 있던 205명의 청부업자와 그들의 공사 실적 1만 건 정도가 기재되어 있다. 이것은 각 청부업자가 자유롭게 제출한 것으로 보이며, 양식이 일정하지 않다. 최근 공사 실적만이 적혀 있는 청부업자도 있는가 하면, 아주 옛날부터 공사를 기재한 업자도 있다. 여기에 실적을 기재하면 선전이 되기 때문에 많은 업자가 최대한 자사의 실적을 보고했을 것으로 생각된다. 그런 점에서 도움이 될 것으로 판단하여 분석해 보았다.

이러한 자료는 보통 합계금액이 있지만, 이것에는 전체 합계금액은 고사하고 업자별 합계금액도 없었기 때문에 새로이 계산해야 했다. 일본과 만주 등 조선이 아닌 곳의 공사는 제외하였고, 분명히 민간 기업과 개인의 발주로서 정부 부문의 발주가 아닌 것도 빼고 계산했다. 그 상세한 결과가 이 책의 마지막에 실은 표이다. 총 공사 계약금액은 약 5억 4천만 엔(5억 4,190만 3,465엔)이고, 계약 청부업자 수가 205명이므로 각 청부업자의 평균 계약금액은 약 260만 엔(264만 3,431엔)이 된다.

규모별로 계약금액이 많은 순으로 보면, 하자마구미 3천 7백만 엔, 시미즈구미清水組 3천 1백만 엔, 마쓰모토구미 2천 9백만 엔, 나가토구미長門組 2천 7백만 엔, 고우카이샤黃海社 2천 4백만 엔, 가지마구미 2천 3백만 엔 등이다. 이렇게 2천만 엔이 넘는 계약금액을 기록한 청부업

002   朝鮮經濟日報社 編, 《朝鮮請負業年鑑》, 朝鮮經濟日報社, 1935.

자는 5명, 1천만 엔이 넘는 청부업자는 7명이지만, 전체 205명의 청부업자 가운데 절반가량인 103명은 계약금액이 50만 엔 이하다. 이를 정리하면 〈그림 2-2〉와 같다.

〈그림 2-2〉 계약금액별 청부업자 수

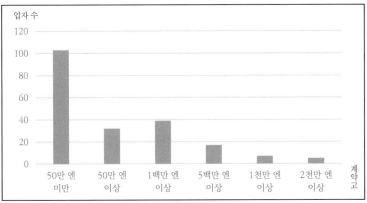

출전   朝鮮經濟日報社 編,《朝鮮請負業年鑑》, 1935에서 산출.

〈그림 2-3〉 자본금별 청부업자 수

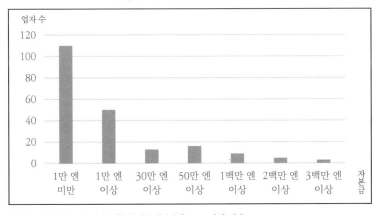

출전   朝鮮經濟日報社 編,《朝鮮請負業年鑑》, 1935에서 산출.

〈그림 2-3〉은 청부업자의 자본금을 비교한 것이다. 자본금 3백만
엔 이상인 업자가 3명, 2백만 엔 이상인 업자가 5명, 1백만 엔 이상인
업자가 9명이다. 개인사업자 등 자본금을 기재하지 않은 청부업자가
110명으로 과반수다. 당연한 것이지만, 〈그림 2-2〉와 〈그림 2-3〉로
규모가 큰 청부업자는 적고 소규모 청부업자가 압도적으로 많았다는
것을 확인할 수 있다.

이들이 언제 청부업자로 창업했는지를 정리한 것이 〈그림 2-4〉이
다. 일본에서 창업한 업자라도 조선에 진출한 연도를 아는 경우에는
그해를 창업 연도로 하고 5년씩 묶었다.

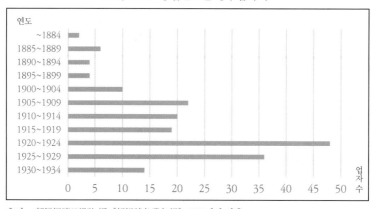

〈그림 2-4〉 창업연도별 청부업자 수

출전　朝鮮經濟日報社 編, 《朝鮮請負業年鑑》, 1935에서 산출.

이 〈그림 2-4〉를 보면, 1885년부터 1904년까지는 5년마다의 평균
이 6명, 최대 10명이었는데, 1905년부터 1919년까지는 22명·20명·19
명 등 대체로 20명 정도가 되고, 1920년대에는 48명, 36명으로 평균

42명이 되었음이 나타난다. 러일전쟁 뒤로 청부업자 수가 증가했고, 1920년 이후로는 그것보다도 급속히 많아졌다. 이 같은 증가의 최대 원인으로는 조선총독부의 예산 총액이 늘어난 것을 꼽을 수 있다. 공사 금액과 건수가 늘어났으므로 청부업 성장 속도가 빨라진 것이다.

1930년대에는 창업한 청부업자 수가 다소 줄어드는데, 불황이나 담합사건 등의 영향을 받았고, 창업한 지 5년 이내로서 연감에 실릴 만큼의 규모로 성장하지 않은 업자를 포함하였기 때문이라고 생각된다.

너무나도 가난했던 일제강점기 조선에서 이토록 큰 규모의 토목공사가 이렇게나 많이 행해졌지고 있었다. 청부업자가 계속 생겨나고 있는 것도 인상적이다. 일제강점기에 수많은 조선인들이 토지를 잃었고, 일자리가 없어 더 이상 생활할 수가 없게 되면서 간도間道 지방 같은 중국 대륙이나 일본으로 살길을 찾아 나섰던 것은 잘 알려져 있다. 그러나 일본인 청부업자는 계속 증가하였던 것이다.

제 2 절 일본인 청부업자 보호와 조선인 청부업자 억압

토목 정책의 목적

조선총독부는 표면적으로는 식민지 조선을 위한 일반적인 토목정 책을 수행한다면서 실제로는 조선인 청부업자를 배제하고 일본인 청 부업자의 이익을 유도하고 있었다.

통상 국가의 토목 정책은 당연히 그 나라의 국민을 위해서 행해지 는 것이다. 도로를 만들고 철도를 부설하여 육상 교통편을 좋게 하고, 항만을 정비하여 해운을 번창시킨다. 댐을 건설해서 치수를 하여 하천 의 범람을 방지하고, 농업용수나 생활용수, 공업용수를 확보한다. 얕 은 바다와 호수 등을 간척하여 농업용지와 상업용지 등을 확대하고, 수력 발전소를 건설하여 전력을 확보한다. 이러한 토목건축사업의 목 적은 식민지 지배 아래에서도 기본적으로는 같을 것이나 본국의 식민 지 지배의 목적에 맞추어 수정하였을 것이다.

일본 제국주의가 조선을 식민지로 지배한 기본적인 목적은 크게 군 사적인 것과 경제적인 것으로 나눌 수 있다. 군사적인 목적으로는 조 선으로 하여금 러시아의 일본 남하를 막는 방파제로서의 역할, 더 나 아가서는 또한 중국 대륙으로 군사적 진출을 하기 위한 병참기지 역할 을 맡게 하는 것이었다. 경제적인 목적은 조선으로 하여금 일본의 식 량 공급지, 원료 공급지, 상품 시장으로서 일본의 경제 발전에 기여하 게 하는 것이다. 그러나 더욱 중요한 것은 이와 동시에 조선 땅에 살고 있는 일본인에게 이익을 주는 것이었다. 그러면 이러한 군사적인 목적 과 경제적인 목적에 적합한 토목공사란 어떤 것이었는지 살펴보자.

우선 군사 목적에서 가장 필요한 토목건축 정책은 한반도를 남북으로 잇는 철도이다. 그래서 러일전쟁 시에 경부철도·경의철도 부설을 서두른 것이다. 병참기지로서 역할을 하려면 그 땅이 어느 정도 경제적으로 발전해야 할 필요가 있겠지만, 그를 위한 인프라 정비가 전제 조건이 된다.

경제 목적은 조선을 식량 공급지, 원료 공급지, 상품 시장으로 만드는 것이기 때문에, 농업을 발전시키기 위한 토목공사는 시행하지만 공업의 발전은 억제하였다. 농업용수를 확보하기 위한 토목공사를 시행한다고 해도, 이는 조선에 거주하고 있는 일본인에게 건축사업을 통해서 이익을 주는 것이다. 즉 조선총독부가 발주하는 공사는 조선인 청부업자에게는 수주시키지 않고 일본인 청부업자에게 수주시켰을 것이다. 물론 이러한 목적은 감추어져 있는 것이며, 표면적으로는 어디까지나 조선의 발전을 위해서 토목사업을 실시하는 것으로 되어 있다.

토목 정책 기구

조선총독부의 토목건축사업이 어떠한 기구에 의해 전개되었는지를 살펴보자. 1910년에 조직될 당시 조선총독부는 1관방 5부 체제였다. 조선총독을 보좌하는 조선총독 관방과 총무부·내무부·탁지부[재무부]·농상공부·사법부이다.

다음 표는 1910년부터 1945년까지 조선총독부의 정책에 따라 바뀐 주요 토목건축 관련 관제이다.

기간	토목건축업무 담당 부서
1910년 10월~	총무부 회계국 영선과, 내무부 지방국 토목과, 탁지부 세관 공사과
1912년 4월~	총독 관방 토목국 영선과, 총무국 회계과
1915년 5월~	총독 관방 토목국 영선과, 토목과
1919년 8월~	총독 관방 토목부 영선과
1921년 4월~	총독 관방 토목부 토목과, 건축과, 공사과
1924년 12월~	내무국 토목과, 건축과
1929년 6월~	총독관방 회계과

출전   이금도·서치상, 〈조선총독부 발주 공사의 입찰방식과 일본청부업자의 수주독점 행태〉,
《대한건축학회 논문집: 계획계》 제22-6호(통권 212호), 대한건축학회, 2006, 173쪽.

이 표에서 보는 바와 같이, 주요한 토목건축 관제는 식민지 기간 동
안 몇 차례 개편되었다. 1910년 당시 1관방 5부 체제로 출발한 조선총
독부는 토목건축 관련 업무를 총무부 회계국 영선과와 내무부 지방국
토목과, 탁지부 세관 공사과 등으로 분담시켰다. 1912년 4월 관제 개
편 때부터는 총독 관방 산하에 두면서 영선과를 토목과와 함께 토목국
에 통합시키고, 총무국 회계과는 그대로 두었다. 본격적인 식민지 통
치가 시작되면서 항만과 도로 건설 및 관영 영선업무를 관장하는 강력
한 중앙 총괄 체제가 요구되었던 것 같다.

총독 관방에서 관청의 건물과 그해의 상업·업무시설 및 세관업무
를 총괄하게 되었다. 그리고 1915년, 1919년, 1921년에 소규모의 개편
을 반복하여, 1924년 12월에는 행정제도 정리방침에 따라 총독 관방
에 속하던 토목부 건축과와 토목과가 잠시 동안이었지만 내무국 소속
으로 바뀌었다. 이것은 이미 어느 정도의 인프라 정비가 끝나고, 일본

의 관동 대지진으로 말미암은 재정 부족으로 토목사업이 축소되면서 내려진 결정이라고 생각된다. 그러나 산미증식계획에 따른 수리조합 사업이나 철도 12년 계획 등 대규모 토목사업이 계획되고 얼마 뒤인 1929년 6월부터 건축과를 내무국에서 총독부 관방으로 환원하고 회계과에 그 업무를 통합하여 해방에 이르기까지 이러한 체제를 그대로 유지하였다.

발주·입찰에 관한 법률

정부가 토목사업을 민간 업자에게 발주하는 방법으로는 자유롭게 입찰한 민간 업자 가운데 가장 입찰액이 낮은 업자가 선택되는 일반경쟁입찰, 정부가 지정한 몇몇 업자만이 입찰에 참여하는 지명경쟁입찰, 정부가 자유롭게 민간 업자와 계약하는 형식의 수의계약隨意契約이 있다. 〈표 2-9〉는 각 방법의 장단점을 정리한 것이다.

〈표 2-9〉 일반경쟁입찰, 지명경쟁입찰, 수의계약의 특징

	일반경쟁입찰	지명경쟁입찰	수의계약
공사비용	가장 저렴함	저렴함	높아지는 경향
공사의 질	불안정	안정	안정
조선인 청부업자의 신규 참입 가능성	가능	거의 불가능	거의 불가능
일본인 청부업자의 이익 확보	곤란	담합시 확실	확실

요컨대 일반경쟁입찰은 평등한 방식이며 공사비용도 절약할 수 있지만, 공사의 질이 저하될 가능성이 있다. 그 결점을 보완하려면 일반

경쟁입찰에 참가할 수 있는 자격을 엄밀하게 정하면 된다.

회계법에서는 원칙적으로 일반경쟁입찰을 하게 되어 있다. 그러나 이익을 확보하고 싶은 청부업자의 요청과 이익을 주고 싶은 관청[조선총독부]의 배려 때문에 법이 여러 번 개정되었다. 그 내역이 〈표 2-10〉이다.

토목공사 입찰 방식을 처음 규정한 것은 회계법이다. 회계법은 대일본제국헌법 발포(1899)와 더불어 제정되었다. 중앙집권국가로서 근대 국민국가는 정부에 모인 막대한 세금의 용도를 공정하게 정해야 하기 때문이다. 그전까지는 정치가와 청부업자가 유착하여 정치가가 막대한 이익을 청부업자에게 줄 수 있었으나, 회계법 제정 이후로는 일반경쟁입찰을 통하지 않으면 안 되었으므로 공정거래가 가능해졌다. 그러나 일반경쟁입찰은 일정한 자격만 갖추면 어떤 업자라도 입찰할 수 있기 때문에 저급 청부업자가 많아진다는 결점이 있다. 이 때문에 1900년에 불량·부적격 업자를 배제할 목적으로 회계법을 개정하여, 발주자가 지명한 업자만을 입찰시키는 지명경쟁입찰 방식을 도입하였다. 게다가 칙령 제120호(1901),[003] 칙령 제411호(1910)가 발포되어 대만·조선·만주 등 외지外地[식민지]에서는 수의계약이나 특명계약 같은 방식으로 청부업자를 임의로 선택할 수 있게 되었다. 즉 외지에서는 발주자와 업자가 간단하게 유착할 수 있는 체제가 만들어진 것이다.

• • • • • • • • • • • • • •

003 內閣官報局,《法令全書第76册》, 1901, 129쪽;《法令全書第124册》, 1910, 544쪽. "勅令第百二十號(官報五月二十五日) 臺灣ニ於ケル政府ノ工事及……物件ノ買入借入ハ競爭ニ付セス隨意契約ニ依ルコトヲ得", "勅令第四百十一號(官報 九月三十日) 明治三十四年勅令第百二十號中改正ノ件ヲ裁可シ玆ニ之ヲ公布セシム 睦仁 內閣總理大臣兼大藏大臣侯爵 桂太郎 明治三十四年勅令第百二十號中'臺灣'ヲ'朝鮮又ハ臺灣'ニ改ム 附則 本令ハ明治四十三年十月一日ヨリ之ヲ施行ス."

〈표 2-10〉 입찰방식에 관한 법령과 그 개정 내역

일본 내지의 입찰방식		조선총독부의 입찰방식	
법령(연도)	내용	법령(연도)	내용
회계법 제정 (1889)	일반경쟁입찰을 원칙으로 채용		
칙령 제280호 (1900)	일반경쟁입찰의 예외로서 지명경쟁입찰 도입		
		칙령 제120호(1901)	대만에서 특명계약과 수의계약 인정
		칙령 제411호(1910)	칙령 제120호의 조선 적용
회계법 개정 (1921)	모든 공사에 경쟁입찰을 원칙으로 규정	칙령 제1호(1922) 신 회계법 적용	칙령 제120호 폐지, 경쟁입찰방식 표방
		정무총감 통첩 (1932)	수의계약 채용, 지명경쟁입찰 완화
		훈령 제24호(1934) 회계사무장정 개정	지명경쟁입찰을 거의 수의계약 수준으로

비고　이금도·서치상, 〈조선총독부 발주 공사의 입찰방식과 일본청부업자의 수주독점 행태〉, 《대한건축학회 논문집: 계획계》 제22-6호(통권 212호), 대한건축학회, 2006, 174쪽 〈표 2〉를 참고로 하고 일부 내용을 수정했다. 兒玉琢 口述, 竹下留二 編, 《朝鮮の談合》, 竹下留二, 1933, 67~70쪽에는 1932년 8월 10일 조선총독부에서 정무총감 통첩의 형태로 담합 문제에 대한 새로운 보완책을 내놓았다는 기술이 있지만, 1932년 7~8월 《조선총독부 관보》에서는 그런 대응을 발견할 수가 없어 당시 조선총독부 쪽에서 어떤 형태로 발표되었는지 확인할 수 없다. 담합 문제에 대한 새로운 공식적인 보완책으로는 1934년 5월 1일의 훈령 제4호를 발견했으므로 이를 기재했다.

그 체제 아래 조선인 청부업자는 손쉽게 배제되었다.

1922년에 회계법 개정이 이루어져 조선에서도 일반경쟁입찰을 원칙으로 하게 되면서 이 원칙이 엄격하게 적용된 대구를 중심으로 점차 조선 전국에서 담합사건이 다발하게 된다.[004] 담합은 입찰 가격을 유지하고 조선인 청부업자를 배제하는 방법이었지만, 그런 담합사건들에 대해 법원에서 유죄 판결이 속출했다. 그러자 1932년 8월 10일 담합 재발을 방지한다는 명목으로 일본인 청부업자 보호 정책이 취해지게 된다. 즉 정무총감 통첩의 형태로 지명경쟁입찰 방식에 대한 새로운 방법을 발표한 것이다.[005] 여기에서는 5~7명이었던 기존 입찰 지명 인원수를 3명으로 제한하는 동시에 수의계약의 적용 범위를 확장했다. 즉 1만 엔 미만의 공사는 수의계약으로, 1만 엔이 넘는 공사는 3명의 업자를 지명하는 경쟁입찰이 되었다. 3명까지 지명하는 경쟁입찰이라면 보통 3회에 1회는 낙찰받을 수 있게 된다. 물론 입찰에 참가할 수 있는 횟수는 줄어들지만, 입찰할 때마다 현지조사를 하여 견적을 내는 시간과 노력 및 비용을 절약할 수 있으므로 청부업자에게는 우대정책이었을 것이다. 1934년 5월 1일에는 회계사무장정을 개정하여 업자 2명을 지명해서 입찰시키는 형태가 도입되면서 더 쉽게 수의계약을 할 수 있게 되었다. 일본인 청부업자는 담합하지 않아도 조선인 청부업자를 배제하고 이익까지 확실히 확보할 수 있는 좋은 환경이 조성되었던 셈이다.

결국 조선총독부는 1889년의 회계법에 대해서는 칙령 제411호로, 1921년의 회계법 개정에 대해서는 정무총감의 통첩과 회계사무장정 개정으로 일본인 청부업자를 지켜 왔다고 할 수 있다.

∙∙∙∙∙∙∙∙∙∙∙∙∙∙∙

004   兒玉琢 口述, 竹下留二 編, 《朝鮮の談合》, 吉岡印刷所, 1933, 1~4쪽.
005   위의 책, 68~70쪽.

기술주임제도와 철도국 청부인 지정제도

조선총독부의 토목건축 정책을 살필 때 염두해 두어야 하는 것이 기술주임제도技術主任制度와 철도국鐵道局 청부인 지정제도일 것이다.

기술주임제도는 1914년 한반도의 철도국 발주 공사 때 창설된 제도이다. 이 제도는 확실한 법률이 아니라, 토목공사 표준시방서土木工事標準示方書, 공사청부인 심득서工事請負人心得書, 기술주임자 승인수속技術主任者承認手續같이 지시 수준인 통첩에 따라 설정된 것이다. 철도국 발주 공사를 하청받은 청부인은 공과대학 또는 이과대학을 졸업한 자 및 그와 동등한 전문학교를 마치고 3년 이상 실무에 종사한 자를 기술주임으로 초빙해야 하며, 실제 공사의 측량·설계·제도·계산·감독 등을 모두 청부인이 부담해서 실시해야 하는 제도이다.[006] 지금까지 청부인이 이러한 일에 일체 관여하지 않았던 것은 아니지만, 주로 철도국의 직

---

006 앞의 책, 6~7쪽: 中島龍吉,《朝鮮總督府鐵道局指定工事現場事務取扱方》, 京城土木建築業協會, 1939, 29~30·131쪽.
"工事請負人心得書 (昭和一三, 六官通牒二七)
第十三條　請負人ハ工事施行中日々現場ニ出頭シ工事ニ關スル諸般ノ事項ヲ處理スベシ本人出頭シ得ザルトキハ適當ナル代理人ヲ選定シテ之ヲ屆出ヅベシ　契約擔任官ニ於テ特ニ指定シタル工事ニ在リテハ請負人ハ承認ヲ得タル技術主任者ヲシテ現場ニ於ケル一切ノ工事ヲ擔當セシメ尚相當ノ技術員ヲシテ其ノ工事ヲ分擔セシムベシ"
"技術主任者承認手續(工事施行手續 第30條)
工事請負人心得書第13條第2項ノ規定に依る指定工事(以下指定工事と稱す)の技術主任者は局長の承認を要するから'請負者から樣式54號の願書(經歷書樣式61添附)3通を提出せしめ2通事務所に送附すること'技術主任の資格は大體次の通り　年齡30歲以上の技術者であって鐵道工事に5年以上從事し'相當責任ある地位に在った者であって'常に現場に從事出來る者'技術主任者が承認になったら承認通知書(樣式57)2通送附するから1通を請負者に交付すること'隣接工區の技術主任者を兼務せしむる場合は其の工區の區長(尚事務所の所轄を異にする場合は其の所長)の承諾を得た後願出づること'技術主任者を變更せむとするときば'新舊技術主任者を倂記して願出せしむること'

접적인 감독과 지도 아래 노동력을 공급해 왔기 때문에 이는 매우 큰 변화라 할 수 있다.

회계법을 바탕으로 하는 일반경쟁입찰을 전제한 상황에서는 조선의 청부업자를 배제할 합리적인 이유가 없다. 어차피 일본인 청부업자도 한국인을 노동력으로 사용하고 있으며, 기술적인 면을 최종적으로 발주자인 조선총독부 측이 책임진다면 조선인 청부업자도 간단한 공사는 충분히 수주할 수 있다.

앞에서 살펴본 것처럼 철도 부설공사에는 선로 부분에 주위보다 높게 흙을 쌓는 대량의 축제 공사가 있는데, 이 작업에는 기술이 거의 필요 없다. 흙을 옮겨서 돋우고 굳히기만 하면 된다. 최종적인 검사는 총독부 측 기술자가 하므로 다만 일정한 인원수의 노동자를 관리하여 일하게 하면 된다. 이 때문에 일본의 철도 부설공사에서도 새로이 입찰에 참가하는 청부업자가 다수 발생했던 것이다. 또 많은 조선인 노동자를 관리해야 하기 때문에 조선어로 의사소통을 해야 한다는 점과, 일본인만큼 높은 급료를 지급하지 않아도 되므로 수주가격을 낮출 수도 있다는 점에서 조선인 청부업자 쪽이 유리하다. 청부업자는 주식회사 같은 회사 조직이어야 한다는 규칙도 없으므로, 개인 영업이라도 관계가 없어 그때 조선의 경제 발전을 억압했던 회사령의 제한도 받지 않는다. 따라서 당시 조선인 측에서 왜 조선의 청부업자에게 발주하지 않느냐는 불평불만이 컸을 가능성이 높으며, 만약 그렇지 않다고 해도 조선총독부로서는 장래 그러한 문제가 제기되었을 때 어떻게 대응해야 할지를 염두에 두어야 했을 것이다.

만약 조선인을 달래려는 목적으로 일단 조선인 청부업자를 인정하고 수주를 주게 되면, 이후에는 그 흐름이 멈추지 않을 것이다. 많은 조선인 청부업자가 우후죽순처럼 생겨서 일본인 청부업자와 경합하는 상황이 되리라는 것을 충분히 예상할 수 있다. 그렇게 되면 무엇을 위해서 조선을 합병하였는지 알 수 없는 상황이 된다.

이 때문에 한일합방 이후 4년이 지난 시점에 기술주임제도가 도입되었을 것이다. 그 시점에서 조선인으로서 토목건축청부업에 신규로 참가하려는 자는 '공과대학 또는 이과 대학을 졸업한 자 및 그와 동등한 전문학교를 마치고 3년 이상 실무에 종사한 자'를 기술 주임으로 초빙해야 했으므로, 보통 청부업 신규 참가를 포기할 수밖에 없었다.

물론 조선인이라도 공과대학을 졸업해서 3년 이상 실무에 종사하면 되는 일이다. 그러나 그 정도의 경력을 쌓을 수 있는 조선인은 그렇게 많지 않았기 때문에 우후죽순으로 신규 참가자가 생기는 것은 충분히 막을 수 있고, 그 정도로 경력을 쌓은 조선인이라면 일본의 청부업자가 고급 인력으로 받아들이는 등 얼마든지 대책을 마련할 수 있다.

이를 감안하면, 기술주임제도는 조선인 청부업자를 합리적인 이유로 배제하기 위해서 창설되었다고 여겨진다. 만약 그 밖의 이유로 만들어졌다면 토목건축청부업이 발달해 있던 일본 내지에서 먼저 도입되었어야 마땅하다. 그러나 일본에서는 끝까지 도입되지 않았다. 조선에만 도입되었다면 조선에서만 실시해야 했던 이유가 있었을 것이다. 조선인 청부업자를 배제시키려는 의도 말고는 생각할 수 없다.

이러한 기술주임제도 아래 청부공사를 문제없이 해 내면, 철도국 지정청부인이 될 수 있었다. 철도 공사는 이 지정청부인이 독점하게 되므로, 제도적으로는 조선인 청부업자가 거의 완벽하게 배제된다. 처음에는 50~60명 정도였던 철도 지정청부인은, 1933년에는 150~160명 정도가 되어 철도 공사를 독점하였다.[007]

철도 공사 이외의 토목공사와 건축공사는 이 제도와 관계가 없었으나, 철도 공사가 압도적인 비율을 차지하고 있던 상황에서 이 제도가 완수한 조선인 청부업자 배제의 역할은 컸을 것이다.

억압받는 조선인 청부업자

조선총독부가 일본인 청부업자를 보호하는 상황에서, 조선인 청부업자가 얼마나 있었으며, 어떤 입장이었는지를 살펴보기로 한다.

일본인 청부업자가 압도적으로 유세有勢한 상황에서도 조선인 청부업자는 존재하였다. 1930년《경성상공명록京城商工名》을 보면 토목건축청부란의 172명 가운데 조선인은 1명[정세권鄭世權]이었다. 1933년《경성상공명록》에는 토목청부 4명 가운데 조선인 1명[조창윤曺昌潤], 건축청부 21명 가운데 조선인 3명[정세권·손덕현孫德鉉·소영기邵永基], 토목건축청부 137명 가운데 조선인 3명[장세철張世喆·김경규金慶圭·김타金陀]이 있다. 이러한 자료를 정리하면 〈표 2-11〉과 같다.

여기서 확인할 수 있는 조선인 청부업자는 정세권·손덕현·소영기·장세철·조창윤·김경규·김타·오병섭吳炳燮·신남선辛南善·차경환車慶煥·홍순洪淳·이기진李基璡·선우립鮮于岦·주창목朱昌穆·조승원趙勝元·최시화崔時和·유창담兪昌澹·선우현鮮于炫·백영선白永善 19명이다. 물론 규모가 큰 대표적인 조선인 청부업자만이 실려 있었을 것이지만, 일본인 청부업자와

007 兒玉琢 口述, 竹下留二 編, 앞의 책, 6~7쪽.

<표 2-11> 상공명록 등에 기록된 조선인 청부업자들

	建築請負	土木請負	土木建築請負
《京城商工名錄》(1930)	鄭世權		
《京城商工名錄》(1933)	鄭世權, 孫德鉉, 邵永基	曹昌潤	張世喆, 金慶圭, 金陀
《京城商工名錄》(1936)	鄭世權, 孫德鉉, 邵永基, 吳炳燮, 辛南善, 車慶煥	曹昌潤, 張世喆	洪淳
《大衆人事錄》(1943)	李基璡		
《平壤商業會議所 會員名簿》(1930)			鮮于炡
《平壤商業會議所 會員名簿》(1932)			鮮于炡
《平壤商工名錄》(1936)			朱昌穆, 趙勝元, 崔時和, 兪昌濚, 鮮于炫, 白永善

출전　芳賀登編,《日本人物情報大系》第71~80卷(朝鮮編), 皓星社, 2001에 수록되어 있는 다음 자료에서 인용·정리했다. 京城商業會議所(京城商工會議所),《京城商工名錄》, 帝國秘密探偵社, 1930·1933·1936;《第十四版 大衆人事錄》外地滿·支海外篇, 平壤商業會議所, 1943;《平壤商業會議所 會員名簿》, 平壤商工會議所, 1930·1932;《平壤商工名錄》, 1936.

비교하면 압도적으로 적다.

　〈표 2-12〉는《조선은행회사조합요록朝鮮銀行會社組合要錄》에 수록되어 있는 조선인 청부업자의 회사를 정리한 것이다. 일본인 청부업자는 조선총독부나 철도국에서 지명받은 청부업자만도 1923년 351명, 1926년 460명, 1927년 551명, 1931년 711명이다.[008] 이렇듯 일본인 청

....
008　守屋榮夫,《土木談合事件辯論》, 京城地方法院, 1933, 15쪽.

〈표 2-12〉《조선은행회사조합요록》에 기재되어 있는 조선인 청부업자 회사

		北鮮土木建築(合名) / 자본금 1천 원
①	사장/대표	甲鳳滿(200원), 金正烈(200원), 李鳳洙(200원)
	중역	(사원)李龍俊, 郭達成, 襄長泉, 黃永三(각 100원)
	설립일	1922-05-10
	본점 주소	함경북도 경흥군 웅기면 웅기동
		載寧材木商會(株) / 자본금 12만 원, 불입금 3만 원
②	목적	營林 廠製材 및 松丸太 매매. 철물·아연·板類·煉瓦·瓦類·시멘트류·일반 건축용 재료 매매. 비료 농구 매매. 도서·인쇄물 취급·판매. 부대 사업
	사장/대표	閔丙德
	중역	(이사)鄭德裕, 閔大植, 鄭寅晧, 原田博次 (감사)金致行, 閔丙贊
	설립일	1929-11-23
	본점주소	황해도 재령군 재령면 유화리 129
		蔡組土木建築請負(合名) / 자본금 1만 원
③	사장/대표	蔡鎭承
	설립일	1931-09-01
	본점 주소	전라북도 전주군 대화정 65
		全州土木建築請負會社 / 자본금 1만 원
④	목적	토목건축 청부
	사장/대표	金容大
	설립일	1935-07-27
	본점 주소	전주부 고사정 217
		京城建築社(株) / 자본금 10만 원, 불입금 2만 5천 원
⑤	목적	토목건축 공사·설계, 청부 주택 경영, 건축재료 제조·판매
	사장/대표	李基璡
	중역	(이사)金仁炫, 李炳壽, 金東洙 (감사)宋圭桓, 金官道 (함흥지배인)李德秀
	설립일	1936-12-30
	본점 주소	경성부 견지정 110
	지점 주소	함흥부 대화정 1정목 30
		進明建築社(合資) / 자본금 6천 원
⑥	목적	건축 청부, 재목 판매
	사장/대표	金在明
	설립일	1937-07-21
	본점주소	인천부 화정 1정목 1

출전   東亞經濟時報社,《朝鮮銀行會社組合要錄》, 1923~1939.

부업자들이 대다수인 가운데, 적은 숫자이지만 조선인 청부업자들이 있었다는 것을 확실히 알 수 있다. 이런 조선인 청부업자들이 전술한 바와 같이 조선총독부로부터 제도적으로 차별받고 있었고, 게다가 일본인 청부업자들이나 다른 일본인 발주자로부터도 차별받았다는 사실을 잡지나 신문 기사를 통해 알 수 있다. 한 예로 잡지《개벽》제37호에는 다음과 같은 기술이 있다.

成川江의 堤坊工事는 成興人의 死活 問題다. 當局에서는 每年 汎濫하는 此 成川江의 堤坊을 修築한다고 民間에서 多數한 金額을 徵收하고 此 工事의 請負를 入札할 時에 朝鮮人 請負者는 知치도 못하게 하고 日本人 某에게 9千圓에 請負契約을 하얏는데 其 日本人은 工事期限을 두 번이나 延期하고 아모 着手도 안이한다. 萬一 朝鮮人이 請負하얏스면 不過 1千 5百餘圓이면 充分하고 期限도 지내지 안이할 터인데 金額도 過多하고 怠慢한 日本人에게 請負를 하야 一般의 不安을 遣케 함은 何事인지 不知.[009]

성천강 제방을 공사하는데, 입찰할 때 조선인 청부업자들에게는 알리지 않고 조선인 청부업자라면 1천 5백 엔으로 할 수 있는 공사를 일본인 청부업자에게 9천 엔으로 계약을 시키고 있다는 내용이다. 가격 차이가 너무 커서 숫자를 그대로 믿기가 어려울 정도지만, 조선인 청

---

009 〈地方通信: 咸興慢筆〉,《개벽》제37호, 1923.7.1., 국사편찬위원회 한국사데이터베이스 한국근현대잡지자료, 〈http://www.history.go.kr/url.jsp?ID=NIKH.DB-ma_13_037_0130〉, (2019.1.11.)

부업자의 금액과 견주어 매우 비싼 금액으로 계약하고 있었다는 것을 알 수 있다.

또한 일본인 청부업자가 아니라 중국인 청부업자와 문제가 된 경우도 있었다.

信聖 請負問題로 勞働組合奮起
됴선인을 무시하는 것이라고

선천읍내 사립 신성학교信聖學校는 미국선교회의 경영으로 오래전부터 교실건축설계가 잇서오든바 금년녀름에 이르러서야 완전히 도안을 작성하고 건축공사에 착수하려고 지난 특일에 건축업자를 불러 입찰을 식혓든바 입찰자 조선인 두조와 청국인 두조가 잇서 결국 조선청부업자대표 길경춘吉景春씨가 최저가격 사만오천백십원에 청부를 맛기로 되엿든바 신성학교 건축위원대표 함가륜咸嘉倫씨로부터 여러 가지 조건에 대하야 쌍방이 타협하는 중 동교의 건축비가 아즉 형편으로는 일만원가량이 부족됨으로 일년동안은 청부업자가 이것을 선대하여주고 건축을 맛친후에 회계하는 것까지 승낙하였슴에 불구하고 결국은 이천여원을 더하야 사만칠천사백오십원에 입찰하엿든 청국인청부업자 모문서慕文序란 사람과 비밀리에 계약을 텨결하고 조선사람은 하등 리유도업시 퇴각을 하엿슴으로 조선인축에서는 분괴하여 여러 가지로 질문하고 손해까지 청구하게 되리라는데 이 문뎨에 대하야 당지 로동조합에서도 분긔하야 이것은 조선인로동계에 큰 문제이라고 대책을 토의중이라는데 원래 조선사람에게도 입찰의 권리를 준 이상 또는 조선사람도 상당한 긔술과 자본을 가지고 과거에도 큰 건물을 맛허지은 경험까지 잇는 것을 알면서도 구태여 중국인과 계약을 매진 것은 그들이 소위 조선을 위하야 일한다는 표방에 드를닌일인 동시에 조선사람은 무시하는 일이라하야 일반사회의 여론이 비등하다더라(선천)[010]

미국선교회가 최저가격으로 입찰한 조선인 청부업자와 계약하려다가 결국 중국인 청부업자와 계약한 사건이다. 조선인 청부업자의 실력을 믿을 수 없어서 맡기고 싶지 않았다면 처음부터 이를 밝히고 중국인 청부업자와 계약하면 되는데, 조선인 청부업자와 계약을 하려다 갑자기 중국인 청부업자와 계약했다는 데는 어떤 배후가 있었을 것으로 보인다. 조선인 청부업자와 미국선교회 사이에 우호적인 관계가 형성된다면 향후 미국선교회가 조선인 청부업자를 응원하게 될 가능성이 있기 때문에, 차라리 중국인 청부업자가 계약하는 것이 낫겠다고 생각한 일본인들이 압력을 가했을 가능성이 크다.

1931년 12월 13일자와 15일자《동아일보》에는〈公平한 安寧水組 工事入札〉(上)·(下)라는 제목으로 조선인 청부업자들을 입찰에서 배제하려고 일본인 청부업자들이 수리조합 이사들을 호출하여 압력을 가했다는 사실이 기술되어 있다. 이는 안녕수리조합安寧水利組合의 조합장이 김홍량金鴻亮이라는 조선인이었기 때문에 밝혀진 것이므로, 드러나지 않은 경우는 더 많이 있었을 것으로 생각된다.

특히 조선총독부와 지방 관청은 일본인 관리가 발주자였기 때문에 일상적으로 조선인 청부업자들이 차별받고 있었을 것이다. 그 증거로

• • • • • • • • • • • • • •
10　《동아일보》1926.7.13.

서 《동아일보》 1932년 2월 14일자 기사를 들 수 있다. 평안남도 평의
회에서 궁민구제공사가 일본인 청부업자들에게만 이익을 주는 것이
문제라는 다음과 같은 기사 제목이 있다.

"窮民救濟工事는名目뿐 事實請負者의充腹"
평남도회의서 조선인의원이 土木事業의弊害枚擧

"請負制撤廢코 當局이直營하라 지명입찰엔 폐해가만타"
朝鮮人議員의絶叫.[011]

같은 지면에 궁민구제공사의 조선인 청부업자 부재 문제에 관하여
오숭은吳崇殷 위원이 평안남도 당국자인 토목과장과 회계과장에게 질
문했으나 그들이 답변하지 못했다는 기사도 있다.[012]

長時間質問 答辯에難色
오숭은의원의 추궁에
請負制 勞働者被害

그다음 吳崇殷의원으로부터 장시간 추궁하는 바람에 당국자는
실로 창황하야 내무부상토목과장 회계과장 등이 번가라가며 답변하
기에 궁한 비치있었다
질문요령은 이러하다

• • • • • • • • • • • • • •
011　《동아일보》 1932.2.14.
012　위의 자료.

- 로동임금의 표준은 얼마인가
- 작년의 궁민구제공사에서는 과연 로동자 주머니에 매일 五十二
  전 평균이 드러갓다고 생각하는가 또 청부업자는 一할이상의
  리익을 보지 안핫다고 생각하는가
- 그리고 로동임금의 평균액이라는 五十二전은 누가 지불한 것
  인가 원 청부업자가 제二 청부업자에게 지불한 것인가 혹은 제
  二 청부업자가 제三 청부업자에게 지불한 것인가 사실상 로동
  자의 손에 그러케 지불되엇다는 것인가
- 청부업자의 입찰방법은 어떠하엿나
- 지명입찰의 자격은 어떤 것인가
- 작년 공사중 조선인청부업자는 멋사람이 잇섯나
- 조선인청부업자가 一인도 업섯다니 그것은 자격이 업슨탓인가
- 이 궁민구제공사에 한하야 조선인은 평남에 一인도 자격자가
  업다는 말인가 내 생각으로는 얼마든지 있는데 어떤가
- 청부업자 자격의 조사방법은 어떠한가
- 작년 구제공사에 자격자를 구하는 방법은 어떠하엿나
- 공사를 감독하는 방법은 어떠하엿는가

등 끗까지 추궁하는통에 번외의 답변자는 진실로 얼굴에 난색을
나타내엇다

　일본인 당국자는 궁민구제공사에 왜 조선인 청부업자는 한 명도 없
느냐는 질문에 합리적인 답변을 할 수 없었다는 것이다. 오숭은 위원
이 공사를 할 자격에 대해 질문했지만, 이에 대해서도 답변하지 못했
다. 내선일체內鮮一體를 외치면서도 조선인을 차별하는 기만적인 구조

를 말할 수 없었기 때문이다. 이 평의회가 권력이 있었다면 여기서부터 조선인 청부업자들에 대한 차별을 없애고 조선인 청부업자들이 발전할 수 있었겠지만, 그런 일은 없었다.

이렇듯 차별당했으나, 청부업계 전체가 성장해 가면서 조선인 청부업자들도 성장하였다.

請負業界의 巨星 全年壽氏

土木界의 全年壽氏라면 몰을 사람이 없을줄 안다. 失業靑年을 救濟키 爲하야 三十餘名을 就職식히고잇는外에 敎育, 社會各方面으로 自力이 미치는限 最大의 誠意를 表하고 잇다. 現在 國道局의 指名下에 七八萬圓의 請負를맡아 目下 雙陽, 伊盤石, 敦化等地에 社員二十名과 苦力五六百名을 引率하고 同志金貞植氏와 같이 工事를 進行하는 中이다. 氏는 故鄕에서도 多年間 請負業에 事하엿다하는바 어쩌튼 氏는 平壤出生이니 만치 性格이 快活하며 頭腦가 明敏하고 百事에 能手이다. 當年三十七歲의 壯年活動家로 前途가 洋洋하며 新京朝鮮人請負業界에 斷然異彩를 날리고 잇다.[013]

그러나 이렇게 성장한 조선인 청부업자는 해방 이후 친일파로서 반민족행위특별조사위원회에서 조사를 받기도 했다. 예를 들면 대성보통학교大成普通學校·청주상업학교淸州商業學校·청주여자상업학교淸州女子商業學校 등을 창립한 교육자로서 유명한 김원근金元根이 있다. 그는 관선

• • • • • • • • • • • • • •
013 《동아일보》1937.6.13. 國道局은 鐵道局을 일컬은 것으로 보인다.

官選 도의원·중추원 참의를 지낸 것 등이 친일 범죄행위라고 하여 조사를 받았다.[014] 그는 이런 학교 건물을 청부업자를 쓰지 않고 자기가 건설했다고 증언하였는데,[015] 어떤 의미에서는 김원근이 청부업자라고 할 수 있다. 교육가로서 실적도 있지만 청부업을 하면서 높은 지위에 올랐다고 생각할 수 있다.

조병상曺秉相의 경우는 자기를 건축청부업자라고 하였고, 재산 정도를 묻는 질문에 160만 원 정도라고 대답하였다. 그 또한 경기도 도의원, 중추원 참의 등을 역임했다.[016] 조병상 역시 청부업자로서 큰돈을 벌고 이런 지위를 얻었다고 생각할 수 있다. 재산이 160만 원이라는 것은 1949년에 대답한 내용이라 그가 해방까지 얼마나 벌었는지는 확실히 알 수 없지만, 그 절반 정도만 벌었다고 해도 식민지하 조선인으로서는 엄청난 금액이다.

이러한 사례를 보면, 일본인 청부업자와 비교할 수는 없지만 그래도 청부업은 조선인이 식민지에서 돈을 벌고 성장할 수 있는 사업이었다.

• • • • • • • • • • • • • •

014 김원근 반민족행위특별조사위원회, 〈범죄보고서〉, 《김원근 반민족행위특별조사위원회 자료》, 1949.7.1., 국사편찬위원회 한국사데이터베이스 반민특위조사기록, 〈http://db.history.go.kr/url.jsp?ID=NIKH.DB-an_008_0040〉, (2019.1.11.)

015 김원근 반민족행위특별조사위원회, 〈피의자신문조서(제2회)〉, 《김원근 반민족행위특별조사위원회 자료》, 1949.4.23., 국사편찬위원회 한국사데이터베이스 반민특위조사기록, 〈http://www.history.go.kr/url.jsp?ID=NIKH.DB-an_008_0060〉, (2019.1.11.); 〈피의자신문조서(제4회)〉, 《김원근 반민족행위특별조사위원회 자료》, 1949.5.18., 국사편찬위원회 한국사데이터베이스 반민특위조사기록, 〈http://www.history.go.kr/url.jsp?ID=NIKH.DB-an_008_0080〉, (2019.1.11.)

016 조병상 반민족행위특별조사위원회, 〈피의자신문조서〉, 《조병상 반민족행위특별조사위원회 자료》, 1949.2.4., 국사편찬위원회 한국사데이터베이스 반민특위조사기록, 〈http://www.history.go.kr/url.jsp?ID=NIKH.DB-an_052_0070〉, (2019.1.11.)

제3절 관리 출신 일본인 청부업자

여기까지 살펴본 바에 따르면, 조선총독부는 일본인 청부업자에게 여러 가지로 편의를 제공해 주었다. 이는 서로 일본인[내지인]이어서만이 아니라, 일본인 청부업자와 관리의 관계가 깊었던 것이다. 일본인 청부업자들 가운데 관리 출신이 많았기 때문이다. 관리 출신 청부업자가 많으면 관리로서도 청부업자를 무시할 수 없고, 장래 자신이 일을 할지도 모르는 업계라고 생각하면 이익을 꾀하는 것은 당연하다. 그러한 의미에서 조선총독부가 일본인 청부업자를 보호 육성했던 이 부분을 자세히 알아보자.

《조선청부업연감》의 청부업자 부분에는 각각의 업자에 대한 소개와 함께 대표자의 간단한 경력을 실은 경우가 상당하다.[017] 이것을 보면 조선총독부의 관리였던 청부업자를 알 수 있다. 또한《조선인사흥신록朝鮮人事興信錄》[018]이라는 인명록에서 보충하는 형태로 관리에서 청부업자가 된 인물을 조사한 바, 그 내용은 다음의 표와 같다.

《조선인사흥신록》에 나와 있는 청부업자는 매우 적다. 또《조선청부업연감》은 대표적인 청부업자만 기재했기 때문에, 상당 부분 누락되었을 것으로 생각된다. 그래도 이 22명의 명부를 보면 경향을 찾아낼 수 있다.

• • • • • • • • • • • • • •

017   朝鮮經濟日報社 編, 앞의 책.

018   《朝鮮人事興信錄》, 朝鮮人事興信錄編纂部, 1935; 芳賀登, 《日本人物情報大系》第74卷(朝鮮編 4), 皓星社, 2001.

〈표 2-13〉관리 출신 일본인 청부업자

	사업자명 또는 최종근무처	北郷組			소속관청	조선총독부
①	대표	北郷松四郎	생년	불명	출신	후쿠시마福島	학력	불명

① 1924년에 총독부 퇴직, 나가토구미·이케다구미池田組에서 청부업 종사.
1931년 독립하여 개인경영조직 北郷組 설립.

	사업자명 또는 최종근무처	熊城組			소속관청	철도국, 대만총독부 철도국
②	대표	熊城鐘三郎	생년	불명	출신	불명	학력	불명

② 철도국 선로취조위원장·일본철도회사·이와코시철도회사岩越鐵道會社·
임시대만철도 부설부·대만총독부 철도부 기사 역임. 1906년
久米합명회사 입사, 만선출장소 지배인이 되어 1907년 도선.
1919년 久米합명회사 폐업 때 조선 업무를 양수하여 熊城組로 개칭.

	사업자명 또는 최종근무처	大洋토목합자회사			소속관청	평양토목과
③	대표	中溝忠太	생년	1886	출신	사가佐賀	학력	불명

③ 1916년 중국 칭다오青島에서 스가와라공무소 출장소 주임으로
칭다오수비군 및 관청 청부공사에 종사.
1924년 도선, 평양토목과원平壤土木課員으로 근무. 1926년 경성 이주,
개인경영자 밑에서 토목건축청부업 시작, 1931년 합자회사로 조직 변경.

	사업자명 또는 최종근무처	철도공업합자회사			소속관청	철도국
④	대표	菅原恒覽	생년	1859	출신	이와테岩手	학력	도쿄제국대학 (공과대학 토목과)

④ 1886년 도쿄제국대학 공과대학 토목과 졸업, 철도국에 입사하여
전 일본 철도 건설에 분주. 1902년 퇴관 뒤 스가와라공무소 개업,
토건업계 진출. 1907년 철도공업합자회사(이후 주식회사) 창립.

	사업자명 또는 최종근무처	후지사와공무점藤澤工務店			소속관청	경성부 영선계
⑤	대표	藤澤英雄	생년	불명	출신	오이타大分	학력	현립오이타공업학교

⑤ 1924년 현립오이타공업학교 졸업. 경성부 영선계 근무, 1929년 퇴관,
청부업 종사. 1932년 독립하여 개인경영조직 후지사와공무점 설립.

	사업자명 또는 최종근무처	矢部組			소속관청	조선총독부 철도국
⑥	대표	矢部興次平	생년	불명	출신	불명	학력	불명

⑥ 1901년 경부철도회사京釜鐵道會社에 입사하여 건축설계감독으로 종사.
1909년 탁지부 건축소 봉직, 이후 경성거류민단역소京城居留民團役所와
총독부 철도국 봉직. 퇴관 뒤 건축청부업 종사.

사업자명 또는 최종근무처			吉坂組		소속관청	조선군 경리부 영선계
⑦	대표	吉坂千代藏	생년	불명	출신	불명	학력	불명

⑦ 1912년부터 조선군 경리부 영선과에 근무. 1922년 퇴관, 경성 시미즈구미 취직.
1924년에 독립하여 개인경영조직 吉坂組으로 청부업 종사.

사업자명 또는 최종근무처			金谷龜壽遞		소속관청	전라남도 토목과

⑧ 대표 金谷龜壽麿　생년 불명　출신 구마모토熊本　학력 불명

1906년 도선, 조선 남부 각지의 토목공사에 종사.
1920년 전라남도 토목과 취직. 1929년에 독립하여 토목건축청부업 경영.

사업자명 또는 최종근무처			岩崎組		소속관청	조선총독부 토목국

⑨ 대표 岩崎卯右衛門　생년 불명　출신 야마구치山口　학력 불명

1907년 도선. 치도국治道局·총독부 토목국·전라남도 토목기술원 근무.
1924년 독립, 개인경영조직으로 전라남도 각 관청 지정청부인이 됨.

사업자명 또는 최종근무처			境野組		소속관청	사이타마현, 전라남도 토목과

⑩ 대표 境野角藏　생년 불명　출신 사이타마埼玉　학력 불명

1899부터 사이타마현 토목기술원으로 근무.
1912년부터 전라남도 토목과에 근무. 1924년 개인경영조직으로 독립.

사업자명 또는 최종근무처			貴志組		소속관청	조선총독부

⑪ 대표 貴志新五郎　생년 불명　출신 와카야마和歌山　학력 불명

1907년 한국 정부가 초빙, 1910년부터 조선총독부에서 봉직한 공사의
설계감독 담당, 1923년 독립, 개인경영조직 창업하여 청부업 종사.

사업자명 또는 최종근무처			淵上組		소속관청	도쿄시, 조선총독부

⑫ 대표 淵上勇右衛門　생년 1887　출신 나가사키長崎　학력 도쿄공수학교

도쿄공수학교東京工手學校 졸업, 1903년 橋本組 組員으로서 미쓰비시조선소공사
근무. 1909년 도쿄시·1912년 총독부 등에서 봉직하며 현장감독 역임.
1914년 퇴관, 橋本組 조선 대표로서 청부업 시작. 1921년 淵上組로 독립.

사업자명 또는 최종근무처			池谷組		소속관청	철도성 나고야철도국

⑬ 대표 池谷安一　생년 불명　출신 시즈오카靜岡　학력 불명

1908~1923년까지 철도성 나고야철도국名古屋鐵道局에 근무.
1923년 가지마구미 입사, 조선 토목공사에 종사한 뒤 1930년 독립.

⑭	사업자명 또는 최종근무처	內田工務所				소속관청	불명
	대표	內田鐵雄	생년	불명	출신	불명	학력	불명

<table>
<tbody>
<tr><td colspan="8">철도기사였으나 1910년 개인경영조직 설립으로 청부업 시작,
1934년 합자회사로 조직 변경.</td></tr>
</tbody>
</table>

⑮	사업자명 또는 최종근무처	北鮮土木합자회사				소속관청	불명
	대표	添田繁夫	생년	불명	출신	불명	학력	도호쿠제국대학 (농과대 토목공학과)

1913년 도호쿠제국대학 농과대학 토목공학과 졸업, 각 관서에 봉직.
퇴관하여 1931년부터 토목건축청부업 종사.

⑯	사업자명 또는 최종근무처	佐藤庄太				소속관청	사가현청, 조선총독부 철도국
	대표	佐藤庄太郎	생년	1879	출신	사가	학력	불명

1896년부터 현청 및 정町·촌村사무소 봉직. 1905년 도선, 1931년까지
조선총독부 철도국 근무. 퇴관 후 철도국 지정 토목건축청부업 영위.

⑰	사업자명 또는 최종근무처	조선총독부				소속관청	나가노현, 아키타현
	대표	佐原辰雄	생년	1880	출신	히로시마広島	학력	도쿄제국대학 (공과대학 토목공학과)

1906년 도쿄제국대학 공과대학 토목공학과 졸업. 1907년 나가노현 기사,
1911년 아키타현 기사로 근무. 1914년 퇴관하고 대정수리조합大正水利組合
기사로서 도선, 조선개척 주식회사 기사, 철원수리조합鐵原水利組合 기사장,
동진수리조합東津水利組合 기사장 등 역임. 1928년 총독부 기사로 관계 복직.

⑱	사)업자명 또는 최종근무처	사이토임업사무소齋藤林業事務所				소속관청	농상무성, 대만총독부, 조선총독부
	대표	齋藤音作	생년	1866	출신	니가타新潟	학력	도쿄농과대학(임학과)

1890년 도쿄농과대학 임학과 졸업.
농상무성農商務省 산림국·대만총독부 등에서 근무. 1910년 도선.
조선총독부 산림과장·영림창장營林廠長 역임. 1918년 퇴관, 조선산림회 창립.
고우카이샤 임업부 고문으로 일하다 계승하여 사이토임업사무소로 독립.

⑲	사업자명 또는 최종근무처	谷口組				소속관청	철도국, 통감부 철도관리국
	대표	谷口小次郎	생년	1868	출신	오사카大阪	학력	불명

1887년 철도국에서 근무하며 선로 측량 및 건설공사에 종사. 1899년 도선,
경부철도 건설부를 거쳐서 통감부 철도관리국 기사 역임.
1909년 퇴관, 1910년 谷口組를 설립하여 토목청부업 종사.

⑳	사업자명 또는 최종근무처		조선총독부			소속관청	부흥국, 조선총독부
	대표	轟謙次郎	생년	1897	출신	도쿄	학력	규슈제대(공학부 토목과)

1923년 규슈제국대학 공학부 토목과 졸업, 고우카이샤 입사. 1924년 퇴사.
이후 일본 부흥국復興局 취직. 1927년부터 총독부 철도국 기사로 근무.

㉑	사업자명 또는 최종근무처		오쿠라토목			소속관청	체신국, 監府철도 감리국, 교토부, 남만주철도 주식회사, 조선총독부 철도국
	대표	梁川小市	생년	1871	출신	교토京都	학력	소학교 졸업, 독학

독학으로 토목 관련 지식 습득. 1896년 체신국遞信局 철도기사로 근무,
1906년 통감부 철도기사, 1910년 교토부 기사, 1917년 만철 직원,
1925년 조선총독부 철도국 철도기사 역임, 1926년 퇴관하여
오쿠라토목 경성출장소 주임이 되어 1933년까지 근무하고 퇴직.

㉒	사업자명 또는 최종근무처		경성토목건축협회			소속관청	효고현 내무부, 조선총독부
	대표	伊達四雄	생년	1886	출신	효고兵庫	학력	도쿄제대(법과)

도쿄제국대학 법과 졸업, 효고현 내무부 근무를 거쳐 1921년
조선총독부 이사관에 임명되어 도선. 충청남도·평안남도·경상남도·
평안북도 경찰부장, 경상북도 내무부장, 경성부윤, 경상북도지사 등 요직 역임.
퇴관 뒤 경성토목건축협회 회장에 취임.

출전　朝鮮經濟日報社, 《朝鮮請負業年鑑》, 朝鮮人事興信錄編輯部, 1935; 《朝鮮人事興信錄》, 芳賀登, 1935; 《日本人物情報大系》第74卷(朝鮮編 4), 皓星社, 2001.

비고　④의 菅原恒覽(鐵道業株式會社)과 ⑲의 谷口小次郎(谷口組)은《조선청부업연감》에는 관리 출신이라고 기록되어 있지 않으나 《조선인사흥신록》을 확인하다가 알게 되었다. 표에는 《조선인사흥신록》에만 나와 있는 관리 출신 청부업자도 포함하였다.

　　우선 사업자명 또는 최종 근무처가 조선총독부로 되어 있는 것이 2명이나, 이는 관리가 청부업자가 되었다가 다시 관리가 된 경우다. 청부업자와 관리의 관계를 나타내는 것으로 보고 표에 실었다. ⑰ 사하라 다쓰오佐原辰雄는 나가노현長野縣·아키타현秋田縣에서 기사를 한 뒤 조선 반도에서 수리조합의 기사가 되었고, 이후 조선총독부 기사로 일했

다고 되어 있다. 또 한 사람인 ⑳ 도메키 겐지로轟謙次郎는 대학의 토목
과를 졸업한 뒤 조선에서 대기업 청부업 회사였던 고우카이샤에 입사
했으나, 일 년 만에 그만두고 일본 부흥국復興局에 근무하다 조선총독
부로 돌아갔다. 조선에 갔지만 관동 대지진이 일어나자 일본 부흥에
힘쓰려고 생각했을지도 모르나, 고우카이샤로 돌아오는 일 없이 총독
부로 갔으므로 청부업이 싫었는지도 모른다.

이어서 이들의 학력을 살펴보자. 위의 22명 가운데 학력을 알 수 있
는 것은 9명이다. 대학을 졸업한 6명은 모두 국립대학을 졸업하였으
며, 그 가운데서도 3명은 도쿄제국대학[지금의 도쿄대학]을 졸업한 상당한
고학력자이다. 이 6명을 뺀 나머지 3명 가운데 한 명은 도쿄공수학교[지
금의 고가쿠인대학工學院大學]를 졸업했고, 다른 한 명은 현립오이타공업학교
縣立大分工業學校 출신이다. 한 명은 소학교를 졸업하고 독학으로 토목에
관한 지식을 습득했다. 공무원 시험에 합격했으니 당연하다고도 할 수
있으나, 대체로 대단히 학력이 높았다. 이런 사람들이 일단 관리가 되
고 나서 청부업자가 되었던 것이다.

당시 청부업자는 한 단계 지위가 낮은 직업으로 여겨졌으므로, 국
가공무원인 관리가 청부업자가 된다는 것은 큰일이었다. 토목기사 가
운데는 청부업자와 직접 이야기 나누는 것을 떳떳하게 여기지 않는 사
람도 있었다고 한다. 예를 들면 도쿄제국대학을 졸업하고 토목기사가
되었던 스가와라 쓰네미菅原恒覽가 청부업자가 되려고 하자, 일본 토목
계의 권위자로 뒷날 남만주철도 주식회사南滿州鐵道株式會社(이하 만철) 총
재가 된 센고쿠 미쓰구 같은 선배 기술자들이 필사적으로 반대했다고
한다. 후에 철도청 장관이 된 마쓰모토 소우이치로는 "자네는 그렇게

까지 추락하였는가. 부정한 짓을 하면 마음도 더러워진다. 반성하고 단념해라."라고까지 말했다고 한다.[019] 이것이 1902년의 일이다. 다소 세월이 지났다 해도 이 같은 분위기가 갑자기 바뀌었을 것이라고는 생각되지 않는다. 이러한 상황 속에서 신분이 보장된 관리를 그만두고 청부업자로 전신傳身하는 사람이 이 정도 있었다는 것으로 그 당시 청부업이 얼마만큼 벌이가 되고, 일본인에게 얼마나 신규 참가가 쉬운 세계였는가를 짐작할 수 있을 것이다.

이 사람들이 근무한 관청을 보면, ㉒ 다테 요쓰오伊達四雄의 경우 조선 각지에서 경찰부장을 역임하고 경상북도지사까지 지냈으며 경성 토목건축협회 회장에 취임하였다. 이 같은 경우는 예외 중의 예외이겠으나, 그 외의 사람은 토목공사와 관련이 있는 토목과나 철도, 영선과 등에 근무하였다. 즉 이러한 토목공사 관련 관청에서 일하는 동안 청부업이 토목기사로서 능력을 발휘하면서 큰 이익을 낼 수 있는 분야라는 것을 실감하고 청부업계로 들어간 것임에 틀림없다.

관청의 구체적인 명칭이 불투명한 2명을 제외한 20명 가운데 조선총독부 근무 경험이 있는 자가 10명, 조선의 지방 관청이나 군 등에 근무한 경험이 있는 자가 6명이다. 조선에서 청부업자가 되었으므로 조선 관청에 근무한 경험이 있는 자가 압도적인 것은 당연한 결과이겠지만, 조선에서의 근무 경험 없이도 조선에서 청부업자가 된 사람이 3명 있음에 주목해야 할 듯하다.

이러한 흐름을 살펴보면, 관리에게 청부업은 자신이 장래 들어갈지

••••••••••••••••
019   朝鮮經濟日報社 編, 앞의 책.

도 모르는 업계이며, 또한 관리인 지인이 있을지도 모르는 업계이므로, 이익을 주고 편의를 도모하려는 것이 매우 자연스러운 상황이었음을 알 수 있다.

제 3 장

일본인 청부업자의
이윤 창출 활동

제 1 절 일본인 청부업자 단체와 공사 예산 확보 활동

지금까지 조선총독부 측에서 일본인 청부업자에 대하여 어떤 정책을 시행해 왔는가를 보았으므로, 이제부터는 일본인 청부업자가 이익을 확보하기 위해 어떤 활동을 했는지, 그리고 어떤 운동을 벌였는지를 살펴볼 것이다. 일본인 청부업자의 측의 움직임을 조선총독부가 잘 받아들였으므로, 조선총독부의 움직임도 동시에 보게 된다.

전술한 바와 같이 일본인 청부업자는 한국 병합 이전부터 철도 건설을 위해서 조선에 진출했는데, 경부선·경의선 등이 완성되면서 토목공사가 줄어들어 버렸다. 그러자 일본인 청부업자들은 단체를 만들어 이익을 조정하는 동시에 토목공사확대를 추구하는 정치운동을 벌이기 시작했다. 이 부분을 집중적으로 살펴볼 것이다.

조선토목건축협회

식민지 시기의 토목건축업을 살펴볼 수 있는 자료는 그리 충분하지 않다. 대규모 건설회사에는 사사社史가 남아 있으나 자사의 정보 말고는 알 수 없으며, 객관적인 데이터가 적다. 또한 사사도 어쨌든 일본 중심의 자료이다. 이러한 현실에서 당시 식민지 조선에 조선토목건축협회朝鮮土木建築協會라는 토목건축업자들의 단체가 있었으며,《조선토목건축협회회보朝鮮土木建築協會會報》라는 잡지를 발행하여 유용한 자료를 제공하고 있었다. 이 잡지가 제92호에서 제160호까지 남아 있다. 또 조선토목연구회朝鮮土木研究會로부터《공사의 벗工事の友》이라고 하는 기술 잡지가 나오고 있었다. 여기에 그때 조선에서 발생했던 담합사건의 재판에 관련된 자료가 많이 남아 있다. 이러한 자료들로 당시 조선의 토목건축업에 대해 살펴보기로 한다.

1907년 무렵, 경성에 토목건축업자가 모여 경성토목건축조합을 창설하였다. 조합원은 35~36명, 조합장은 나구사 젠이치로名草源一郎가 맡았다. 그러나 단순한 사교단체였고, 2년 만에 해산되었다. 해산 뒤 서운하다며 단체를 만들자는 의견이 나왔고, 17명이 모여 조직한 것이 공우工友클럽이었다. 경성의 장곡천정長谷川町[지금의 을지로]에 사무소를 두고 활발한 활동을 막 시작하려는 시기인 1915년, 대구 담합사건이 발생하였다. 청부업계에는 매우 큰 사건이었다. 공우클럽 소속 업자 대부분이 관련되어 있어, 관계가 없는 사람은 겨우 서너 명에 지나

지 않는 상태였다. 1917년에 이 사건이 유죄 판결을 받으면서[001] 공우 클럽은 해산되었다.[002]

이때 조선의 청부업계는 금권金權이나 담합꾼들이 좌지우지하고 있어서 부정 공사나 임금 미지급 같은 문제로[003] 유죄 판결을 받는 경우가 흔했다. 청부업자는 주문자가 지불한 금액 전부를 정당하게 공사에 사용해야 하는데, 난립하는 청부업자 사이를 중개·조정하는 담합꾼에게 말려들어 건축공사에 투입되지 않는 금액이 상당 부분 있었기 때문이다. 이것은 분명히 주문자가 예상하지 않은 지출이며, 이 금액만큼 낙찰가가 오르거나 공사에 사용되는 금액이 줄어서 부실하게 시공하거나 임금을 지급하지 않는 문제가 쉬이 발생하였다.

이 때문에 청부업계를 일신하여 공존공영하면서 위법 행위를 자중하지 않으면 안 된다는 진지한 분위기가 조성되었다. 1918년의 신년회에서는 한층 더 공고한 단체를 조직하려는 협의가 이루어져, 시키구미의 시키 노부타로志岐信太郎가 간사장이 되어 종종 유지를 같이하는 사람들이 회합을 개최하였고, 연구 토의를 거듭해서 같은 해 3월 24일에 조선토목건축협회가 창립되었다. 초대 회장은 마쓰모토 가쓰타로松本勝太郎였다. 1920년에 마쓰모토가 용퇴勇退하고 시키가 제2대 회장이 되었다. 그런데 함경북도 웅기에 육군 군마 보충소가 설립될 때, 시키

---

001   高等法院書記課 編,《朝鮮高等法院刑事判決錄》第四卷, 司法協會, 1917.

002   日本鐵道建設業協會,《日本鐵道請負業史》明治編, 1967.

003   牧野良三,《競爭入札と談合》, 解說社, 1953, 21~22쪽.

구미가 매우 낮은 가격으로 낙찰받아 커다란 문제가 되었다.[004]

  건축업자는 일을 하청받지 못하면 일이 없어서 도산하게 되므로, 입찰 가격을 경합하는 타사보다 가격을 낮추어 낙찰받으려고 한다. 하지만 모든 업자가 가능한 한 낮은 가격으로 낙찰받으려고 한다면 무모한 경쟁이 되어, 공사의 청부가격은 점점 내려가서 청부업자가 모두 도산할 수밖에 없다는 문제를 안고 있다. 그 때문에 청부업자 간에 극단적으로 낮은 가격으로 입찰하는 것을 서로 경고하고 있었는데, 공존공영을 도모하기 위해서 설립된 조선토목건축협회의 회장이 매우 낮은 가격으로 낙찰받았기 때문에 문제가 된 것이다.

  시키 회장의 의사가 아니라 시키구미 직원의 몰이해와 부주의로 일어난 사건이라고 생각되지만 그래도 그는 책임을 인정하고 사임하였고, 후임으로 아라이 하쓰타로가 취임했다. 그러나 그것만으로는 진정되지 않았다. 협회 혁신론이 대두되었고, 단순한 임의 단체가 아니라 사단법인 인가를 받은 조선토목건축협회가 설립되었다. 1921년 8월에 사단법인 설립 인가를 신청하여 1923년 12월에 인가를 받았으며, 12월 18일에 창립총회를 열었다. 강령 및 요망사항을 살펴보기로 하자.

사단법인 조선토목건축협회
강령

  오늘날 청부업자의 인습적인 구습을 타파하고, 업무 상태의 개선

・・・・・・・・・・・・・・・・

004 兒玉琢,《昭和六年十二月の'挨拶狀'抄》, 1931, 4~6쪽.

을 도모하며, 철저한 자각을 촉구하여 기업자에 대해 선의의 양해에 힘쓰고, 특히 다음 5대 강령의 달성을 기한다.

1. 회원 상호 간 덕의를 존중하고, 항상 서로 훈계訓戒하여 무모한 경쟁을 피할 것.
2. 회원의 책임 관념을 존중함과 동시에, 동업자의 발전을 저해할 우려가 있는 편무적片務的 청부계약의 시정을 기할 것.
3. 경쟁입찰제도의 폐해를 개선하여 특명제도의 보급을 기할 것.
4. 현행 지명제도의 개선을 기할 것.
5. 종업 노동자의 수급 조절을 도모하여, 그 선도善導를 기할 것.

전기 결의사항의 달성을 기하기 위해서, 다음의 요망사항을 부대하여 결의한다.

1. 특명지명은 회원으로 한정할 것.
2. 최저액에 의한 낙찰방법을 개선할 것.
3. 기업자에 대해 공사 및 재료대금의 철회촉진을 요망할 것.
4. 강령 제5항의 목적을 달성하기 위해, 춘계에 제 공사의 발표를 요망할 것.[005]

초기 회장에는 아라이 하쓰타로, 상무이사에 안도 겐지安藤堅次가 취임하였는데, 취임에 즈음하여 두 가지 조건을 제시했다. 하나는 처음부터 계약금에서 갹출금醵出金을 걷을 수 없기 때문에 우선 2년 동안 협회 유지비를 예비하는 데 뜻이 있는 회원이 약 2만 엔을 기부하는

••••••••••••••
005   日本鐵道建設業協會,《日本鐵道請負業史》明治編, 1967, 467쪽.

것으로 하고, 또 하나는 큰 청부업자가 작은 공사를 사양하고 회원에게 두루 공사를 수주할 수 있도록 기회를 주어 청부업자를 육성해 가자는 것이었다. 첫 번째의 2만 엔은 바로 갹출되었고, 두 번째는 각각의 사정과 입장이 다르므로 조정이 어려웠지만 결국 수습되어 사단법인 조선토목건축협회가 출발할 수 있었다.[006]

회계규칙 개정과 담합 문제

조선토목건축협회가 사단법인으로써 출발했던 시기에 청부업에 큰 영향을 주는 법률이 개정되었다. 1921년에 회계법, 회계규칙이 개정되었고, 그 다음 해인 1922년부터 조선에서도 일본 내지와 같은 법이 적용되었다. 그때까지는 조선·만주·대만 같은 식민지에서는 칙령 제120호(1901)에 따라 관청의 계약은 무제한으로 수의계약할 수 있었지만, 동법의 개정으로 일반경쟁입찰을 원칙으로 하게 된 것이다.[007]

조선의 토목건축업자에게 이는 큰 문제였다. 조선은 일본 내지에 견주어 산업 발달 정도가 낮았기 때문에 민간 공사가 극단적으로 적었다. 그 때문에 조선에 진출한 토목건축업자는 관청에서 발주된 공사를 수주하지 않으면 살아갈 수 없었다.[008] 관청으로부터 얻는 공사가 일반경쟁입찰이 된다는 것은 신규 참가 업자가 큰 폭으로 증가한다는 것이며, 수주가 어려워짐과 동시에 공사 단가가 낮아진다는 것을 의미하였

••••••••••••••

006   앞의 책, 467~468쪽.
007   兒玉琢 口述, 竹下留二 編, 《朝鮮の談合》, 吉岡印刷所, 1933, 1쪽.
008   兒玉琢, 앞의 책, 1931, 39쪽.

다. 때문에 아라이는 그때의 정우회 내각에 진정陳情하여 개정법령의 실시를 완화하여 줄 것을 적극 요망하였다. 칙령 제120호가 폐지되어도 가능한 한 일반경쟁입찰이 아니라 지명입찰이나 수의계약을 계속하여 주도록 양해를 구했던 것이다. 그 결과 조선에서는 회계법과 회계규칙 개정 후에도 일반경쟁입찰이 거의 실행되지 않았으며, 대체로 지명입찰이 이루어졌고, 가끔은 수의계약 제도도 운용되었다.

그런데 개정된 회계규칙의 조문에 따라 일반경쟁입찰을 실시하거나 지명입찰인 경우에도 보증금을 징수하는 등, 일본 내지와 동일하게 시행한 곳이 조선 각 도에 12개소나 있었다. 그 가운데서도 가장 완강하게 일반경쟁입찰 원칙을 굽히지 않은 곳이 경상북도 대구였다고 한다.[009] 그 때문에 대구에서는 몇 번이나 토목 담합사건이 발생하였다.

왜 일반경쟁입찰을 하면 담합이 일어나게 되는가를 살펴보자. 일반경쟁입찰은 조건만 충족시키면 어떤 청부업자라도 입찰에 참가할 수 있었다. 영업증명서, 납세증명서와 입찰 보증금을 지참하면 완전하게 자격이 갖추어지는 것이다. 당국은 조금이라도 더 많이 세금을 징수하기를 원했기 때문에, 2년 동안 소급하여 납세한다고 하면 쉽게 증명서를 받을 수 있었다. 또 입찰 보증금은 전문 고리대금업자로부터 1천 엔에 대해 일변 20엔 정도로 쉽게 빌릴 수 있었다.

지명경쟁입찰이나 수의계약을 실시하고 있는 곳은 신규 업자가 진입하지 않으나, 대구와 같이 일반경쟁입찰을 하고 있는 곳에서는 신규 업자가 쇄도하여 청부업자의 수가 급격하게 증가하고 경쟁이 격화되

● ● ● ● ● ● ● ● ● ● ● ●
009　兒玉琢 口述, 竹下留二 編, 앞의 책, 2~3쪽.

어 담합을 유발하게 된다. 이러한 상황에서는 토목공사의 양을 어떻게든 늘리려는 노력이 전개되게 마련이다. 이에 대해 살펴보기로 하자.

산업조사위원회와 토목공사 예산 획득을 위한 동상운동

조선에서는 경인·경부·경의철도 부설이라는 대규모 공사 뒤로 이에 필적할 만한 공사가 없었기 때문에 토목건축 공사의 양이 적은 것이 항상 문제가 되었다. 경제가 그다지 발전하지 않았던 식민지 조선에서 민간 기업에 의한 공사의 증가는 거의 기대할 수 없었기 때문에, 자연히 정치가와 직접 담판하여 공공 공사의 양을 늘리려고 하게 되었다. 조선토목건축협회도 그러한 움직임을 보였다. 일본 도쿄에 가서 정치가에게 진정하는 것이므로 동상운동東上運動이라고 불렸지만, 경성상공회의소 등 상공회의소 명의로 이루어진 것이 많았다. 즉 조선토목건축협회의 동상운동이 아닌 경성상공회의소의 동상운동이었던 것이다. 그러므로 경성상공회의소를 출발점으로 하여 살펴보기로 하자.

경성상공회의소는 1887년에 창립된 일본인 상업회의소와 조선인 상업회의소가 일단 각각 해산하고, 새롭게 일본인과 조선인이 협력하여 1915년에 창립된 단체이다.[010] 상업 및 공업 전반을 다루어야 할 상공회의소가 정치가에게 토목건축업계를 중심으로 진정활동을 한 데는 이유가 있다. 조선의 경제 발전에서 토목건축이 우선되어야 한다고 조선총독부로부터 사실상 인정을 받은 것, 그리고 그때 다른 상업이나 공업에 견주어 토목건축업의 규모가 크고 상공회의소 내에서도 힘을

••••••••••••••••
010   京城商工會議所,《京城商工會議所二十五年史》, 京城商工會議所, 1941, 1쪽.

갖고 있었다는 점이다.

동상운동은 이때가 처음이 아니었다. 조선에서 경부철도가 만들어 질 무렵에는 일본의 국책으로 행해지고 있었으므로 활동이 필요 없었 지만, 경성[서울]과 원산을 잇는 경원선, 경성과 목포를 잇는 호남선을 부설할 때는 '경원·호남 양 철도 속성운동 상경위원'이라는 이름으로 1910년 2월 동상東上하여 활동한 사진이나 내용이 남아 있다.[011] 이때 는 아직 한일합병 이전이었으므로 사정은 달랐겠지만, 이 같은 예전의 운동이 참고가 되었을 것이라는 것은 상상하기 어렵지 않다.

경성상공회의소가 동상운동을 하게 된 것은 1920년대에 접어들어 서이지만, 왜 그렇게 되었는지를 이해하려면 산업조사위원회에 대한 설명이 필요하다.

1919년에 3·1운동이 일어나 조선총독부가 통치방침을 변경하지 않 을 수 없게 되면서, 이른바 '문화정치'가 행해지게 되었다. 조선총독부 에게 위협이 되었던 점은 위부터 아래까지 전 계층에 걸친 조선인이 3·1운동에 참가했다는 사실이다. 일찍이 병합에 동의하였던 귀족계급 이나 유산계급까지 독립운동에 참가한 것이 위구스러웠던 것이다. 통 치하는 입장에서 이러한 상태는 위험하였기 때문에, 조선인 측에 식민 지 지배로 말미암은 수익자 계층을 만들어서 식민지 지배에 적극적으 로 협력하도록 하고, 조선인을 분할시켜 효율적으로 지배하려는 정책 을 취하게 된다. 이는 〈일선日鮮자본가의 연계〉라고 제목을 붙인 사이

••••••••••••••
011   앞의 책, 19~20쪽.

토 총독의 정책문서를 보아도 알 수 있다.[012]

물론 조선인 가운데 식민지 지배의 수익자 계층을 만든다고 하여도 조선에 거주하고 있는 일본인의 이익을 먼저 확보한 뒤이기 때문에 결코 충분하지는 않았겠지만, 그러한 정책의 전환이 이루어졌다는 것이 중요하다. 조선인 자본가 계층을 어느 정도 만족시키기 위해 취한 정책이 1920년 회사령의 폐지와 1921년 9월 조선총독부가 주최한 산업조사위원회였다. 일본인 실업가뿐만 아니라 조선인 실업가에게도 경제 정책에 대한 의견을 들어, 조선인 유산계급도 포괄할 수 있는 새로운 산업정책을 수립하기 위해 실행되었던 것이었다.

조선총독부가 처음으로 공식적인 장소에 조선인 대표자를 불러 의견을 들으려는 자세를 보이자, 조선인들은 기대에 부풀었다. 그에 대한 기대감은 《동아일보》가 〈산업조사회에 대한 요망〉이라는 제목으로 1921년 6월 9일부터 10회, 7월 2일부터 3회, 산업조사회에 관한 제목으로 회의 직전인 9월에 6회를 반복하여 사설에서 호소한 것으로부터도 알 수 있다.[013] 그러나 산업조사위원회는 위원장 미즈노 렌타로水野鍊太郎 아래 위원 48명 가운데 일본인이 38명이었고 조선인은 10명[014]에 지나지 않았으며, 실제로 회의에 출석한 것은 미즈노 렌타로 정무총감과 일본인 위원 34명, 조선인 위원 9명으로, 조선인은 의견을 거의 말하지 못하고 재조선 일본인끼리만 논의하는 모습이 회의록에 기

· · · · · · · · · · · · · · ·
012   カ-タ-·J·エッカ-ト, 小谷まさ代 訳,《日本帝國の申し子》, 草思社, 2004, 78~79쪽.
013   《동아일보》1921.6.9.~14., 6.17.~21., 7.2.~4., 9.2., 9.4., 9.6.~9.
014   朝鮮總督府 産業調査委員會,《産業調査委員會會議錄》, 朝鮮總督府, 1921, 17~20쪽.

록되어 있다.[015]

조선인이 주장한 조선인 본위의 경제 정책은 채용되지 않았으며, 재조선 일본인의 의향이 우선시되어 답신이 정해졌다는 것은 이미 서설에서 살펴본 바와 같다. 산업조사위원회의 결정을 더욱 자세히 살펴보면, 우선 제1부 특별위원회의 〈조선 산업에 관한 일반 방침朝鮮産業ニ 關スル一般方針〉은 다음과 같이 정해졌다.

조선 산업에 관한 일반 방침

조선에서 산업상의 계획은 제국의 산업 정책 방침에 순응하고자 함이며, 내외 정세, 특히 내지, 지나支那[중국] 및 러시아령 아세아 등 인접 지방의 경제적 사정을 고찰하여 대책을 강구할 필요가 있다. 조선의 산업은 정치를 비롯하여 진보의 자취가 현저하기는 하지만, 그 진보는 필경 초기에 속하는 것이며 그 기초 또한 박약하여 전도 발전의 요건이 매우 부족하다. 따라서 장래에 더욱더 지식 기능의 향상과 발달을 촉진시키고, 근면 협동하는 습관을 조성하며, 산업 제반의 조직 및 교통·통신기관을 정비하고, 자력의 충실 및 금융의 소통을 도모하여, 내선인內鮮人 및 내선內鮮의 관계와 연락을 한층 밀접하게 하는 방법을 강구함으로써 조선 경제력의 진보와 내선 공동의 복리 증진을 기하지 않으면 안 된다. 조선의 산업에 관한 제반 정책의 실행은 사전에 내지 및 인접지와의 관계, 조선 내부의 사정 및 재정상의 관계 등을 고려하여 그 규모를 정하고 경중을 비교하여 생각하고 완

• • • • • • • • • • • • • •
015 위의 책, 47~70쪽.

급을 안배할 필요가 있다.[016]

식민지 조선에서 산업 계획을 세울 때 일본의 산업 정책 방침에 순응하는 것이나 내외의 정세 혹은 내지나 인접 지역의 경제적 사정을 고찰하는 것은 지극히 일반적으로, 얼핏 아무런 의심도 들지 않는다. 그러나 자세히 살펴보면, 이 방침이 일본의 이익을 지키고 조선에 불리한 입장을 강요하면서도 그것을 느끼지 못하게 매우 잘 위장하였다는 것을 알 수 있다.

〈조선 산업에 관한 일반 방침〉은 우선 일본의 산업 정책 방침에 순응할 것을 말하고, 다음으로 인접 지역의 경제 상황을 고찰하여 대책을 세운다는 당연한 것으로 이어져서, 지식이나 기능의 향상, 근면 관습을 조장한다는 추상적인 내용이다. 산업 제반 조직의 정비라는 막연한 논의 뒤에 나오는 것은 교통·통신기관의 정비와 금융의 소통에 관해서이다. 여기에서는 농업이나 공업, 광업 같은 구체적인 지칭은 나오지 않고 '산업'이라는 추상적인 한 단어로 표현되었다. 따라서 이를

．．．．．．．．．．．．．．．．

016　朝鮮總督府 産業調査委員會, 앞의 책, 38~39쪽.
"朝鮮産業ニ関スル一般方針 朝鮮ニ於ケル産業上ノ計畫ハ帝國産業政策ノ方針ニ順応セムコトヲ期スベク内外ノ情勢殊ニ内地'支那及露領亜細亜等隣接地方ノ經濟的事情ヲ考察シテ之ガ対策ヲ講スルノ必要アリ朝鮮ノ産業ハ始政以来進歩ノ跡顕著ナルモノアリト雖其ノ進歩ハ畢竟草創ノ初期ニ属シ其ノ基礎尚薄弱ニシテ前途発展ノ要件ニ欠クル所鮮シトセス依テ将来益々智識技能ノ向上発達ヲ促シ勤勉協同ノ慣習ヲ助長シ産業諸般ノ組織及交通'通信ノ機関ヲ整備シ資力ノ充実及金融ノ疎通ヲ圖リ内鮮人及内鮮ノ関係連絡ヲ一層密接ナラシムルノ方法ヲ講シ朝鮮經濟力ノ進歩ト内鮮共同ノ福利ノ増進トヲ期セサルヘカラス朝鮮産業ニ関スル諸般政策ノ実行ニ付テハ予メ内地及隣接地トノ関係'朝鮮内部ノ事情及財政上ノ関係等ヲ考慮シテ其ノ規模ヲ定メ軽重ヲ較量シ緩急ヲ按排スルコトヲ要ス"

보면서 조선 산업을 생각할 때 일부러 주의를 기울이지 않으면 농업을 중심으로 생각하기가 쉽고, 공업이라고 여기기 어렵다. 막연하게나마 교통과 통신기관의 정비는 언급되어 있으므로, 교통과 통신이 얼마나 중요시되었는지를 알 수 있다. 이는 공업적인 것이긴 하지만, 그것만으로는 일본 공업의 경쟁 상대가 되지 못한다. 결국 산업조사위원회는 교통과 통신기관의 정비라는 조선 공업의 방향성을 제시함으로써 일본의 공업을 지키면서 조선의 외형만을 근대화해 나가는 형태를 추진했던 것이다. 별도로 농업, 임업, 수산업, 산업 전반과 부분적인 결정 사항이 있는데,[017] 산미증식을 위한 대규모 토지 개량 정도이고 특별한 것은 없다. 산업사상의 보급 및 향상, 부업 장려 등 조선총독부가 하지 않아도 주민이 스스로 노력해야 하는 부분이 강조되고 있다. 이러한 수준이었으나, 이는 조선총독부가 산업조사위원회를 설치하여 회의를 주최하고 결정한 것으로서 권위가 있는 결정이었다.

일본 산업 정책 방침은 일본의 공업을 발달시키는 것이지 조선의 공업을 발달시키는 것은 아니다. 조선의 공업이 발달하면, 일본의 경쟁 상대가 되므로 곤란하기 때문이다. 서설에서 서술한 내용을 좀 더 자세하게 살펴보자. 조선에서 공업을 일으키려고 필사적이었던 다가와 쓰네지로가 산미증식계획이 결정되었을 때 시모오카 추지 정무총감에게 질문한 장면에서 이 점이 분명히 밝혀지고 있다. 다음은 다가와가 경성상공회의소 25주년 기념 회고 좌담회에서 말한 내용이다.

우리는 "산미증식도 좋고, 원시산물을 증식하는 일도 매우 좋지만, 농공을 병행하여야만[農工並進] 국가 경제가 발달할 수 있을 것입니다. 어째서 산미증식의 자금만 받아 오고, 공업을 진흥하는 방법을 강구하지 않습니까?"라고 시모오카 씨에게 이야기했던 적이 있었습니다. 그때 시모오카 씨의 이야기에 따르면, "과연 그것은 자네 말대로다. 국가 경제는 농공병진으로 가야 하는 것이다. 우리도 그것은 잘 알고 있지만, 내지의 모든 회합, 혹은 내각에서 조선에 공업을 일으키자고 하면 어떻게 해서든지 이를 반대한다. 내지에서는 요즈음 공장이 있지만 일을 쉬는 경우가 많다. 그러므로 조선에서 이러한 공장에 원료를 보내어 생산품으로 만든 뒤 다시 조선으로 들여보내는 것이 방침이다. 그러니까 조선의 공업 자금이나 원조에 관한 이야기를 해도 전혀 먹혀들지 않는다. 내 생각으로는 이번 산미증식계획에 따라 4억 엔의 자금이 조선에 들어올 것이네. 아마 그 돈은 대부분 노임[勞賃]으로 쓰일 것이다. 그러니까 이 돈을 조선에서 놓치지 않도록 해서, 자금으로 삼아 조선의 공업을 조장하지 않겠는가? 자네는 그럴 각오를 하게. 나는 그 밖에 다른 방법은 없다고 생각한다." [018]

일본의 경쟁 상대가 되어서는 곤란하기 때문에 조선에서 공업을 일으켜서는 안 되며, 일본 내각이나 재벌은 이를 당연하게 여겨 왔다는 것이다. 이 때문에 조선에서 공업을 일으키려고 해도 일본으로부터 자금을 가져오기 어려우므로, 이번에 산미증식을 위해 들여오는 4억 엔의 자금을 어떻게 해서든지 공업에 투입할 수밖에 없다는 이야기를 조

....
018   京城商工會議所, 앞의 책, 87~88쪽.

선총독부 정무총감이 하고 있는 것이다. 조선에서 공업을 일으켜서는 안 된다는 이러한 주장이 산업조사위원회의 〈조선 산업에 관한 일반 방침〉에 은밀히 포함되어 있음을 감지할 수 있다.

산업 개발 4대 요항 결정

산업조사위원회가 결정한 답신을 받고, 1922년에 부산상공회의소가 제의하여 '임시 전 조선 상공회의소 연합회'가 열렸다. 여기서 철도 건설, 이입세 철폐, 산업미 증식, 수산 개발로 이루어진 〈산업 개발 4대 요항〉을 결정하고, 본국 정부에 보조금 증액을 요구하기로 하였다. 이 연합회는 워싱턴 군축회의(1921.11.~1922.2.) 결과에 따라 발생할 것으로 예상되는 2억 엔의 재정 잉여 가운데 일부를 조선 산업 개발에 사용하기 위한 목적으로 출발하였지만, 각지 상공회의소의 요망을 종합하는 과정에서 한반도 전체의 산업 정책을 제기하게 되었다. 산업 개발 4대 요항에 대해 구체적으로 살펴보자.[019]

① 철도 건설

철도는 조선 산업의 생사를 좌우하는 중대한 문제임을 강조하였다. 그러나 현재 조선은 1,158마일의 국유 본선과 230마일의 사설 지방선을 보유하였을 뿐이며, 면적이 조선의 6분의 1에 지나지 않는 대만이 2,400마일의 철도를 놓은 것에 견주어 몹시 빈약하다고 호소하였다. 이를 보완하는 진해선·함경선(미완성 부분)·평원선 건설비, 경부·

---

019 산업 개발 4대 요항의 상세는 京城商工會議所, 앞의 책, 179~183쪽 참고.

경의선의 복선 부설비, 동해안선[원산-부산]·경성-강릉선 건설비, 기성선 개량 및 차량 증비비 등의 10년 분 5억 1천만 엔, 1년 분으로 5천 1백만엔에 사설 철도 보조비 5백만 엔을 더하여 5천 6백만 엔을 요구하였다.

② 이입세 철폐

조선의 이입세移入稅는 1920년 8월 26일 제령 제19호로써 1921년도를 마지막으로 폐지한다고 하였으나, 예산 편성에서 재원 결핍을 이유로 폐지가 취소된 바 있다. 이와 같은 잦은 법령 개정[朝令暮改]은 좋지 않으며, 이입세를 철폐한 만큼 재원이 부족하다면 그만큼을 일반회계[일본의 국가 예산]에서 보충해야 한다며 6백만 엔을 요구하였다.

③ 산미증식

조선의 쌀 생산은 한반도 산업의 중심이며 일본 본국의 식량 문제 해결과도 중대한 관계가 있으므로 토지 개량사업을 적극적으로 행해야 한다고 하며, 토지 개량 조사비, 토지 개량사업 보조비, 각종 장려비, 농업기술원 설치비 등으로 6백만 엔을 요구하였다.

④ 수산 개발

어항 수축, 근해 어선 건조 장려, 어획물 처리 운반 장려, 대중국 해산무역 진흥, 저빙고 설치 장려, 수산시험장 완성, 어업조합 보급 및 개선, 저리 어업자금 대출, 이주 어민 장려 등으로 291만 엔을 요구하였다.

이상을 정리해 보면, 철도 건설에 5천 6백만 엔, 이입세 철폐에 6백만 엔, 산미증식에 6백만 엔, 수산 개발에 291만 엔으로 합계 7,091만

〈사진 3-1〉 인천항 확장공사(1932)

(工事畵報社《土木工事畵報》 1932년 3월호 35쪽).

엔이다. 산업 개발에 관한 4대 요항이라고 하지만 내용을 살펴보면 거의 80퍼센트가 철도에 사용되고 있다. 그만큼 철도 중심의 산업 개발 계획이라는 것을 알 수 있다. 또 철도 건설 대부분을 철도 부설공사, 복선화 같은 개량 공사 등 토목공사가 차지하고 있으며, 산미증식도 대부분 토지 개량 형태의 토목공사이고, 수산 개발에도 어항 수축漁港 修築이라는 형태로 토목공사가 들어 있다는 것을 알 수 있다.

동상운동의 시작과 관동 대지진

이와 같이 결정한 산업 개발 4대 요항을 가지고 경성상공회의소의 시키 노부타로, 부산상공회의소의 가시이 겐타로香椎源太郎, 평양상공회의소의 소에지마 소헤이副島莊平 등의 대표위원 세 명은 도쿄로 향했다. 이들은 약 1개월(1922.2.23.~3.23.)에 걸쳐서 다카하시 고레키요 수상·노다 우타로野田卯太郎 체신대신을 시작으로 많은 국회의원을 만나 진정했다. 또한 조선과 관계가 깊은 국회의원들의 협력을 얻어 귀족원·중의원 양원에 청원서를 제출했다.[020] 같은 해 9월에 제5회 조선상공회의소 연합회가 개최되고 산업 개발 촉진이 결의되어 1922년 9월 24일~27일에 시키 노부타로, 인천상공회의소의 오시 스에키치大石季吉, 부산상공회의소의 미즈노 이와오水野巖가 도쿄로 가서 두 번째로 진정하였다.[021]

초기 2회의 동상운동에는 시키 노부타로가 두 번 모두 참가하였다. 그 이외에 2회 연속으로 동상을 한 인물은 없다. 시키는 "만약 모국 정부가 장래에도 과거와 마찬가지로 조선의 개발에 냉담하다면, 다년간 반도의 땅에서 고심분투한 우리 거류민은 단연 기치를 내리고 철수할 수밖에 없다."[022]고 극언했다고 전해진다. 물론 그는 시키구미의 대표이자 사단법인이 되기 전 조선토목건축협회의 제2대 회장이다. 청부업자로서는 민간 공사가 적은 조선에서 의지할 수 있는 것은 총독부로부터의 공사뿐이므로 이와 같이 강하게 주장하였다고 생각된다. 이로부터도 알 수 있듯이, 동상운동이 조선 전체의 이익을 대표한 것은 확실하지만 무엇보다도 토목건축업자의 이익을 대변하고 있었다.

••••••••••••••

020   앞의 책, 183쪽.
021   위의 책, 30·190쪽.
022   위의 책, 195쪽.

그 다음 해인 1923년 9월 1일, 일본에서 관동 대지진이 발생했다. 지진 이후 조선인이 폭동을 일으키고 있다는 등의 유언비어가 난무하면서, 이를 두려워한 일본인들이 각지에서 자경단을 조직하여 조선인 약 6천 명을 살해한 충격적인 사건의 원인이 된 재앙이었다.

진도가 7.9에 달했던 이 지진의 진원은 가나가와현神奈川縣 사가미만 相模灣 해안으로, 도쿄와 남쪽 요코하마橫浜, 동쪽 치바千葉 등 광범위에 걸쳐 막대한 피해를 가져왔다. 사망 및 행방불명인 자가 약 10만 5천 명, 부상자는 약 10만 명, 피난민은 190만 명이었다. 도쿄 중심부에 있던 대장성·문부성·내무성·외무성·경시청 같은 정부 관청뿐만 아니라, 가장 고급 백화점으로 유명했던 미쓰코시 백화점 니혼바시 본점과 일본 제일의 극장인 제국극장, 도쿄제국대학 도서관 등 문화, 상업시설 대부분이 소실되었다. 진원지와 가까운 요코하마시는 관공청과 외국 영사관을 포함한 거의 모든 것이 소실되었다. 전체로는 가옥 약 10만 9천여 채가 전괴하였고, 지진 직후 발생한 화재로 21만 2천여 채가 전소, 도쿄의 46퍼센트·요코하마의 28퍼센트에 달하는 면적이 소실되면서 메이지 유신 이후 근대화의 길을 급속히 걸어온 일본의 수도 도쿄와 요코하마는 괴멸적인 타격을 입었다. 피해 규모로 따지면 일본 역사에서 최대의 지진이자 최대의 천재지변이었다.[023]

모든 건물이 붕괴되거나 소실되었기 때문에 재건하는 데 상당한 시간과 노력, 막대한 자금이 필요하게 되었다. 이처럼 도쿄와 요코하마의 부흥에 자금이 투입되면, 조선으로 돌려질 자금이 부족할 것은 분

023　高橋裕,《現代日本土木史》, 彰國社, 2007, 117쪽.

명했다. 이를 예측하여 임시 조선상공회의소 연합회가 열렸고, 조선 사업의 공채 계속과 철도망 계획 수행, 금융 정책 완화를 요구하는 결의가 이루어졌다. 그 결의를 이어받아 경성상공회의소의 구키모토 도지로釘本藤次郎, 평양상공회의소의 소에지마 소헤이, 인천상공회의소의 요시다 히데지로吉田秀次郎 3명에 의해 1923년 11월 세 번째 동상이 진행되었다.[024]

와타나베 데이이치로의 동상운동

1923년 12월에 유력한 토목건축청부업자인 고우카이샤의 사장 와타나베 데이이치로渡邊定一郞가 경성상공회의소의 부회장으로 취임하고, 그 다음 해인 1924년 8월에는 회장으로 취임하면서 더욱 열심히 동상운동을 전개하였다.

1924년 6월 가토 다카아키加藤高明의 헌정회憲政會 내각이 성립하자, 와타나베 부회장은 서기장 오무라 모모조大村百藏, 아라이 하쓰타로 등과 함께 동상하여 7월 1일부터 22일까지 관동 대지진으로 말미암아 존속이 위태로운 조선 사업 공채의 존속을 호소했다.

3개월 뒤인 1924년 9월 30일부터 10월 18일까지 도쿄에서 임시 조선상의연합회朝鮮商議聯合會가 열렸다. 원래 5월로 결정되어 있었던 이 연합회는 산업 개발 문제에 관한 협정사항을 정부 요인에 연합 진정하였다. 그 내용은 철도 건설·개량비 2천만 엔, 사설철도 소요비 1천만 엔, 도로·항만 수축비 3백만 엔, 치수 사업비 2백만 엔, 산미증식 수리

••••••••••••••••
024   京城商工會議所, 앞의 책, 31·192쪽.

사업비 1천 5백만 엔 등이다. 실제로 참가자는 경성·대구의 두 회의소 뿐이었고, 조선총독부가 예산을 절약한다고 하더라도 여전히 부족한 개발비를 요구하는 형태였다.[025]

이때의 진정 양상이 제7회 조선토목건축협회 추계총회에서 보고되었다. 경성상공회의소에서 행한 진정이 조선토목건축협회 총회에서 보고되었다는 것 자체가 이 동상운동에 토목건축업계가 상당히 기대를 걸고 있었다는 증거라고 하겠다. 그 내용을 보면, 회견한 주요 정치가는 하마구치 오사치 대장대신·이누카이 쓰요시大養毅 체신대신·와카쓰키 레이지로若槻禮次郎 내무대신, 요코타 센노스케橫田千之助 사법대신·다카하시 고레키요 농림대신·센고쿠 미쓰구 철도대신·에기 다스쿠江木翼 서기관장 등이며, 조선을 위해서 산업을 개발하고 철도를 건설해야 한다고 진정했다고 하였다. 그 가운데 흥미로운 대목이 있다. 1898년부터 1906년까지 대만총독부 민정장관으로 근무하고 대만 통치에서 높은 평가를 받은 고토 신페이後藤新平의 말을 소개한 부분이다.

처음에 만주·시베리아·간도로 이주한 조선인이 70만이라고 들었는데, 요즘에는 2백만이 되었다고 하여 실로 놀랐다. 이 조선인은 조선의 정치가 좋지 않아서 이주했다. 유사시에는 일본의 조선 통치에 반항할 것이다. 이런 것을 염두에 두지 않은 채, 안에서 산업을 키우지 않고 지금처럼 조선에 즉시 내지의 제도를 그대로 옮겨서 공무원 양성소를 만들며 큰 집을 짓는 것만으로 조선을 제대로 통치할 수 있

025   앞의 책, 196~197쪽.

을까? 나는 대만에서 7백만 엔의 세입을 1억으로 만들었는데, 이것을 모두 산업에 사용했다. 그래서 오늘의 대만이 있는 것이다. 대부분 조선을 비생산적으로만 이용하고 산업자금에 많이 투자하지 않는다는 것을 알고 있다. 조선의 미래를 생각한다면 이와 같은 방침은 도저히 안 된다.[026]

대만과 달리 조선은 산업에 자금을 많이 투자하지 않는데, 그러면 안 된다고 말한 것이다. 이 같은 고토 신페이의 지적은 상당히 날카롭다고 할 수 있다. 대다수 일본인은 조선총독부의 주장을 그대로 받아들였고, 일본이 조선에 철도를 깔고 다리를 놓아 학교를 만드는 등의 근대화를 시켜 주었다는 의식을 가지고 있었지만, 대만의 산업을 진흥시키는 데 성공한 고토의 입장에서 보면 조선에서의 투자는 비생산적인 것이었다.

와타나베 데이이치로는 조선에 산업을 일으키지 않으면 안 되는 이유를 다음과 같이 주장하였다.

"대만은 재정이 독립되어 있다. 조선은 1천 5백만 원의 보급을 받고 있기 때문에 상당한 혜택이 있다고 생각하고 있겠지만, 그렇지 않다. 당업정책糖業政策을 위해 외국의 설탕을 별로 수입하지 않아서 내지에서도 조선에서도 비싼 돈을 내고 대만의 설탕을 들여오고 있는

••••••••••••••

026   渡邊定一郎, 〈所感と中央要路陳情の要旨〉, 《朝鮮土木建築協會第七回秋季總會講演集》, 朝鮮土木建築協會, 1924, 8쪽.

데, 그것이 아마도 수천만 원에 이르는 것이 그 이유다. ……모국에서는 비록 재계가 불황을 입어도 여러 해 축적한 재력이 있고 자력이 있다. 그렇지만 지금 조선의 1천 7백만 주민은 먹을 것을 잃게 되면 그날부터 기갈에 빠져 버린다. 먹을 것을 빼앗기면 폭동이 일어날 것이다. 1천 7백만 조선민이 폭민으로 화하면 그 결과는 어떻게 되겠는가."라는 것이 오무라 모모조의 논점이었습니다.[027]

대만과 마찬가지로 조선에 산업이 필요하다는 주장은 매우 정확한 것이다. 하지만 그는 어떤 산업이 필요한가, 어떤 산업이 유리한가에 대한 논의는 일체 하지 않고, 철도 부설과 산미증식계획을 추진하는 것이 1천 7백만 명의 조선인을 위해서라는 결론을 내렸다. 놀라우리만치 능숙한 논리 전개에 감탄하지 않을 수 없다.

1924년 가을의 이 동상운동이 끝나고 강연회에서 이를 보고한 지 얼마 지나지 않은 1925년 1월 말, 와타나베 회장과 서기장 등은 조선의 재정 문제로 약 1개월 동안 동상하였다. 와타나베 데이이치로는 눈병으로 5월에 일단 퇴임했지만, 후임이 정해지지 않아 1925년 12월에 재임되었다. 와타나베는 퇴임 중이던 9월에도 고우카이샤 부회장 및 오무라 서기장 등과 함께 동상하였다.[028]

이 동상운동도 제9회 조선토목건축협회 추계총회에서 보고되었으며, 전년도에 이어 하마구치 오사치 대장대신에게 계속 진정하고 있음

• • • • • • • • • • • • •

027   앞의 글, 10쪽.

028   京城商工會議所, 앞의 책, 1쪽.

이 보고서에 나타난다. 이때 "제군은 조선 산업의 개발을 외치는데, 그렇다면 어느 정도의 자금을 필요로 하는가?"라는 하마구치의 질문에, 오무라 모모조는 현재 제국[일본]의 재정 상태를 고려하면 미즈노 총감이 세운 산업 정책 대금인 20억을 달라고 할 수는 없어 그 반액인 10억을 요구하였다고 한다. 그러자 하마구치는 "제군은 10억을 요구하지만, 원리의 지불은 주로 공채에 의하지 않으면 안 된다."면서 과연 조선 산업이 그러한 지불 능력이 있는지를 물었다.

이에 대해 와타나베 데이이치로는 "정부가 10억이라는 거액의 비용을 조선의 산업 개발을 위해 지출하여 산미증식계획 혹은 철도의 배양선이 속성된다면 그 원리는 돌려줄 수 있지만, 항만·치수·치산治山과 같은 곳에 투입된 몫을 즉시 반환할 수 있을지는 의문이다. 그러나 원리 지불에 부족이 발생하면 보충금을 채워 주면 되므로, 조선을 병합한 취지로 보았을 때 우리는 이를 요구할 권리가 있다."라고 대답하였다. 이때의 10억 엔은 10년에 걸친 철도 부설공사에 3억 엔, 산미증식계획에 3억 엔, 항만과 하천 정비에 1억 4천만 엔을 합한 7억 엔을 여유 있게 요청한 것이라고 한다. 이와 같이 조선의 산업화를 위해서 돈을 요구한 것이다.

또한 그 당시 귀족원 의원으로 뒷날 일본은행 총재와 대장대신을 역임한 이노우에 준노스케는 다음과 같이 말했다고 한다. "지금까지 나는 조선을 몰랐다. 함경선 등은 서두르지 않아도 좋다고 말한 것은 사실은 나인데, 이번에 친히 조선을 보고, 특히 북조선 지방을 둘러보고 그 말을 부끄러워하고 있다. 어째서 이 함경선을 빨리 만들지 않았는가 하고 이제 와서 유감스럽게 생각하며, 조선을 몰랐던 것이 부끄럽다.

〈사진 3-2〉 함경선 신흥-거산 사이 세동천細洞川 아치교(拱橋) 공사 현장

(工事畵報社,《土木工事畵報》 1929년 2월호 26~27쪽.)

귀경 이후 조속히 대장대신을 방문하여 내 견해가 잘못된 것이었음을
이야기하고, 북조선의 철도를 빨리 완성해야 한다고 극론했다."[029]

　　와타나베는 이렇게 요구했다고 바로 예산이 내려올 것이라고는 생
각하지 않지만, 정계·재계인에게 조선의 사정을 자주 알리는 데 큰 의
의가 있다고 하였다. 사실상 그의 동상운동은 확실히 결실을 맺어 갔다.

• • • • • • • • • • • • • •
029　　渡邊定一郎, 〈中央要路へ陳情と所感〉,《朝鮮土木建築協會會報第九回秋季講演集》,
　　　朝鮮土木建築協會, 1925, 1쪽.

제국철도협회의 건의

이와 같이 와타나베 회장을 중심으로 동상운동이 되풀이되고 있던 가운데, 또 하나의 움직임이 있었다. 일본 국내의 제국철도협회가 조선의 철도 문제에 주목한 것이다. 이들은 1924년 조선철도망조사위원회를 설치하여 1년가량 신중하게 심의하고, 관계된 각 단체와 협의한 끝에 〈조선의 철도 보급 및 촉진에 대한 건의〉를 결정하고 1926년 2월에 총리대신, 관련 각 대신, 참모총장, 조선총독 앞으로 건의를 했다. 그 내용은 다음과 같다.

조선의 철도 보급 및 촉진에 대한 건의

철도 보급이 국운의 진보 및 문화의 발달과 밀접한 관계를 갖고 있다는 것은 굳이 장황한 설명을 필요로 하지 않는 바이다. 돌아보면 1910년 한일합병 때 황공하게도 칙서를 내리시어 병합의 광대한 계획과 민중 수무民衆綏撫·문물 개발의 성지聖旨를 선명하셨다. 그 이후 15여 년 동안 시정하여 인문은 나날이 진보하고 산업이 발달하였으나, 민도民度가 낮아 산업 조직은 아직 유치한 상태를 벗어나지 못하였다.

합병의 광대한 계획을 발양하려면 마땅히 조선에서 문물의 개발에 가장 필요한 철도의 보급이 필요함은 명백하다. 그러나 조선의 철도는 1900년 경인선 개통 이래 20여 년이 지난 오늘에 이르기까지 선로의 연장은 겨우 관설·사설을 합하여 1,770여 리, 연평균 연장은 38리에 지나지 않는다. 이를 조선의 토지 면적에 비교하면 백 리당 12리 3푼이므로, 본국의 59리 5푼, 홋카이도의 28리 2푼, 대만의 35리 3푼, 또 인구를 기준으로 살펴보면 10만 인당 조선의 9리에 견주어 본국은 15리 7푼, 홋카이도는 64리 8푼, 대만은 20리 6푼이므로,

이로써 조선 철도 보급의 부진함을 알 수 있을 것이다.

무릇 조선에는 농산·광산·임산·수산 등 거대한 자원이 존재하므로 이를 개척해야 한다. 또한 그 지리적 관계가 우월하여 귀감이 되는바, 대對지나·러시아 무역 및 만주·몽고에 대한 대책과 마찬가지로 국가 백 년의 대계를 수립함으로써 이에 걸맞은 제반 시설을 구축하는 것, 그 가운데서도 철도를 보급하는 일은 목하 긴요한 사항이라 하지 않을 수 없다. 본 협회는 이사의 결의에 따라, 별지 결의와 이유서 및 선로 도면을 첨부하여 건의하는 바이다.

1926년 2월 15일

제국철도협회 회장	구니사와 신베에國澤新兵衛
내각총리대신	와카쓰키 레이지로若槻禮次郎
대장대신	하마구치 오사치濱口雄幸
육군대신	우가키 가즈시게宇垣一成
외무대신	시데하라 기주로幣原喜重郎 남작
해군대신	다카라베 다케시財部彪
철도대신	센고쿠 미쓰구仙石貢
참모총장	가와이 미사오河合操
조선총독	사이토 마코토齋藤實 자작

조선 철도에 관한 조사위원회 결의

1. 조선의 주요한 철도는 국유를 근본 방침으로 할 것.
2. 정부는 신속히 조선 철도 부설에 관한 법률을 제정할 것.
3. 정부는 이미 확정된 예산(既定計劃) 이외에 전항의 조선 철도부설

법에 따라 향후 18년 이내에 2천 1백여 리의 철도를 부설할 것.

4. 정부는 제1항의 방침에 따라 점차 주요 사설 철도를 매수할 것.

5. 정부는 현행 조선 사설 철도 보조법의 8푼 보급을 개정하여 1할로 하고, 미완성선의 속성을 기할 것.

부대 결의

정부는 제3항의 18년 부설계획 진척으로 말미암은 수송량 증가에 따라 점차 경부·경인·경의 각 선을 복선으로 할 것.

관설 철도예정계획선 및 건설비조(1925년 12월) 이하 생략[030]

실제 건의에는 지금부터 18년 동안 건설 예정인 21개 철도 노선의 거리와 예정 건설비가 명기되어 있다. 총 길이 2,172마일, 총 예정 건설비는 4억 8,560만 9천 엔이다.

이 건의의 요지는 결국 조선 철도의 확장이 당연하다는 것이다. 한일합병 조칙을 보면 조선의 문명이나 산업을 발달시키는 것이 일본의 성스러운 사명이자 일본 천황의 소원이므로 철도를 건설할 수밖에 없으며, 게다가 조선 철도는 단위면적·단위인구 면에서 일본 본섬이나 홋카이도, 대만의 2분의 1에서 6분의 1에 지나지 않기 때문이다. 이 건의는 대단한 반향을 불러일으켰고, 많은 식자들이 크게 동조했다고 한

030　京城商工會議所, 앞의 책, 201~202쪽; 大平鐵畊, 《朝鮮鐵道十二年計畫》, 朝鮮鐵道新報社, 1927, 42~47쪽.

다. 거기에서 더 나아가 구니사와 제국철도협회 회장, 오카다 조선철도협회 회장, 와타나베 데이이치로 조선상업회의소 연합회장이 데이코쿠帝國 호텔에 귀족원·중의원 의원을 초대하여 이 같은 상세한 설명을 하는 회의를 주도하였는데, 양원 내빈의 찬동을 얻어 제51회 제국의회에 건의안으로 제출하게 되었다.[031]

같은 시기, 즉 1926년 1월에 시키 노부타로·이토 리사부로伊藤利三郎·무샤 렌조武者錬三[경성전기 전무]·아라이 하쓰타로 등도 조선철도협회를 대표하여 동상해서 관계 각 방면으로 진정 운동을 했다고 되어 있으므로, 제국철도협회의 건의안에도 그들의 요망이 반영되었음이 틀림없다.

조선철도촉진기성회

1926년 초기 단계에서 산업 개발 4대 요항이 결정된 뒤로 약 3년 동안 와타나베 회장은 경성상공회의소의 기록에 나오지 않는 것을 포함하여 수십 회에 걸쳐 동상운동을 했다고 한다.[032] 이 맹렬한 운동의 결과 이입세 철폐 문제는 이미 해결되었고, 산미증식계획은 조선총독부에 의해 순조롭게 실시되고 있었다. 수산 개발 문제는 각종 산업 개발의 일반적인 계획안에 속하는 성질의 것이므로 이 단계에서 남는 문제는 단지 철도라고 해도 될 만한 상황이었다.

4월 24일 경성상공회의소는 철도망 보급 촉진 문제를 해결하고자 전 조선 각지 대표자 간담회를 개최하였다. 경성·인천·목포·군산·원산·

---

031 大平鐵畖, 위의 책, 47쪽.

032 앞의 책, 58쪽.

평양·대구 등의 각 회의소 회장, 조선토목건축협회·조선공업회·조선광업회·조선철도협회의 각 대표자, 그 밖의 공직자, 신문 관계자 등 70여 명이 참가하여 협의한 끝에 조선철도촉진기성회를 창립하게 되었다. 실행위원장에는 와타나베 데이이치로가, 그 밖의 실행위원으로서 조선철도협회의 구키모토 도지로, 조선공업회의 오무라 모모조, 의 요시다 히데지로가 추천을 받아 선임되었다.

이 결정을 이어받아 7월 초순부터 와타나베·오무라가 동상하여 12일에는 이전부터 조선과 관계가 있던 양원 의원 및 실업가 등 120여 명을 데이코쿠 호텔에 초대하여 조선철도촉진기성회 결성을 구체화하였고, 23일에 재차 데이코쿠 호텔에서 성대하게 발회식을 열었다. 시부사와 에이이치 자작을 명예회장, 전 체신대신 고마쓰 겐지로小松謙次郎를 회장으로 임명하여 도쿄에 본부를 두고, 조선의 기성회는 지부로 했다.

이러한 와타나베의 움직임은 일본 재계의 거두인 시부사와 에이이치를 명예회장으로 추대하여 조선의 철도 건설에 찬성시키고자 한 것으로 보인다. 시부사와는 "본 건에서는 당초 와타나베 데이이치로 외 여러 명이 사무소에 내방하여 명예회장직의 승낙을 청하였다."[033]라는 자필 기록을 남겼다. 이를 근거로, 와타나베가 본인이 아무리 애써도 일본 정계를 본격적으로 움직일 수 없다고 생각하고 경부철도 주식회사의 사장인 시부사와 에이이치를 목표로 하여 교섭한 것은 아닌가 충분히 추정할 수 있다.

∙∙∙∙∙∙∙∙∙∙∙∙∙∙∙∙∙∙

033 渋沢榮一傳記資料刊行會,《渋沢榮一伝記資料》第54卷, 竜門社, 1964, 440쪽.

제52회 제국의회의 법안 승인

동상운동의 목적은 정치가에게 진정하여 그 요구가 정책으로서 실행에 옮겨지게 하는 것이다. 제국의회에 법안으로 제출되어 법률로 성립되지 않으면 정책으로 실행되지 않기 때문에, 제국의회에서의 법안 성립이 구체적인 목표가 된다.

제51회 제국의회는 〈조선 철도망 촉진 건의안〉이 귀족원을 통과한 데서 끝나 버렸다. 그때의 실패를 교훈 삼아 제52회 제국의회에 임할 때는 1926년 7월에 먼저 조선철도촉진기성회를 설립하고 많은 국회 의원의 찬성을 얻어 둔 것이다. 예산 편성기에 해당하는 1926년 10월에는 조선철도촉진기성회 시부사와 에이이치 명예회장·고마쓰 겐지로 회장과 함께 와타나베 데이이치로·오무라 모모조 등 민간 유지가 잇달아 동상하여, 와카쓰키 레이지로 수상·가타오카 나오하루片岡直溫 대장대신과 회견하여 상세하게 진정하였다. 또한 이와는 별도로 조선총독부 측에서 사이토 마코토 총독이 와카쓰키 수상에게 이해를 요구하였으며, 동시에 유아사 구라헤이湯浅倉平 정무총감·오무라 다쿠이치大村卓一 철도국장·구사마 히데오草間秀男 재무국장은 직접 동상하여 조선총독부의 안을 승인할 것을 내각에 강요하였다.

11월 11일 내각회의에서 원안인 11년 계속사업과 건설 개량비 기정계획을 합한 3억 2,155만 엔에 대하여 155만 엔만을 삭감하고 1년을 연장하는 계획이 용인되었다. 일본 정부는 제52회 제국의회에 예산안 및 조선의 사업 공채법 개정법률안을 제출하고 양원 위원회에 다양한 질의응답을 거듭하여 1927년 3월 10일에는 중의원, 3월 24일에는 귀족원을 무사히 통과시켰다. 그동안 와타나베는 다시 12월부터 동상하여 3월까지 법안 성립을 위해서 노력했다. 이 결과가 바로 조선 사업 공채법 개정법朝鮮事業公債法改正法이다.

조선 사업 공채법 개정법

제1조　　조선에서 사업비를 지급하고, 담배 전매제도 실시 또는 사설철도 매수에 필요한 교부금을 교부하기 위해 정부는 종전에 모집한 세금 가운데 6억 370만 엔 내에서 공채를 발행하거나 차입을 할 수 있다.

제2조　　전조의 규정에 따른 공채의 발행가격 차감액을 보충하기 위해 필요한 경우에는 전조의 제한 이외에 공채를 발행하거나 차입을 할 수 있다.

부칙　　본 법은 1927년 4월 1일부터 시행한다.

와타나베는 이 법률이 제정될 때까지 상황을 제12회 조선토목건축협회 강연회에서 발표하였다. 그는 경성상공회의소 회장으로서가 아니라, 경성상공회의소 회장으로서 한 일을 조선토목건축협회 이사로서 보고한다고 선언하며 발표를 시작하였다.[034] 그 정도로 조선토목건축협회에는 기념할 만한 일이었던 것이다. 한때 법안이 성립할 때까지 한때는 도문철도圖們鐵道[함경북도 청진-나진 간 철도] 건설을 포기하려는 계획을 하는 등 힘들었지만, 그의 활약 등으로 무사히 법이 개정되었다

••••••••••••••
034　　渡邊定一郎, 〈朝鮮鐵道網運動의 經過報告〉, 《朝鮮土木建築協會會報 第拾貳回講演集》, 1927, 1쪽.

고 하였다. 와타나베는 마지막에 다음과 같이 덧붙였다.

이번 의회를 통과한 철도 계획 3억 2천만 엔, 약 3억 5천만 엔의 일
을 조선토목건축협회 회원(請負業者)이 전매專賣할 수 있다는 희망이 있
는 것은 아니라는 점을 여러분에게 말씀드리고 싶습니다. 저희들은
결코 일을 얻기 위해 운동을 한 것이 아닙니다. 조선 전체 회의소의
대표로서 조선 산업의 개발과 2천만 동포의 복리를 위해서 한 것입니
다. ……조선에서 이번 일이 시작 격인지, 상황은 어떤지 질문을 받았
을 때, 조선에 토목협회라는 것이 있으며 그곳 사람이 일할 것이라는
사소한 점은 말할 수 없었습니다. 조선은 상당히 경기가 좋다는 평판
이 있으므로 점차 협회원 이외에 다양한 운동이 일어날 것이라고 생
각합니다. ……내지의 유력자가 끼어들지도 모르겠지만, 우리 협회원
에게 일을 달라는 조건부로 운동을 한 것이 아니기 때문에 거절할 수
는 없으므로 이 점을 부디 여러분께서 기억하여 주시기 바랍니다.[035]

와타나베는 이 운동으로 순수하게 조선의 산업 개발을 위해서 철도
계획 법안을 성립시키고 공공 공사를 획득하여 조선토목건축협회의
일을 늘린다는 두 가지 목표를 동시에 완수할 수 있었기 때문에 대단
한 열의를 가지고 노력할 수 있었다. 그러나 막상 실제로 법안이 성립
되자, 조선토목건축협회의 일이 과연 증가할 것인지, 내지로부터 청부
업자가 많이 건너와서 경쟁하게 되지는 않을지 불안을 토로한 것이다.

••••••••••••••
035 앞의 책, 8~9쪽.

이러한 그의 불안은 실제로 현실이 된다.

그의 신념으로 조선 경제를 발전시키는 데 가장 필요한 것은 철도 부설과 산미증식계획이었다. 이는 1921년 산업조사위원회의 결론이기도 하였으므로 이를 추진하고자 노력하는 것은 당연했다. 당시 관동대지진의 영향으로 이 두 가지 계획을 위한 자금이 움직이지 않았기 때문에 정치가의 협력을 구하여 자금을 얻어야 했고, 필요하다면 직접 도쿄에 가서 교섭하는 일도 마다하지 않았다. 그렇게 애쓴 결과 산미증식계획도 궤도에 오르게 되었고, 철도 건설은 〈조선 철도 12년 계획朝鮮鐵道十二年計劃〉이라는 명칭으로 제국의회를 통과하게 되었던 것이다. 같은 제목의 서적에는 공로자로서 와타나베의 이름도 기록되어 있다.[036]

그러나 경성상공회의소 전체 입장에서는, 왜 경성상공회의소가 조선 전체의 문제를 다루며, 또 모든 상공업을 다루어야 할 상공회의소가 철도 부설과 산미증식계획이라는 토목사업에만 힘을 쓰냐는 반발을 불렀다. 그때 세상에서는 경성회의소를 상업회의소가 아니라 토목회의소로 바꾸면 어떻겠느냐는 말이 있었을 정도이며, 회의소는 상업파와 토목파라는 두 파벌로 나뉘어 세력 다툼을 하는 일까지 벌어지면서 회의소 본래의 일은 아무것도 할 수 없는 상태였음이 상공회의소 25주년 기념 좌담회에서 화제가 될 정도였다.[037] 이러한 파쟁은 전 조선에서 공업을 경시하고 토목사업만 펼친 일제의 일그러진 경제 정책을 상징한다고도 말할 수 있을 것이다.

• • • • • • • • • • • • • • •
036   大平鐵畊, 앞의 책, 183쪽.
037   京城商工會議所, 앞의 책, 39~43·75~78쪽.

제2절 일제하 조선인 노동자의 저임금과
일본인 토목청부업자의 부당 이익[038]

지금까지도 식민지 지배를 정당화하는 일본의 역사 인식은 여전히 문제가 되고 있다. 그 논리 가운데 가장 설득력이 있다고 여겨지는 것은 일본이 자금을 투입하여 조선의 인프라를 정비해 주었다는 주장이다. 1953년 제3차 한일회담 때 구보타 간이치로久保田貫一郎의 발언이 이를 잘 나타낸다. "일본으로서도 조선에 철도나 항구를 만들기도 하고, 농지를 조성하였으며, 일본 대장성은 지출이 많은 해에는 2천만 엔이나 반출하였다."[039]

일본 측은 이러한 주장을 몇 번이고 지속적으로 반복해 왔으며, 아베安部 정권도 이와 같이 보고 있다. 이 같은 주장은 일본의 식민지 지배를 정당화하려는 논리의 중심에 있다고 해도 지나친 말이 아니다. 더구나 한국 학계에서도 식민지 근대화론이 등장하고, 식민지 지배를 미화하지 않겠다고 하면서도 일제의 인프라 정비에 대해서는 상당 부분 긍정적으로 평가하고 있다.[040] 이에 일본 우익이 힘을 얻어 식민지

••••••••••••••

038 이 절은 필자의 〈일제하 일본인 請負業者의 활동과 이윤·창출〉, 서울대학교 대학원 국사학과 박사학위논문, 2013, 115~130쪽을 수정·보완한 〈일제하 조선인 노동자의 저임금과 일본인 토목청부업자의 부당 이익〉,《韓日經商論集》제60호, 한일경상학회, 2013을 다듬은 것이다.

039 《朝日新聞》1953.10.22.

040 대표적인 연구로 김낙년 편,《한국의 경제 성장: 1910-1945》, 서울대학교출판부, 2006; 김재호,〈植民地期의 財政支出과 社會間接資本의 形成〉,《경제사학》제46호, 경제사학회, 2009 등이 있다.

〈사진 3-3〉 청진항 개축공사(1932)

[위] 안벽岸壁용 함괴函塊 제1·2호가 물에 들어가는 순간(1931.6.4.)
[아래] 방파제 함괴를 채우는(中詰) 작업 장면.

(工事畵報社,《土木工事畵報》1932년 2월호 22~24쪽)

지배 정당화에 더욱더 박차를 가하고 있는 실정이다.

서설에서 살펴본 바와 같이, 한국 역사학계 측은 일본의 인프라 정비가 한국인을 위한 것이 아니었다는 반론을 펼쳤다. 대륙으로 진출하기 위하여 한반도를 병참기지화한 것이며, 또한 영구적인 병합을 전제로 수탈의 효율성을 높이고자 한 것이라는 주장이다.[041] 즉 인프라 정비 자체는 나쁘지 않지만, 그 목적이나 사용방법이 문제라는 것이다. 이에 대하여 일본 측은 목적이 무엇이었든 간에 인프라를 정비한 것은 사실이며, 이를 한국인도 사용하지 않았느냐는 재반론을 펼치고 있다.

일본이 식민지 조선의 인프라를 정비한 것은 어쨌든 부정할 수 없는 사실이다. 그러나 곰곰이 생각해 보면, 이에 다소간 감사해야 한다는 식으로 간단하게 결론을 내릴 수 있는 문제가 아님을 깨달을 수 있다. 지금 어떤 건설회사가 도로를 정비하거나 철도 건설공사를 해도 우리는 특별히 고마워하지 않는다. 그 회사가 당연히 공사를 통해 충분한 이익을 얻을 것이라고 여기기 때문이다. 그럼에도 일제하 식민지 시대의 인프라 정비에 대해서 반론하기 어렵다면 이는 이 부분이 너무나도 방치되어 왔기 때문이다. 결국 여기에서 주목해야 할 점은, 일제강점기 일본인 토목청부업자의 이익이 어떻게 형성되었느냐는 부분일 것이다.

일제강점기의 임금에 대하여 강만길, 허수열, 김종한, 길인성·정진성, 김낙년·박기주 등이 분석한 선행 연구가 있다.[042] 강만길은 저임금

• • • • • • • • • • • • • • •
041   정태헌, 《일제의 경제정책과 조선사회: 조세정책을 중심으로》, 역사비평사, 1996.
042   강만길, 《日帝時代植民生活史研究》, 창작과 비평사, 1987; 허수열, 〈일제하 실질임금

으로 말미암은 노동자들의 빈곤을 호소하고, 일제의 통계 자료에 의문을 제기하였다. 허수열은 일제가 남긴 조선총독부의 통계 자료를 정리하면서도 그 수치는 의심하였다. 그 밖의 연구자들은 일제가 남긴 통계 수치를 그대로 받아들이고 있는데, 허수열이 말했듯이 의심스러워도 검증할 별다른 방법이 없기 때문인 것 같다. 김종한은 일본인과 조선인의 임금 격차에서 순수한 임금 차별은 37.44퍼센트라고 추계하였다. 김낙년·박기주는 임금 통계를 재정리하였고, 길인성·정진성은 일제강점기에 무수한 조선인들이 일본으로 건너간 원인이 실질임금 차이에 있다고 보았다. 청부업자에 관해서는 이금도와 서치상의 선행 연구가 있다.[043]

하지만 조선인 노동자의 저임금 문제와 일본인 청부업자의 이익을 연관 지어 연구한 것은 없다. 이금도의 연구는 일본인 청부업자에 관하여 총체적으로 분석하였지만 노동자의 저임금 문제는 다루지 않았다. 오히려 박이택·김낙년과 김재호는 일본인 청부업자의 활동을 사회간접자본의 형성으로 보고 청부업자의 인프라 정비를 조선 경제에 대

· · · · · · · · · · · · · · ·

(變動)추계〉,《경제사학》제5호, 경제사학회, 1981, 213~246쪽; 김종한, 〈1928년 조선에서의 민족별 임금차별: 토목건축 관계 노동자의 임금격차 분해를 중심으로〉,《경제사학》제24호, 경제사학회, 1998, 69~96쪽; 김낙년·박기주, 〈해방 전(1906-1943) 조선의 임금 재론:《조선총독부통계연보》의 임금을 중심으로〉,《경제사학》제49호, 경제사학회, 2010, 3~37쪽; 길인성·정진성, 〈일제시대 한국과 일본의 실질임금 격차와 인구 이동에 관한 시론〉,《시장경제연구》제31-2호, 서강대학교 경제학연구원, 2002, 127~144쪽.

043   이금도·서치상, 〈조선총독부 발주 공사의 입찰방식과 일본청부업자의 수주독점 행태〉,《대한건축학회 논문집: 계획계》제22-6호(통권 212호), 대한건축학회, 2006; 이금도, 〈조선총독부 건축기구의 건축사업과 일본인 청부업자에 관한 연구〉, 부산대학교 대학원 건축공학과 박사학위논문, 2007.

한 공헌이라고 긍정적으로 평가하였다.[044]

　따라서 이 책에서는 일본인 토목청부업자가 노동자에게 지불한 임금 면에서 그들의 이익 형성 과정 및 그 내역을 검토하였다. 먼저 일본인 토목청부업자가 조선인 노동자에게 임금을 지불하지 않은 문제, 즉 임금 미불未拂 문제를 다루고, 이 같은 사건이 많이 발생하던 상황과 그 배경을 살펴보았다. 이어서 조선인 노동자와 일본인 노동자 사이의 임금 격차를 재분석하고, 《조선총독부 통계연보》의 기록과 차이 나는 부분이 일본인 토목청부업자의 부당 이익으로 흘러들어가는 과정을 고찰하였다. 이 과정에서 조선인 노동자에게 지불한 임금이 과소했던 만큼 일본인 청부업자는 큰 이익을 거두고 있었던 실태가 드러나게 되었다.

임금 미불 문제

　일제강점기에 인프라 정비를 맡았던 이들 가운데 조선인 업자는 지극히 소수·소규모였고, 대부분은 일본인 토목청부업자였다. 그들은 조선총독부의 비호 아래 낙찰을 받거나 수의계약으로 공사를 수주하여 이익을 얻고 성장하였다. 그러나 실제로 노동한 사람들은 그 아래에서 일하던 조선인 노동자들이었다.[045]

　일본인 청부업자가 얼마만큼의 이익을 얻고 있었는지를 알기 위해

044　박이택·김낙년, 〈자본형성〉, 김낙년 편, 앞의 책; 김재호, 앞의 논문.

045　朝鮮土木建築協會 編, 《朝鮮工事用各種勞働者實狀調》, 1928; 《朝鮮土木建築協會會報》, 1926~1932; 松尾茂, 《私が朝鮮半島でしたこと》, 草思社, 2002 등 여러 자료에서 알 수 있다.

서는 총 공사금액과 그 공사금액의 내역을 파악해야 한다. 아무리 공사금액이 크더라도 발주금액이 낮은데 경비가 많이 들면 이익은 나지 않는다. 그러므로 청부업자는 가능한 한 경비를 낮추고 싶었을 것이다. 그 가운데 제일 큰 대상이 조선인 노동자의 임금이었다. 임금이 매우 낮았다는 문제도 있지만, 그때의 신문을 보면 청부업자가 임금을 전혀 지불하지 않았던 사건이 매우 많이 발생하고 있음을 알 수 있다. 구체적으로 신문의 표제만을 열거하여 보자.

〈표 3-1〉은 국사편찬위원회 한국사데이터베이스에서 임금 미불, 임금 불불不拂, 노임 미불, 노임 불불로 검색하여 임금을 미지급한 경우를 명확하게 알 수 있는 신문의 표제만을 간단하게 발췌한 것이다. 이밖에 신문 표제에는 임금에 대한 내용 없이 폭력 사건만 쓰여 있지만 기사를 읽어 보면 사건의 원인이 임금 미지급인 경우도 많았다. 다른 업종에서는 이 정도로 많은 임금 미지급은 일어나지 않았다.

〈표 3-1〉 임금 미지급 문제를 다룬 신문 기사

날짜	신문	기사 표제
1925.6.7.	동아일보	賃金代身에 拔劍, 일본인 청부업자, 조선 로동자 오십여 명의 임금을 주지안코 칼부림 金海水利日請負業者暴行
1925.8.20.	동아일보	汗血의 勞働을 하고도 賃金 못차저 騷動, 신천 온천 데방공사 인부들과 일본인 請負業者와의 큰 쟁투
1925.9.3.	동아일보	千餘名의 人夫賃金을 請負業者가 橫領逃走, 소위 작년의 한재를 구제한다는 공사중에 일인 請負業者가 임금 삼천여 원 횡령도주 代表二十名 道廳에 陳情
1925.10.4.	동아일보	賃金은 안 주고, 裡里의 불량 請負業者 인부와 대격투

날짜	신문	기사 표제
1925.10.26.	동아일보	雇價代身毆打, 치료비도 안 주고 야반도주, 日請負業者의 暴行
1925.11.21.	시대일보	임금을 지불치 않는 日人請負業者, 수십명 인부와 날마다 싸움질
1925.11.23.	동아일보	契約金은 流用하고 月前 勞賃不給, 奇怪한 日人 請負業者와 手段과 不徹底한 靈光水組當局의 監督
1925.12.9.	동아일보	百餘人夫의 數十日 賃金을 不給, 人夫들은 當局에 陳情까지, 藤野란 청부업자의 無理
1926.5.19.	시대일보	임금을 청구한다고 타박상 세례! 光田組 請負業者 폭행
1927.5.27.	동아일보	東津水組와 金堤署의 態度, 東津청부업자가 貸金問題로 逃走
1927.7.6.	동아일보	請負業者日人 賃金請求한다 暴行, 임금 청구하는 인부들에게
1927.7.8.	동아일보	賃金 떼먹고 逃走, 동진수조 請負業者가
1927.7.15.	동아일보	賃金不給으로 人夫 大騷動, 請負業者가 일삭을 아니 주어
1927.7.28.	동아일보	勞賃 떼먹고 請負業者 逃走
1927.8.16.	동아일보	賃金 안 주고 毆打, 일본인 請負業者가
1927.8.24.	중외일보	임금 지불 안하는 청부업자 끌고 경찰서로 가서 호소한 결과에 승리
1928.3.11.	동아일보	複請負業者가 人夫 賃金橫領, 이천여 원을 횡령하고 도망해
1928.5.5.	동아일보	賃金橫領逃走 日人請負業者가
1929.6.9.	동아일보	千餘圓 勞賃을 請負者가 橫喫, 인부들은 주인에게 청구
1929.7.18.	동아일보	勞働者 百餘名이 殺到하야 賃金請求, 請負業者가 임금을 주지 안흠
1929.9.2.	동아일보	二百餘名勞働者의 八十餘日 賃金不給
1929.9.24.	중외일보	獵銃으로 威脅하며 賃金支拂拒絶, 海州日人請負業者의 非行
1929.10.11.	중외일보	傳票金의 支拂을 此日彼日 延拖하고 소송당한 일본인 請負業者

날짜	신문	기사 표제
1929.11.1.	동아일보	賃金을 不給 請負者 逃走, 한재 끄테 일이나 하려다가 속은 勞働者가 騷動
1930.3.29.	동아일보	勞賃不給코 請負者逃走 두 달 동안 임금을 주지 안코, 林川水利工夫困境
1931.5.7.	동아일보	工事請負人이 勞賃을 不給 철산공유수면매립공사, 關係當局에 陳情
1931.7.18.	동아일보	中間請負業者가 賃金橫領逃走, 평원선공사장에서 난일, 傳票制가 나흔 弊害
1932.5.29.	동아일보	賃金支拂안허 架橋工事中止, 請負業者 끌고 주재소에 호소 新興民救 工事서
1932.7.29.	동아일보	百餘人夫의勞賃을不拂 경찰에 인치되어 취조 밧는 吉州橋工事請負者
1932.8.17.	동아일보	高靈開墾工事에 多額의 賃金不拂, 경찰의 주선도 여의치 안허 請負業者 걸어 告訴
1932.11.26.	중앙일보	救濟공사장에서 천여인부 파업소동, 請負業者의 債金不拂이 동기
1933.6.19.	동아일보	청부업자勞賃不佛 四百農民이 大擧陳情 道에서는 支拂하라고 警告까지 慶南固城救窮工事
1933.10.12.	동아일보	勞賃不給코 請負業者 逃亡(대전)
1934.8.16.	동아일보	請負業者가 勞賃을 橫領(安東)
1934.10.1.	조선중앙일보	여공의 월급 가지고 도주한 請負業者
1935.5.11.	동아일보	請負業者側의 傷害로 人夫十三名瀕死 勞賃問題로 言爭타 短刀로 迫害, 咸安工事場의 劇
1936.5.26.	동아일보	窮事業面目安在? 傳票轉用한 惡請負者로 總被害額 萬三千圓 三百名窮民
1936.5.30.	동아일보	傳票代金 支拂拒絶로 惠山市民 大憤起 요로에 진정코 대책강구 配下請負者라고 一蹴

　　토목청부업자가 38건, 다른 청부업자가 2건, 탄광이나 광산이 7건, 공장이 6건, 농장이 3건, 농회가 3건, 부두작업소가 1건, 공공기관이 2건, 어선이 1건, 외국의 기사가 3건, 해방(1945) 이후의 기사가 19건이

었다. 외국의 기사와 해방 이후의 기사를 제외한 비율은 〈표 3-2〉와 같다. 다른 업종과 견주어 토목청부업 노동자에 대한 임금 미지급 문제가 압도적으로 많은 것을 알 수 있다.

〈표 3-2〉 임금 미불·불불 기사 건수

업종	기사 건수	비율(퍼센트)
토목청부업자	38	60.3
기타 청부업자	2	3.2
탄광·광산	7	11.1
공장	6	9.5
농장·농회	6	9.5
기타	4	6.4
합계	63	100.0

청부업에서 임금 미불·불불 문제가 다른 업종보다 많이 발생한 원인을 살펴보면 다음과 같다.

첫 번째, 청부업자의 자금 융통 문제다. 청부업자는 일반 사업자와 자금 융통 방법이 다르다. 예를 들어, 식당 경영자는 손님이 올 때마다 수입이 있다. 공장 경영자도 제품을 출하할 때마다 수입이 있지만, 청부업자는 공사를 하청받고 그 공사를 완성시켜 인도하였을 때 비로소 대금이 입금된다. 게다가 그 금액이 매우 크고, 입금될 때까지 기간이 아주 길다. 수개월 걸리는 것이 보통이다. 다른 업종에서도 거래가 외상으로 이루어져 실제로는 월말이라든지 몇 개월 뒤에 입금되는 경우도 있다. 하지만 그러한 거래 여러 건을 동시에 진행하기 때문에, 수입이 몇 개월 뒤에야 발생하는 일은 있을 수 없다. 그러나 청부업자는 하청받은 공사가 완성되는 몇 개월 동안 전혀 입금이 이루어지지 않는다. 이 때문에 공사를 진행시켜 나가는 단계에서 돈이 부족해지는 상황에 처하기 쉽다. 은행 등의 금융 기관으로부터 자금을 융자받아서 일을 진행하기는 하지만, 이자를 지불해야 하므로 되도록 적게 빌리려 하기 때문에 자금이 넉넉하기 어렵다. 만일 노동자 측에서 임금을 달라고 사무소를 습격하더라도 실제로 돈이 없는 상황일 수 있다.[046]

두 번째, 청부업이 일과성·이동성을 띤다. 공장 경영자가 공장 노동자에게 임금을 지불하지 않는다면, 당연히 노동자는 일을 하지 않고 파업 등으로 저항하며 계속하여 경영자에게 미지급된 임금을 요구할 것이다. 따라서 공장을 계속 경영하려면 노동자에게 임금을 지불할 수밖에 없다. 그러나 청부업자는 한곳에서 토목건축공사가 끝나면 이동하여 다른 장소로 가게 된다. 식민지 시기 조선은 노동력 과잉 상황으로서 어느 곳에나 실업 상태인 노동자가 있었으므로, 다른 장소로 가서 새로운 토목 작업원을 모집하는 것은 매우 쉬운 일이었다. 같은 청부업자를 항상 따라다니는 노동자도 적지 않았지만, 임금 미지급 등의 문제가 발생했을 때는 그 노동자를 데려가지 않으면 그만이었다. 당시

· · · · · · · · · · · · · ·

046 청부업자가 공사 대금을 먼저 받을 수 있게 된 것은 중일전쟁 발발 뒤 칙령 제584호가 발포된 1937년 10월 9일 이후다. 그때까지는 공사가 완성될 때까지 대금을 받을 수 없었다.
"御署名原本 昭和十四年 勅令第三〇七號 昭和十二年勅令第五百八十四號(当分ノ内資金前渡'前金払若ハ概算払ヲ為シ又ハ随意契約ニ依ルコトヲ得ル場合ニ関スル件)中改正", 國立公文書館 アジア歴史資料センター Ref.A03022365400, 1939.5.9, 〈https://www.jacar.go.jp/〉, (2019.1.16.)

조선은 생활비에 견주어 교통비가 비교적 비쌌기 때문에 노동자가 도 망친 청부업자를 뒤쫓아 미지급 임금을 청구하는 것은 매우 어려운 일 이었다.

세 번째, 전표錢票 사용이 일반적이었다. 청부업자는 현금을 지불하 지 않은 상태로 공사를 진행시키지 않으면 안 되기 때문에, 노동자에 게 전표로 임금을 지불하는 것이 보통이었다. 전표를 받은 노동자는 그 전표로 공사현장 부근의 점포나 공사 현장에 출입하는 상인에게서 물건을 살 수 있었다. 노동자들은 전표로 보통 담배나 술, 식료품 등을 구입하고, 그 전표를 받은 업자는 나중에 전표를 청부업자에게 가지고 가서 현금으로 교환받았다. 이런 상황이었으므로 전표를 건네주었다 가 나중에 도망칠 수도 있었다.

네 번째, 부역夫(賦)役으로 불리는 세금으로서 강제 무임노동 문제 가 있었다. 1919년 3·1운동까지는 도로 공사 등에서 부역이 매우 일반 적이었다.[047] 지역 주민에게 세금으로 토목공사의 노동을 부담시켰던 것이다. 부역의 비참함에 대해서는 나카노 세이고中野正剛가 그의 저서 《내가 본 만주와 조선我が觀たる滿鮮》에 적은 바 있으며,[048] 3·1운동을 조 사한 일본 헌병대가 조사보고로 제출한《다이쇼 8년 조선 소요 사건상 황大正八年朝鮮騷擾事件狀況》[049]에도 전 지역에서 부역에 대해 조선인이 매 우 강하게 불만을 품었음이 기록되어 있다. 즉, 당시 조선인들은 토목

• • • • • • • • • • • • • •

047   고바야시 다쿠야, 〈일제하 도로 사업과 노동력 동원〉, 서울대학교 대학원 국사학과 석사학위논문, 2010.

048   中野正剛, 《我が觀たる滿鮮》, 政教社, 1915.

049   朝鮮憲兵隊司令部 編, 《大正八年朝鮮騷擾事件狀況》, 1919.

공사에 봉사로서 노동을 강요당하고 있었던 것이다. 3·1독립운동 이후로 부역이 다소 줄어들기는 했으나 그래도 계속되었다. 일본인 청부업자는 이러한 부역의 실태에 대하여 상세히 알고 있었을 것이고, 그러한 상황을 지켜보면서 '조선인은 무임으로 일하게 해도 문제가 없으나 우리 청부업자는 그래도 임금을 지불하고 있으므로 감사해야 한다'든가, 가끔 임금을 지불하지 않았다고 하더라도 스스로 조선총독부보다는 훨씬 양심적이라고 생각하고 있었을 것으로 여겨진다.

다섯 번째, 청부업자의 기질 문제가 있다. 임금에 대해서 물어본 것만으로도 구타를 당했다는 기사가 꽤 있었으며, 엽총을 꺼내어 발포했다는 기사도 있다. 폭력적인 청부업자가 많았고, 조선인을 협박하면 임금을 지불하지 않아도 괜찮을 것이라고 생각하였던 것 같다.

여섯 번째는 청부업자뿐만 아니라 공장 경영자에게도 공통되는 것으로, 국가 권력의 문제이다. 이러한 임금 미지급의 문제가 있다면 요즘이라면 곧바로 민사 소송을 제기하여 손해 배상을 받을 수 있을 것이다. 재판을 하지 않더라도, 고용노동부(일본의 경우 노동기준감독서)에 신고하면 그 기업이 파산이라도 하지 않는 한 임금을 받을 수 있다. 그러나 신문 기사를 살펴보면, 그때의 경찰이나 재판소 등은 일본인 청부업자의 이익을 지키는 것이 최우선이어서 대부분의 경우 노동자의 이익을 고려하지 않았다. 즉, 국가 권력이 청부업자의 이익 확보를 위해서 임금 미지급을 묵인해 버리는 경우가 매우 많았다. 노동자가 일방적으로 손해 보고 끝나는 것이다. 지불하지 않은 임금의 규모가 너무 커지면 일본의 식민지 지배 자체가 불안정해지므로 조선총독부도 어느 정도는 청부업자를 지도한 것 같지만, 아무래도 최선을 다하여 지도했다고 보기는 어렵다.

이러한 여섯 가지 요인이 조선인 노동자에 대한 임금 미지급 문제를 빈발하게 하였다고 본다.

저임금과 청부업자의 부당 이익

임금을 주지 않는 것만이 문제가 아니라, 주었던 임금이 매우 낮았던 것도 문제이다. 이 문제에 대해서는 강만길이 다음 〈표 3-3〉과 같이 상세하게 논한 바 있다.[050] 그는 조선토목건축협회가 조사한 《조선 공사용 각종 노동자 실상조朝鮮工事用各種勞動者實狀調》[051]라는 자료를 분석하여 아무 기술도 갖추지 않은 보통 인부(並人夫)의 임금을 계산하였다. 이에 따르면 보통 인부 104명의 평균 임금은 81.5전이다.

〈표 3-3〉 1928년 토목공사장 보통 인부의 1일 노임

노임	인원	노임	인원	노임	인원	노임	인원
60전	1	75전	13	90전	18	110전	1
65전	7	80전	11	95전	1	120전	2
70전	21	85전	22	100전	7		

〈표 3-4〉는 《조선총독부 통계연보》에 나와 있는 토목공사장 막일꾼(土方)의 1일 노임을 정리한 것이다.

· · · · · · · · · · · · · ·

050   강만길, 〈工事場 막일꾼의 生活〉, 앞의 책, 308쪽.
051   朝鮮土木建築協會 編, 《朝鮮工事用各種勞働者實狀調》, 1928.

<표 3-4> 토목공사장 막일꾼의 1일 노임

연도	노임	연도	노임	연도	노임
1925	1.13엔	1930	0.93엔	1935	0.91 엔
1926	1.03엔	1931	0.85엔	1936	0.93 엔
1927	1.01엔	1932	0.89엔	1937	0.94 엔
1928	1.01엔	1933	0.82엔	1938	1.36 엔
1929	1.05엔	1934	0.80엔	평균	0.975엔

출전　朝鮮總督府 編,《朝鮮總督府統計年報》, 1925~1939에서 산출.

이 81.5전도 당시 일본인 인부의 1일 노임인 1엔 75전과 비교하면 매우 낮지만, 강만길은 실제로는 이보다 낮았을 것으로 추정하였다. 기록상 가장 낮은 임금은 60전이나, 이것보다도 더 낮았을 것이라며 《동아일보》 기사를 인용하였다.

《동아일보》 1924년 4월 9일자 기사에 따르면 공사 현장의 조선인 임금은 최고 68전, 최저 40전이고, 1928년 4월 27일자 기사는 조선인의 임금이 하루 35전이라고 하였다.《동아일보》에 실린 공사장의 조선인 노동자 임금을 정리하면 〈표 3-5〉와 같다.

〈표 3-5〉《동아일보》 기사로 본 공사장 조선인 노동자의 1일 임금 (단위: 전)

날짜	임금	날짜	임금	날짜	임금
1924.4.9.	40~68	1928.4.27.	35	1933.2.20.	40~50
1924.10.23.	50	1932.2.14.	50	1933.3.10.	49
1926.11.27.	40~50	1932.7.3.	30~40	1934.2.7.	51
1927.8.28.	40~50	1932.7.15.	30~40	1936.6.6.	50

많은 기사가 조선인 노동자의 임금을 30~68전으로 기술하고 있고, 80전~1엔이라고 쓴 기사는 없다. 이런 신문 기사들이 있었으나,《조선총독부 통계연보》와《조선 공사용 각종 노동자 실상조》는 모두 조선인 노동자의 임금을 하루 약 1엔이라고 쓰고 있다. 전술한 바와 같이 지금까지 많은 연구자들이 기본적으로 이 자료들의 수치를 바탕으로 연구 실적을 쌓아 왔기 때문에, 이 데이터가 이상하다고 주장하기는 대단히 어렵다. 그러나 또 하나의 상황 증거가 있다. 바로 그때 일본으로 이주해 간 조선인, 즉 재일조선인의 임금에 대한 조사다.[052]

〈표 3-6〉은 오사카부의 조사 자료에서 재일조선인의 임금 수준을 정리한 것이다. 1932년 오사카부大阪府 학무부 사회과는 오사카시에 거주하는 조선인의 생활 및 생계 상태를 호별로 조사하였다. 사회사업 주사 나가베 에이조長部英三[오사베 히데조로도 읽을 수 있다]가 주임으로서, 임시로 채용한 조사원 50명에 조선인 통역자 20명을 더하여 1932년 6월부터 12월 말까지 7개월에 걸쳐서 정밀하게 실지 조사를 하였다. 조사 방법까지 상세하게 게재되어 있어 상당히 신뢰할 수 있는 자료다.

〈표 3-6〉 1932년 오사카시 거주 재일조선인의 임금 수준

임금	세대수	비율(퍼센트)
70전 이하	218	2.95
1엔 이하	1,726	23.37

052 朴慶植 編, 〈在日朝鮮人の生活狀態(解放前)〉,《朝鮮問題資料叢書》第三卷, アジア問題研究所, 1982.

임금	세대수	비율(퍼센트)
1엔 30전 이하	2,496	33.79
1엔 60전 이하	1,871	25.33
1엔 90전 이하	429	5.81
1엔 90전 초과	646	8.75
합계	7,386	100.00
평균	1엔 34전	

출전 朴慶植 編, 〈在日朝鮮人の生活狀態(解放前)〉, 《朝鮮問題資料叢書》第三卷, アジア
問題硏究所, 1982, 61쪽.

이에 따르면 1932년 일본에 간 조선인은 일평균 1엔 34전의 수입
을 얻었다. 이는 숙련 노동자와 비숙련 노동자를 아우른 결과다.

《조선 공사용 각종 노동자 실상조》는 조선인 보통 인부의 1일 임금
이 평균 81.5전, 전 조선인 노동자의 평균은 1엔 60전이라고 하였다.
〈표 3-7〉은 이를 비교 정리한 것이다. 이런 상황에서 조선인 노동자들
이 평균 1엔 34전이라는 임금을 받기 위해 일본으로 가려 했을 것인가?

〈표 3-7〉 조선과 일본의 임금

조선		일본
보통 인부 전 조선인 노동자	평균 81.5전 평균 1엔 60전	재일조선인 평균 1엔 34전

조금이라도 높은 임금을 얻기 위해서 이동하는 것은 자연스러운
현상이다. 〈표 3-8〉에서 확인할 수 있듯, 긴 세월에 걸쳐서 많은 조선

〈표 3-8〉 조선인의 일본 거주 상황 (단위: 명)

연도	재일조선인	연도	재일조선인	연도	재일조선인
1909	790	1925	133,710	1940	1,190,444
1910	不明	1930	298,091	1944	1,936,843
1915	3,989	1932	390,540	1945	不明
1920	30,175	1935	625,678		(220만~240만 추정)

출전　在日韓國靑年同盟中央本部 編集,《在日韓國人の歷史と現實》, 洋々社, 1970, 4쪽.

인들이 계속 일본으로 갔다. 이는 1932년 오사카시의 재일조선인 호구 수가 7,386호에 달하는 것으로도 미루어 짐작할 수 있다. 초기에는 정보가 부족하여 제대로 실정을 파악하지 못한 상태에서 건너간 것일 수도 있다. 그러나 이렇게 많은 조선인들이 2배도 되지 않는 임금을 받으려고 물가나 생활 환경이 크게 다를지도 모르는 일본으로 계속해 옮겨 갔다는 것은 잘 이해가 되지 않는다. 더욱이 일제강점기 일본의 엔과 한국의 엔은 일대일 교환이 보장되었기 때문에, 조선의 1엔은 일본의 1엔과 같았다.

길인성·정진성은 당시 공업 분야와 달리 농업과 도시일용직은 일본과 조선 사이 실질임금 차이가 컸고, 그로 말미암아 인구가 이동했다고 보았다. 그러나 1913년부터 1937년까지 조선의 실질임금을 일본의 50~90퍼센트 정도라고 하였다. 하지만 과연 이 정도의 차이 때문에 수많은 조선인들이 일본으로 갔겠는가? 더 큰 차이가 있었다고 생각하는 것이 인구 이동을 설명하는 데 적합하다고 여겨진다.

또한 당시 토목청부업자로서 해방 때까지 일한 마쓰오 시게루의 회고록《내가 조선반도에서 한 일》에 따르면, 1928년의 임금은 30~40

전, 1937~1938년 무렵의 임금은 45전이었다.[053] 조선토목건축협회 회장이었던 아라이 하쓰타로가 1933년 11월 2일 토목 담합사건의 재판에서 인부의 평균 임금을 묻는 재판장의 질문에 "잘 모르겠습니다만 경성 부근에서는 60전 정도입니다. 특별한 지방에서는 1엔 내지 1엔 20전 정도인 곳도 있습니다."라고 답하였다는 기록도 있다.[054] 청부업자의 이익이 적어 보이려면 최대한 높은 임금을 말하는 것이 유리한데도 60전이라고 한 것은 이상한 부분이다. 《조선총독부 통계연보》대로라면 1932년 89전·1933년 82전이고, 자신이 회장으로 있는 단체의 조사 보고서에도 평균 81.5전이라고 되어 있는데 경성 부근에서 60전이라고 대답한 것은 실제 임금이 30~40전 정도이므로 지나치게 올려 말할 수 없었던 것으로 보인다.

이러한 상황을 종합하여 살펴보면, 자료 이상의 임금 차이가 있었다고 추측할 수 있다. 즉, 당시 토목청부업자 밑에서 일하고 있었던 조선인 노동자의 임금은 공식 자료보다 훨씬 낮았을 것이다.

결국 실태와 통계 자료가 제시하는 임금이 서로 다른 점이 문제가 되는데, 강만길을 비롯한 누구도 이 부분에 대해서는 언급하지 않았다.

필자는 조선토목건축협회와 조선총독부가 조선인 노동자[보통 인부]의 임금을 실제보다 높게 기록한 이유는 조사가 청부업자 편에서 이루어졌기 때문이라고 생각한다. 다시 말하자면, 청부업자의 이익을 확보하려고 《조선총독부 통계연보》와 《조선 공사용 각종 노동자 실상조》

053   松尾茂, 《私が朝鮮半島でしたこと》, 草思社, 2002. 18·103쪽.
054   京城地方法院 編, 《第一審公判調書: 土木談合事件》. 1933, 24쪽.

의 수치를 조작한 것이다.

청부업자의 이익은 하청받은 공사를 완성시켜서 주문자로부터 계약금을 받음으로써 발생한다. 얼마나 많은 공사를 계약할 수 있느냐, 또 얼마나 높은 가격으로 계약할 수 있느냐로 청부업자의 이익이 정해지는 것이다. 그러므로 청부업자로서는 가능한 한 높은 가격으로 계약하고 싶지만, 그리 간단하지 않다. 우선 일반경쟁입찰이든 지명경쟁입찰이든 제일 낮은 가격을 제시한 청부업자와 계약하는 것이 원칙이기 때문에 무작정 입찰가를 높일 수는 없다. 그래서 너무 낮아지지 않는 범위에서 높은 가격으로 계약할 수 있도록 사전에 청부업자들 사이에 이야기를 해 두는 것이 담합인데, 아무리 담합하여 입찰가를 올려도 그것만으로는 가격이 높게 책정되지 않는다. 계약하기 전 주문자 측도 그 공사에 대하여 견적 가격을 계산하여 희망하는 상한가를 정해 두고, 입찰 가격이 모두 이보다 높은 경우에는 낙찰시키지 않고 재입찰을 하게 하여 가격을 내리기 때문이다.

이는 청부가격을 높이려면 결국 주문자 측에서 계산하는 견적 가격이 높지 않으면 안 된다는 뜻이다. 견적 가격이 상승하도록 청부업자 측에서 조정하는 것이 좋다. 그 하나의 방법이《조선 공사용 각종 노동자 실상조》처럼 인부의 임금을 높게 책정하여 인건비를 상승시키는 것이었다고 생각된다.

그러면 인건비를 높이 견적하고 실제로는 낮은 임금을 지불함으로써 공사비용을 어느 정도 절약하고, 어느 정도 이익을 확보할 수 있었던 것인지 살펴보자. 다음은《경성토목건축협회회보京城土木建築業協會會報》에 게재된〈조사자료여적調査資料餘滴〉이라는 기사이다.

공사비에 대한 노임의 비율은 대체 다음과 같이 추정할 수 있다.

토목공사 五割七分여 정도

건축공사 一割三分여 정도

토목공사와 건축공사를 합치면 三割八分 정도[055]

이에 따르면 공사비에서 노임의 비율은 토목공사는 57퍼센트 정도, 건축공사는 13퍼센트 정도이다. 이는 실제 공사금액으로 계산된 것이 아니라, 토목공사와 건축공사의 평균 청부금액, 청부금액에 대한 평균 노동자 수, 평균 공사기간 일수 등을 기초로 하여 하루 노동자 1인의 노임을 1엔이라고 가정하고 이론적으로 추정 계산한 수치이다.

이 노무비가 견적 때는 약간 높게 계산되고 실제로 지불할 때 낮아지면 그만큼 청부업자의 이익은 증가하고, 견적 때 약간 낮게 계산되어 실제로 더 많이 지불하게 되면 그만큼 청부업자의 손실이다. 노무비가 청부업자에게 매우 중요한 항목임을 알 수 있다.

이렇게 생각하면, 조선토목건축협회가 일부러 노력하여《조선 공사용 각종 노동자 실상조》를 완성시킨 이유를 알 수 있다. 실제보다 높은 노무비를 산출해 제시함으로써 그 차액을 이익으로 공인시키고자 하였던 것이다. 실제로《조선총독부 통계연보》는 이보다 더 높은 노무비 단가, 즉 조선인 막일꾼의 하루 평균 임금이 1엔 1전이라는 조사 결과를 내놓았는데,[056] 실태를 반영한 것이 아니라는 점이 알려지면서 설

055   京城土木建築業協會,《京城土木建築業協會會報》, 1937, 36쪽.

056   朝鮮総督府,《朝鮮総督府統計年報》, 1928, 235쪽.

득력이 있는 좀 더 낮은 금액이 요구된 것은 아닐까 한다. 《조선총독부 통계연보》에는 평균 임금만 나와 있고 그 근거가 확실하지 않다. 이와 달리 《조선 공사용 각종 노동자 실상조》는 노동자 한 사람 한 사람을 조사한 결과가 다 기재되어 있어 설득력이 있다.

그렇다면 청부업자의 이익은 어떠하였을까가 관건이다. 만약 청부업자 측에 이익이 없었다면 조선인의 임금이 낮아도 어쩔 수 없는 일이지만, 청부업자 측의 이익이 크다면 문제는 한층 더 커진다. 그때 토목청부업자는 막대한 이익을 내고 있었을 것으로 생각되어 당시 문헌을 조사해 보았는데, 각 공사의 총액 등은 나오지만 내역은 알 수가 없었다. 또한 그 내역을 알 수 있다고 하여도 공사가 각각 다르므로 적정한 금액이었는지 아닌지를 판단하기 매우 곤란하다. 공사의 자세한 견적서 같은 것을 확인할 수 있다면 또 모르겠으나, 그 부분을 솔직하게 쓴 자료는 별로 없다. 당시 《조선토목건축협회회보》 및 담합사건에 관한 청부업자의 재판 진술서 등을 읽으면 읽을수록 '적자였다', '이득이 없다', '일이 없어서 큰일이다' 같은 이야기들만이 눈에 띈다.

그러나 실태는 달랐다. 마쓰오 시게루의 회고록에 그 사정이 잘 나타나 있다. 앞에서도 살펴보았지만, 그는 식민지 시기 조선에서 나카무라구미中村組의 작업주임으로 일하며 실제로 토목공사를 하였다. 여기에도 매우 많은 이득을 보았다고 쓰여 있는 것은 아니지만, 여러 가지 상황을 보여 주므로 인용하기로 하겠다.

쇼와 3년[1928] 5월, 한반도로 건너가서 처음 임한 토목공사의 현장도 그러한 예의 하나였다. 장소는 충청남도 공주 근처로, 우성수리조합牛城水利組合이 발주한 공사였다. 그 가운데 하나를 나카무라구미가 하청받았던 것이다. 청부금액은 14만 437엔이었다. ……분명히 하루 일해서 20~30전 내지는 30~40전을 지불했던 것으로 기억한다. 어슴푸레해지기 전에 그 금액만큼 전원 몫의 전표를 만든다. 그리고 전표와 서류를 준비하여 다시 현장으로 돌아가서, 가설한 오두막에서 대기하고 있다가 일을 끝낸 사람들에게 전표를 건네준다. ……하루에 30전이라고 해도 기본적으로는 시간급이 아니라 성과급이다. 예를 들어 흙을 파서 둑(築堤)까지 옮기는 작업의 경우, 1평분을 하면 10전이라고 정해 둔다. 하루에 3평을 하면 30전이어서 일한 만큼만 지불하는 것이다. ……저녁밥을 먹은 뒤 이번에는 몇백 명이나 되는 그날 작업원의 전표를 전부 정리하여, ……특별히 조선 사람과 다투는 일도 없이 3개월의 공사기간이 끝났다.[057]

이것을 보면, 청부금이 약 14만 엔인 공사의 노무비 단가가 30전 전후이며, 노동자는 몇백 명, 공사기간은 3개월인 것을 알 수 있다. 이 책의 다른 부분에서 이천수리조합伊川水利組合의 공사에 대하여 "이천수리는 공사 규모가 매우 컸기 때문에 종사한 인원수도 많았으며, 상시 7백~8백 명에서 1천 명 정도가 현장에서 일하고 있었다."[058]라고 적고 있다. 따라서 우성수리조합의 공사에서 일하고 있던 인원수는 7백~1천 명 이하였다고 생각되는데, 약 5백 명 정도로 추정하였다. 소요 기간은 3개월이고, 비가 내려서 작업을 할 수 없는 날 등을 고려하면 보

057 松尾茂, 앞의 책, 17~24쪽.
058 위의 책, 47쪽.

통 1개월에 5일가량 휴일이 예상되므로 실제로 일한 날은 75일[25일×3개월]쯤일 것이다. 이 정도의 증언을 기초로 하여 나카무라구미의 우성수리조합 공사 노무비를 계산해 보았다. 일당이 30전으로 되어 있으나, 좀 더 높은 임금을 받은 노동자도 있었을 것이고 노동자의 인원수도 정확하지 않기 때문에 몇 가지 가능성을 고려하여 계산하였다.

$$30전 \times 400명 \times 75일 = 12,000전 \times 75일$$
$$= 120엔 \times 75 \qquad = 9,000엔$$
$$40전 \times 500명 \times 75일 = 20,000전 \times 75일$$
$$= 200엔 \times 75 \qquad = 15,000엔$$

공사 노무비를 넉넉하게 책정하기 위해서 인원수를 6백 명까지 늘리고, 공사기간이 약간 길었을 경우를 고려하여 4개월[25일×4=100일]로 가정하고 계산해 보면 다음과 같다.

$$30전 \times 600명 \times 100일 = 18,000전 \times 100일$$
$$= 180엔 \times 100일 \quad = 18,000엔$$
$$40전 \times 600명 \times 100일 = 24,000전 \times 100일$$
$$= 240엔 \times 100일 \quad = 24,000엔$$

결과적으로 노무비는 9천 엔에서 2만 4천 엔 정도로 계산된다. 이것은 우성수리조합이 발주한 공사 청부금액인 14만 437엔의 6.4~17.1퍼센트로, 노무비의 비율이 매우 낮다. 여기에서는 노임을 30~40전으로 계산했기 때문에 이와 같지만, 80전으로 계산하면 2만 4천~4만 8천 엔이 되어 청부금액의 17.1~34.2퍼센트가 되므로 그다지 부자연스러운 수치는 아니다.

《조선총독부 통계연보》의 조선인 막일꾼 1인당 평균 임금인 1엔 1전을 기준으로 계산한 금액은 다음과 같다.

$$101전 \times 400명 \times 75일 = 40,400전 \times 75일$$
$$= 404엔 \times 75일 \quad = 30,300엔$$
$$101전 \times 600명 \times 100일 = 60,600전 \times 100일$$
$$= 606엔 \times 100일 \quad = 60,600엔$$

이렇게 되면 전체 공사비 가운데 노무비의 비율이 21.6~43.2퍼센트가 되어, 이론상으로 토목공사에서 노무비가 차지하는 비율인 57퍼센트에는 미치지 못하지만 그래도 노무비로서 무리가 없는 수준까지 오르게 된다. 즉,《조선총독부 통계연보》나《조선 공사용 각종 노동자 실상조》에 쓰여 있는 대로 하루 임금이 80전~1엔이면 공사비에서 노무비가 차지하는 비율도 문제가 없어지지만, 실제는 30~40전, 전체 청부금액의 6.4~17.1퍼센트밖에 지불하지 않았으므로 그 차액만큼을 청부업자가 부당 이익으로 취하고 있었던 것이 된다.

이 계산 결과가 실제에 가까웠음을 나타내는 또 하나의 자료가 있다.《동아일보》1931년 3월 1일자에 실린 기사다.

勞賃收入은 不過八分一
八分七은 모다 중간서 착취

(전주) 第三일의 전북도평의회 석상에서 토목비 문제로 일대파란이 잇섯다함은 긔보하엿거니와 다시 임실의 최崔의원으로부터 토목과의옥사건土木課疑獄事件으로 감독자의 절대책임을 물은후 궁민구제사업이란 미명하에 전공사비의 六七활이 토목청부업자의 리윤이 됨으로 이는 궁민 구제라함 보다 청부업자만 살니자는 모순막극한 운용에불과하니 금후부터는 중간 착취를업게하고 로임에중력할 것이란 희망과 전주 유柳의원으로부터도 청부업자로 인하야 전공사비의 八분의一밧게 로임으로 지츨되지 아니하니 금후부터는 여사한 폐단이 절대로 업게할뿐아니라 다시도회지 보다 피폐한 농촌구제에 전주력을 하여……[059]

이 기사에서도 노무비가 총 공사금액의 8분의 1에 지나지 않는다고 지적하고 있다. 8분의 1은 백분율로 나타내면 12.5퍼센트이며, 상기 계산 결과와 정확하게 일치한다. 이 신문 기사는 1931년 전라북도의 것이고 우성수리조합 공사는 1928년 충청남도에서 이루어졌으므로 시기나 장소는 다르지만, 이 두 곳의 공사 노무비의 비율이 거의 일치하는 것을 볼 때 이 청부업자의 이익 계산은 상당히 신빙성이 있다고 생각된다.

이 신문 기사가 사실이라고 해도, 그 뒤로 상황이 개선되었을 가능

••••••••••••••
059 《동아일보》 1931.3.1.

성이 있다고 주장할 수도 있다. 그러나 그러한 가능성은 거의 없다고 본다.

만일 이 기사로 말미암은 영향이 있었고, 그래서 청부업자가 이때 태도를 바꾸었다면, 어떠한 형태로든 기사화되었을 것이다. 신문이나 잡지 등에 보도가 되든지, 아니면 청부업자의 회고록 같은 것에라도 이 기사에 대한 언급이 있었겠지만, 그러한 문구는 찾아볼 수 없다. 전혀 자료가 없는 것으로 볼 때 이후로도 이 상황이 계속되었을 것으로 생각된다. 즉, 청부업자의 잡지인 《경성토목건축협회회보》에 노무비는 공사금액의 약 57퍼센트를 차지한다는 계산이 나왔음에도 식민지 조선에서는 노무비가 청부금의 15퍼센트 정도밖에 차지하지 않는 상황이 이어진 것이다. 이것을 그래프로 나타내면 〈그림 3-1〉·〈그림 3-2〉와 같다. 이것으로도 청부업자의 부당 이익은 상당하지만, 앞의 《동아일보》 기사에는 노무비가 8분의 1이어서 청부업자의 이윤이 6~7할이라고 쓰여 있다. 이는 〈그림 3-3〉으로 표시하였다.

상식적으로는 믿을 수 없는 이익률이지만, 이에 가까웠으리라는 상황 증거가 있다. 만주에서 활약하고 있던 사카키다니구미榊谷組의 사카키다니 센지로榊谷仙次郎라는 청부업자가 있었는데, 이 청부업자가 조선에 진출할 때 조선의 견적 금액이 높기 때문에 반 정도의 가격으로 하청을 받을 수 있다며 진출하고 싶어 했다는 것이다. 다음은 사카키다니가 조선총독부 철도국의 관리와 대화하는 장면이다.

사카키다니 센지로가 철도공사를 낙찰받았을 때, 조선총독부 철도국의 사이토齋藤 공무과장이 "굉장히 싸게 낙찰받았다고 들었는데

〈그림 3-1〉 표면적으로 상정되었던 청부업자의 공사금액 내역

〈그림 3-2〉 실제 청부업자의 공사금액 내역

〈그림 3-3〉 동아일보 기사에 따른 청부업자의 공사금액 내역

〈그림 3-4〉 사카키다니 센지로가 가능하다고 한 공사금액 내역

할 수 있겠느냐.” 하고 물었다. 사카키다니는 충분히 할 수 있다고 답
했다. 이에 대해 사이토 공무과장은 “남조선철도南朝鮮鐵道의 공사 단
가는 조선 철도국의 종래 단가의 절반에도 못 미쳐, 너무나 싸서 큰
문제가 되고 있다. 조선 토건계의 파괴이다.”라고 말했다.[060]

060 峯崎淳, 〈榊谷仙次郎と南滿州鐵道株式會社(その22)〉, 《CE建設業界》 第58-6
號, 日本土木工業協會, 2009.

조선 청부업계는 사카키다니구미 같은 청부업자가 조선에 진출하게 되면 자신들의 이익이 없어지므로 그의 진출을 저지하려고 하였으며, 사카키다니구미가 입찰할 경우에는 극단적으로 입찰 가격을 내려서 맞섰다. 사카키다니는 그래도 충분히 이익이 있으리라고 보고 조선에 진출하려 하였으나, 다른 청부업자들의 심한 저항을 받아 결국 조선에는 본격적으로 진출하지 않고 만주를 중심으로 활동하게 된다.[061]

만약《동아일보》의 기사가 사실이어서 노무비가 8분의 1이고 청부업자의 이윤이 6~7할이라면, 사카키다니의 말처럼 그 반 정도로도 어떻게든 일을 하청받아 진행할 수 있었다. 그의 표현이 극단적이었을 가능성도 있고, 언제나 이렇게까지 큰 이익을 취할 수 있는 것도 아니었을 것이다. 노임에 관한 상황도 변했을 것이다. 그러나 적어도 통상적으로 생각하는 비율보다 훨씬 큰 이익을 얻고 있었던 것은 확실하다고 하겠다. 반드시 있어야 하는 최소 수준의 노무비 차지율인 50퍼센트를 15~25퍼센트까지 줄여서 25~35퍼센트 정도의 부당 이익을 얻고 있었다. 〈그림 3-3〉과 〈그림 3-4〉를 같이 보면 이해하기 쉬울 것이다. 이것은 특별한 일부의 사례가 아니라 구조적인 문제이므로, 일제시대의 모든 토목공사에서 일본인 청부업자는 막대한 부당 이익을 얻고 있었던 셈이 된다.

이처럼 일본인 청부업자가 얻고 있었던 부당 이익의 규모를 파악하려면 토목공사에 사용된 금액을 파악해야 한다. 조선총독부의 세출 총계와 토목 관련 비용이 차지하는 비율에 대해서는 이미 제2장 제2절

061 앞의 논문.

〈사진 3-4〉 경상남도 진주교 준공 사진
(〈工事画報社 《土木工事画報》 1927년 7월호 2쪽)

에서 다룬 바 있다(〈표 2-4〉). 1939년까지 조선총독부의 예산은 모두 약 55억 엔이었고, 토목과 관련하여 지출된 금액은 10억 7천만 엔 정도였다. 이 10억 7천만 엔의 토목공사 가운데 조선총독부 직영 공사를 제외한 모든 공사에서 일본인 청부업자가 이러한 부당 이익을 챙겼다고 볼 수 있다.

제3절 일본인 토목청부업자의 이윤 창출 사례

토목 담합사건

식민지 시대 조선의 토목건축업을 논하면서 아무래도 피할 수 없는 것이 담합사건이다. 이 담합사건이 왜 중요한가 하면, 당시 조선의 토목건축 분야에서 활동하고 있던 유력한 업자들이 거의 대부분 관련된 큰 사건이었으며, 이 담합사건의 기록을 통해 당시 토목건축업계의 실태가 자세히 드러나기 때문이다. 어떻게든 무죄 판결을 원했던 토목건축업계 측 변호사들의 주장이 몇 권의 책으로 출판되었고,[062] 또 동시에 검찰 측 주장이나 당사자의 소리가 재판 기록으로 남으면서[063] 당시 조선 토목건축업계의 실태를 파악할 수 있는 귀중한 자료가 되었다. 게다가 담합사건은 토목건축업계의 구조적인 문제를 날카롭게 조명하고 있다. 먼저 일반적인 담합에 대해 살펴본 뒤, 메이지 시대 일본의 담합과 조선의 담합에 대해 살펴보겠다.

일반적으로 제품을 구입할 때 어떤 것을 선택할 것인가는 제품의 성능, 품질, 가격 등에 따라 결정되지만, 제품의 성능이나 품질에 그다지 차이가 없을 때에는 가격을 기초로 결정하게 된다. 즉 대체적으로 비슷한 제품이라면 가격이 가장 저렴한 것을 선택한다.

· · · · · · · · · · · · · ·

062 朝鮮經濟日報社 篇,《高等法院に於ける大邱土木事件上告趣意書說明速其他 (昭和六年四月二七日)》, 朝鮮經濟日報社, 1931; 兒玉琢, 竹下留二 編,《朝鮮の談合》, 吉岡印刷所, 1933; 牧野良三,《請負業者の所謂談合に就て》, 新家猛, 1935; 守屋榮夫,《土木談合事件辯論》, 京城地方法院, 1933; 岡田庄作,《土木談合事件》, 京城地方法院, 1933.

063 京城地方法院 編,《第一審公判調書: 土木談合事件》, 1933;《第二審公判調書: 京城土木談合事件》, 1934;《判決: 京城土木談合事件》, 1935.

관공서가 민간 업자로부터 제품을 구입할 때도 마찬가지이다. 제품이나 서비스의 질이 일정 수준 이상 보증되면 가격으로 결정한다. 관공서 발주는 제품의 수가 대량인 경우가 많으며, 이 경우에 업자는 일반적인 가격보다 싼 가격으로 납입할 수 있을 것이다. 이때 관공서가 업자들에게 납입 가격을 경쟁시켜 업자를 결정하는 것이 경쟁입찰이다. 업자 측은 이익 확보를 위해서 납입 가격을 높이고 싶지만 그러면 낙찰 가능성이 낮아진다. 그러나 가격을 너무 낮추면 이익이 발생하지 않는다. 때문에 업자 측은 최소한의 이익을 확보할 수 있는 한계선에서 최저가격을 결정하고 그 가격으로 입찰을 하게 된다. 그 입찰 가격 가운데 가장 싼 가격을 제시한 업자가 낙찰받아 계약이 체결되고 매매가 이루어진다. 이 경쟁입찰의 장점은 업자 측은 최저 이익을 확보할 수 있고, 발주자 측은 최저 가격으로 구입할 수 있다는 것이다.

그런데 이러한 경쟁입찰 시스템에 문제가 있다. 업자 수가 많아서 그들을 만족시킬 수 있을 만큼 일이 많지 않은 경우, 또는 업자에게 상당한 고정비 지출이 있는 경우에는 낙찰을 받으려고 이익을 확보할 수 있는 한계보다 한층 더 낮은 가격에서 경쟁이 시작된다. 제품의 원가가 정해져 있어 그 원가에 몇 퍼센트의 이익을 더해서 입찰 가격을 결정하는 경우에는 원가보다 낮은 가격으로 수주하는 일은 있을 수 없지만, 고정비가 있는 경우는 다르다. 일이 없어도 정해진 지출이 있기 때문에 적자라 해도 낙찰받는 편이 낙찰받지 않는 것보다 손실이 적다. 그래서 적자가 되더라도 낙찰받게 된다.[064]

• • • • • • • • • • • • • •
064   武田晴人,《談合の經濟學》, 集英社, 1994, 102~103쪽.

이러한 경쟁입찰의 폐해를 가장 받기 쉬운 부문이 토목업계이다. 건축공사는 민간 공사도 많이 있지만, 토목공사는 대공사인 경우가 많으며 대부분 공공 공사이므로 그 수는 한정되어 있는데 업자는 많다.[065] 또한 규모에 차이는 있으나 일반적으로 각 업자가 사원과 사무소, 기계 설비를 소유하고 있다. 사원의 급여, 사무소의 유지 관리비, 기계 설비의 감가상각비 등 일이 없어도 매월 지출해야 할 고정비가 발생한다. 구체적으로 살펴보면, 각 청부업자가 데리고 있는 사원은 간부·기술주임·기수·인부·조수·현장 감독원 등 적어도 수십 명이며, 많은 경우에는 백 명 이상이다. 이러한 사원의 인건비가 경비이다. 또 공사 시공을 위한 기계 기구로는 현장에 자재 같은 것을 운반하기 위한 레일이나 선박, 트럭[토목공사용 손수레] 등이 필요하며, 상각비나 유지비 같은 경비가 든다. 공사를 하지 않아도 이러한 경비는 고정비로 지출되는데, 청부업을 영위하기 위한 최소한도의 경비는 연간 약 2만 엔이며, 대규모 업자였던 하자마구미의 경우 28만 1,680엔, 니시모토구미는 19만 4,600엔, 고우카이샤는 11만 8,800엔이었다.[066]

경비를 충당하기 위해서 어떻게든 수입을 얻으려고 입찰에 참여하게 되므로, 공사 수가 적고 청부업자가 많은 경우에는 필연적으로 무모한 경쟁이 이루어진다. 적자가 예상되어도 수주를 하려고 하기 때문에 청부업자 사이에 치열한 가격 인하 경쟁이 발생하고, 결국 이익을

----

065   공공 공사는 많지 않은데 어떻게 많은 청부업자가 존립할 수 있는가 하면, 하나의 공사를 청부 맡은 업자가 모든 공사를 자사에서 하는 것이 아니라, 공사의 일부를 다른 업자에게 의뢰하고 수수료를 확보하는 '하청'이 일반적이기 때문이다.

066   守屋榮夫, 앞의 책, 10쪽.

낼 수 없는 상태가 되어 끝내는 같이 망할 가능성이 높아지는 것이다.

이러한 경쟁입찰의 위험성을 청부업자 측에서도 충분히 인식하고 있었다. 그래서 낙찰은 받고 싶지만 납입 가격을 낮추고 싶지 않은 업자가 모여 사전에 상당한 이익을 확보할 수 있는 수준으로 낙찰받을 업자를 결정하고, 그 이외의 업자는 그보다 높은 가격으로 입찰할 것을 약속하는 것이 담합이다. 이렇게 하면 경쟁입찰이 행해져도 업자 측은 이익을 확보할 수 있다. 다만 이 방법은 낙찰받을 업자를 어떻게 결정하느냐는 문제가 남는다. 계속적으로 공공 공사가 있으리라는 예측이 가능한 상황이라면 차례를 결정해서 순서대로 행하는 방법도 있겠지만, 각각의 사정이 얽혀 있는 경우가 많아서 대부분 결정하기 어렵다. 이와 같은 사정에서 정착된 것이 담합금談合金에 따른 결정이다. 낙찰받는 업자가 확보하는 이익의 몇 퍼센트를 담합한 다른 업자에게 분배하는 것이다. 이 분배 이익을 담합금이라고 하는데, 담합금을 가장 많이 낸 업자가 낙찰받도록 결정하는 시스템이다.

이 담합금에 따른 담합의 장점으로는 첫째, 아무리 경쟁이 격렬해도 낙찰금은 일정액 아래로 떨어지지 않기 때문에 담합한 청부업자들로서는 확실히 이익을 확보할 수 있다는 것, 둘째, 담합금이라고 하는 나름대로 합리적인 결정 방법을 이용하고 있으므로 낙찰받을 업자가 바로 결정된다는 것, 셋째, 담합금 덕분에 낙찰받지 못한 업자도 어느 정도 경비를 확보할 수 있다는 것이다. 업자로서 존속하는 것만으로도 고정비가 든다는 것은 앞에서 설명한 바와 같고, 여기에 입찰에 참가〔應札〕하려고 하면 공사를 하는 현지에 가서 조사를 하고 견적 금액을 산정해야 하기 때문에 교통비나 인건비 같은 경비가 추가로 든다. 낙찰받지 못하면 그 비용은 그대로 손실이 되지만, 담합금으로 이를 보충할 수 있게 되는 것이다.

관공서로부터 거액이 오가는 경쟁입찰이 정기적으로 행해진다면 새로 참가하는 업자가 적은 업계에서는 담합이 발생하기 쉽다. 토목건축업계가 그 전형적인 예이다. 그 때문에 토목건축업의 경쟁입찰이 일반화된 1890년 이후에 담합이 빈번해진다.

일본의 담합

일본의 경우 1889년에 대일본제국헌법이 반포되어 1890년 7월에 첫 선거가 실시되고 11월에 첫 제국의회가 열렸는데, 정확히 같은 시기인 1889년에 회계법이 제정되었다.

회계법은 국가에 의한 조세의 징수, 지출, 계약 등에 대해 규정한 법률이지만, 이 가운데 제31조에서 "정부가 매매·대차·청부 또는 그 밖의 계약을 할 때는 칙령으로 정한 경우를 제외하고 모두 공고로써 경쟁에 부친다."라는 규정에 따라 공사 계약은 일반경쟁입찰이 원칙으로 여겨지게 되었다.[067] 그때까지 공사 계약은 수의계약이 일반적이어서, 청부업자가 어느 정도의 실적과 신용이 있어서 정부의 관리와 좋은 관계를 유지하고 있다면 자동적으로 공사는 들어오게 되어 있었다. 그런데 회계법이 생겨서 일반경쟁입찰로 바뀌자, 신규 참가 청부업자가 급격히 증가하여 기존 청부업자들이 위협을 느끼게 되었다. 회계법이 생기기 전에는 아무리 청부업 간판을 내건다 해도 신규 업자가 계약하기

----

067   土木工業協會·電力建設業協會 編,《日本土木建設業史》, 技法堂, 1971, 42~43쪽.

는 거의 불가능했지만, 일반경쟁입찰이 되면서 입찰 자격을 갖추고 입찰 가격이 제일 낮으면 계약을 맺을 수 있었다.[068]

메이지 유신 이후 위생 정비, 교육 발전, 폭발적인 인구 증가로 말미암아 농촌에서 도시로 인구가 유출되는 가운데, 공업이 잉여 인구를 모두 흡수할 만큼 성장하지 않은 자본주의 경제 형성 초기 단계에서 청부업처럼 수입을 얻을 기회는 많지 않았다.[069] 이 무렵에는 철도 건설이 진행되어 많은 공사가 이루어졌으므로 수많은 사람들이 청부업자가 되어 경쟁입찰에 몰려들었다. 오쿠라 기하치로가 그때까지 수입이 많았던 총포점 경영을 접고 새롭게 진출할 정도로 장래성이 있는 업계였다.

많은 청부업자가 모여들기 때문에 확실히 낙찰을 받으려면 무모한 가격 인하를 할 수밖에 없으나 그래서는 이익이 확보되지 않는다. 이때 이익을 확보하는 가장 간단한 방법은 경쟁 상대인 청부업자를 입찰하지 못하게 하는 것이다. 즉, 첫 단계의 부정은 담합이 아니라 단순한 폭력을 이용한 입찰 방해였다.

그들 가네스지金筋, 이것은 요즘 말로 불량배이다. ……입찰 당일에는 날이 밝자마자 깡패들이 구름처럼 모여서 곳곳에 그물을 치고 매복하여 입찰인에게 강청, 협박, 유괴, 감금, 폭행 등의 불법 행위를

068   앞의 책.
069   石井寬治,《日本の産業革命》, 朝日新聞社, 1997, 58쪽.

하며 입찰을 방해하여 주색 비용을 내게 하였다.[070]

위의 서술은 오후혼센奧羽本線 철도에 관한 것인데, 1893년부터 공사가 시작되었으므로 이 내용은 1890년대 전반에 대한 것이라고 하겠다. 철도 공사의 청부를 맡으면 이익이 크기 때문에 청부업자는 서로 어떻게 해서든지 낙찰을 받으려고 필사적이었다. 이를 위해 불량배를 이용하여 매복하고 있다가 경쟁 상대인 청부업자를 협박하거나 유괴하고, 일시적으로 감금해서 입찰회장에 가지 못하도록 하는 일은 흔했다. 낙찰로 얻는 이익이 상당하기도 하였거니와, 이러한 일시적 유괴나 감금이 부당한 행위이긴 하지만 이를 마땅히 단속할 법률이 없었던 것도 하나의 요인으로 볼 수 있다.

그런데 폭력적인 수단을 사용해서라도 낙찰받으려는 청부업자가 다수인 경우에는, 폭력성이 과격해져 그야말로 범죄 행위가 되어 경찰에 붙잡힐 위험성도 생기고, 폭력을 써도 낙찰받을 가능성이 낮아진다. 폭력을 사용한 낙찰은 일시적인 것에 지나지 않으며, 결국 서로 공존을 모색하는 담합으로 이어진다. 그 과정을 살펴보자.

호슈철도豊州鐵道 공사의 입찰 지명자는 오사카토목회사大阪土木會社, 가사이구미笠井組[공학사 가사이 아이지로笠井愛次郎], 야마다구미[공학박사 야마다 도라키치山田寅吉], 요시다구미, 오타구미[공학사 오타 무로太田六郎] 등이

• • • • • • • • • • • • • • •
070   日本鐵道建設業協會, 《日本鐵道請負業史》 明治編, 日本鐵道建設業協會, 1967, 183쪽.

었다. 입찰에 앞서 가사이구미 대리인은 "서로 무리한 경쟁을 해도 방법이 없으니, 양보하고 타협하여 적당히 공사를 분배하면 어떻겠는가."라고 제안했다. 즉 담합을 신청했던 것이다. 이에 모두 지당하다고 찬성했다.[071]

여기에서는 입찰 지명자들끼리 서로 공사를 분배하도록 이야기하는 식으로 담합하고 있다. 호슈철도가 1897년에 개통되었으므로 이 담합은 1890년대 중반의 일이라고 추정할 수 있다. 다음 자료는 1896년 무렵의 것이다.

일반경쟁입찰이 발표되면 입찰을 주선하는 국외자가 청부자를 알선하여 담합을 하게 하는데, 이 중개자가 상당한 세력을 가지고 있다. ……다양한 방법을 연구하고 제도를 설치하여 담합을 중개하는 사람이 영업을 하고 있다. 대체로 담합 금액의 1할 5푼 정도를 중개인에게 주고 책임을 지도록 하므로, 업자가 직접 뛰어다니거나 운동하는 일은 없다.[072]

이것을 보면, 일본 본토에서 담합의 시작은 입찰 중개인 같은 제삼자가 개입하여 조정하는 형태였음을 알 수 있다.

• • • • • • • • • • • • •

071 앞의 책, 171쪽. 호슈철도는 지금의 닛포혼센日豊本線의 기타큐슈에 가까운 부분이다.
072 兒玉琢 口述, 竹下留二 編, 《朝鮮の談合》, 1933, 23~24쪽.

조선의 담합

한국에 일본 토목건축업자가 진출한 것은 대한제국기의 철도 건설부터지만, 그때는 한국 측 토목건축업자와 관계가 있었고, 러일 전쟁에 대비해서 속성 공사가 이루어졌으므로 담합이 이루어질 상황은 아니었다. 1903년 무렵 경성에는 청부업자의 수가 너댓 명 정도여서[073] 담합이 없었다는 증언이 있지만, 1908년쯤에는 공사량이 급격하게 증가하고 청부업자도 늘었으므로 서서히 서로의 이익을 조정하기 위한 담합이 등장할 여건이 조성되었다.

그때는 아직 공사를 지명받거나, 도면과 시방서 한 통을 관청에서 차용해 와서 희망하는 사람이 모사하여 입찰하는 느긋한 방식이었지만, 모사하다가 점심식사 시간이 되면 누구랄 것도 없이 공사를 하청받은 사람이 '모밀국수'나 '우동' 정도를 한턱 ……처음에는 '우동'이던 것이 '모밀국수'가 되고, 점점 사치스러워져서 '도시락'이 되고, 결국은 요리집의 정식요리를 대접하게 되었던 것이 아마도 조선에서 내지인 담합의 시초라고 기억한다.[074]

처음에는 공사를 낙찰받으면 크게 이익을 낼 수 있으므로 스스로 다른 업자를 대접하였다. 이것이 담합의 시작이다. 나중에는 담합금이 손실 보충을 위한 공동 적립금처럼 사용되었다. 즉 관청으로부터 맡은

• • • • • • • • • • • • • •
073   앞의 책, 25쪽.
074   위의 책, 26쪽.

일은 예산이 부족하더라도 뒤에 공사를 낙찰받을 수 없게 되는 악영향을 감안하면 거절할 수 없으므로, 이로 말미암은 손실은 청부업자 전체가 부담한 것이다. "공사 입찰 시에 서로가 낙찰자의 이익금에서 얼마간 지출을 하여 결손공사의 보충에 충당하는 것이 제일 좋은 방법일 것이라는 이야기가 있어서, 결국 담합금을 수수하게 되었다."[075]라고 한다. 이 단계에서는 담합금을 다소 주고받았다고 해도 문제가 되지 않았다.

조선에서 담합이 본격적으로 문제가 된 것은 1922년부터다. 앞서 제2장 제2절에서 살펴본 바와 같이, 그때까지는 조선·만주·대만 같은 식민지의 경우 관청의 계약을 무제한으로 수의계약할 수 있었으나, 1921년에 개정된 회계법과 회계규칙이 그 다음 해부터 조선에도 적용되었기 때문이다. 이 회계법 개정으로 내지와 마찬가지로 일반경쟁입찰이 원칙이 되었다. 그러나 일반경쟁입찰의 폐해를 통감하고 있던 조선토목건축협회 회장 아라이 하쓰타로의 요청으로 조선에서는 그 뒤로도 지명입찰이 중심이 되었고 그 밖에는 수의계약을 하였다고 한다.[076]

지명입찰 또는 수의계약이 행해졌다고 해도 입찰에서 이익을 확실히 확보하려면 담합이 유효수단이다. 여러 지역에서 차례로 담합사건이 일어났다. 어떠한 담합사건이 일어나고 있었는지를 재판의 판결 일시에 따라 정리해 보면 〈표 3-9〉와 같다.

• • • • • • • • • • • • • •

075 앞의 책, 26~27쪽.
076 위의 책, 1~2쪽.

<표 3-9> 주요 담합 청부 부정사건

담합사건	판결 일시	판결 내용
평양 담합 청부 부정사건	1914년 9월 14일	유죄 판결
평양 담합 청부 부정사건	1915년 10월 25일	수의계약의 무죄 판결
제1차 대구 담합 부정사건	1917년 5월 10일	연합부 유죄 판결
제2차 대구 담합 부정사건	1931년 7월 30일	연합부 유죄 판결
제2차 대구 담합 부정사건	1932년 7월 11일	고등법원 유죄 판결
전주 담합 청부 부정사건	1932년 7월 12일	고등법원 유죄 판결
신의주 담합 청부 부정사건	1932년 12월 27일	신의주지방법원 유죄 판결
함흥 담합 청부 부정사건	1933년 6월 16일	함흥지방법원 유죄 판결
경성 담합 청부 부정사건	1934년 6월 28일	일부 무죄, 일부 유죄 판결
경성 담합 청부 부정사건	1936년 2월 17일	고등법원 유죄 판결
부산 담합 청부 부정사건	1938년 3월 22일	유죄 판결

출전 牧野良三 述, 《請負業者の所謂談合に就て》, 新家猛, 1935, 196쪽.

<표 3-10> 조선의 지명指名 청부업자 수 변천

연도	업자수	지수
1923	351	100
1926	460	131
1927	551	157
1931	711	203

출전 守屋榮夫, 《土木談合事件辯論》, 京城地方法院, 1933, 15쪽.

이와 같이 조선에서 담합사건이 계속된 것은 조선의 청부업자 수가 계속 늘고 있었기 때문이다. 조선에서는 산미증식계획의 중심인 수리조합사업이나 '철도 12년 계획'이라는 대규모 토목공사가 예정되었기 때문에, 토목공사의 증가가 기대되었다. 일본이나 만주의 청부업자 가운데 자극을 받아 일부러 조선에 지점을 개설하는 청부업자가 늘었고, 조선 안에서도 종래 청부업자 밑에 있던 사원이 독립하여 청부업을 시작한 경우가 많았다.

그 결과 〈표 3-10〉과 같이 청부업자 수가 급증했다. 그러나 공공 공사는 예상한 만큼 증가하지 않았고 민간 공사도 적었다. 때문에 공공 공사를 어떻게든 수주하려는 경쟁이 격렬해지는 가운데, 낙찰가격을 가능한 한 떨어뜨리지 않기 위해서 청부업자끼리 연대하여 담합이라는 형태가 탄생한 것이다.

그러나 이보다 좀 더 직접적인 요인은 담합이 일본의 내지나 대만에서는 무죄였다는 사실인 듯하다. 1927년 9월 3일에는 일본의 식민지였던 대만의 재판소 복심법원覆審法院에서 담합이 무죄라는 판결이 났고, 1929년 2월 27일에는 대심원, 즉 일본 내지의 최고재판소에서도 담합에 대해 무죄 판결을 내렸다. 조선의 토목청부업자들은 이러한 판결을 알고 당연히 조선에서도 무죄일 것이라고 기대하고 있었으므로 경계하지 않았을 것이다. 그 때문에 경성 토목 담합사건과 같은 대규모 담합사건이 일어났다고 생각된다.

담합에 대한 유무죄의 논리

여기에서 담합이 어째서 유죄 또는 무죄가 되는지를 살펴보기로 한다. 당시에는 담합을 그대로 형법상의 죄로 규정하는 법률은 없었다. 따라서 담합을 유죄로 보려면 이를 형법상의 사기 행위에 해당시켜야 했으므로 죄질의 유무를 가리는 논리가 복잡하다. 우선 유죄 측 논리부터 살펴보자. 형법에는 다음과 같이 규정되어 있다.

제246조

제1. 사람을 기망하여 재물을 편취한 자는 10년 이하의 징역에 처한다

제2. 전항의 방법으로 재산상 불법의 이익을 얻거나 또는 타인으로 하여금 이를 얻게 한 자 역시 동일하다[077]

제1항에서는 사람을 속여 재산을 빼앗으면 10년 이하의 징역이 된다고 규정하고 있다. 또 제2항은 사람을 속여 불법 이익을 얻은 경우 또한 10년 이하의 징역에 처하는데, 담합은 이 제2항의 부분에 해당한다고 하겠다. 또한 회계법은 다음과 같이 규정하고 있다.

제31조　정부에서 매매·대차·청부 그 밖의 계약을 할 때는 칙령으로 정한 경우를 제외하고 모두 공고로써 경쟁에 부칠 것[078]

이는 정부와 청부계약을 맺을 때 경쟁입찰을 해야 한다는 규정이다.

유죄의 논리는 형법 제246조와 회계법 제31조 위반을 바탕으로 담합을 유죄로 간주한다. 청부업자가 청부계약을 할 때 경쟁입찰로 해야 한다는 명확한 규칙이 있는데 담합하여 경쟁입찰을 사실상 없는 상태로 만들어서 불법적으로 이익을 얻고 있다는 것이다. 게다가 발주자에게는 경쟁입찰이 이루어지는 것처럼 속인 상태에서 행하므로 사기죄

· · · · · · · · · · · · · ·

077　植松正他,《口語 刑法》, 1964, 610쪽.

078　帝國地方行政學會 編纂,《朝鮮 法規類纂 會計》, 1922, 3쪽.

가 성립한다고 보았다. 담합금을 지불하고 있다는 사실이 이를 증명한다. 담합하지 않으면 지불할 필요가 없는 담합금을 낙찰받은 청부업자가 다른 청부업자에게 지불하는 것은 확실히 불법으로 이익을 얻고 있는 것이라는 결론이다.

이는 일반경쟁입찰에서 사전에 청부업자들끼리 대화하여 입찰 가격을 결정하는 것은 위법이 아니지만, 결과적으로 낙찰자가 다른 청부업자에게 담합금을 나눠주는 것은 위법이라는 논리이다. 이러한 논리가 나온 배경에는 다음과 같은 증언이 있다. 조선총독부 교통국交通局 과장 에자키 요시토江崎義人의 증언이다.

조선의 업계에서 가장 큰 문제는 담합입니다. 담합은 어디에서나 보통으로 하고 있지만, 그와는 성질이 다르므로 문제가 된 것입니다. 건설업자가 [이 자리에] 계시기에 조심스럽게 말씀드리는데, 극단적으로 예를 들자면 아무런 일을 하지 않아도 살아갈 수 있는 상태였습니다. 그 부분에 주목하였습니다. 검찰청이 매우 까다로웠습니다. 검찰청에서 말하는 요지는 불로소득이 많으며, 담합에 적은 돈이 들어가는 것은 괜찮지만 막대한 돈을 받고 있다는 것입니다. 일을 하지 않고 가게를 경영하는 것은 좋지 않기에 금액이 큰 것을 적발한 것 같습니다.[079]

담합금이 경비 정도라면 괜찮지만, 이것이 불로소득이 되어 일을

• • • • • • • • • • • • • • •
079   土木工業協會·電力建設業協會 編, 앞의 책, 707쪽; 武田晴人, 앞의 책, 32쪽.

하지 않아도 청부업 경영이 가능해지는 현상을 문제시한 것이다. 이러한 논리로 조선의 복심법원에서는 계속하여 유죄 판결이 내려졌다.

그러나 현재 남아있는 자료를 보면, 마키노 료조牧野良三·모리야 에이후守屋榮夫·오카다 쇼사쿠岡田庄作·아카오 도라키치赤尾虎吉·추지 로쿠야辻祿也·히토쓰마쓰 사다요시一松定吉 등 많은 변호사[080]가 이 사건의 무죄를 주장하였으며, 무죄를 얻어내기 위해서 일부러 책도 몇 권이나 출판했다.[081] 출판된 책은 1933년부터 1935년의 것이어서 경성 토목 담합사건을 무죄로 하기 위한 의도임을 알 수 있지만, 한 사건의 무죄 판결을 얻어내기 위해서 이렇게 많은 변호사가 변호를 하고 책을 몇 권씩이나 출판한 것은 드문 일이다.

이들이 무죄를 주장한 이유에 전술한 바와 같이 대만이나 일본 내지의 무죄 판결이 포함되어 있으므로, 그 판결에 비추어서 검토해 보자. 1927년 9월 3일 대만의 복심법원에서 담합이 무죄가 된 판결의 요지는 입찰자가 담합하지 않은 것처럼 가장해서 주문자를 속였다고 해도 사기죄는 성립하지 않는다는 것이다. 사기죄가 성립하려면 담합을 하여 가격을 부당하게 올리고 원래 최저가격보다 높은 가격을 최저가격인 것처럼 해서 그 차액을 부정하게 취득해야 하는데, 그렇게는 하지 않았다. 또한 주문자는 어떤 경우라도 경쟁입찰을 행하기 이전에

••••••••••••••••

080 《在野法曹諸家の談合無罪論摘錄》, 1933에 따르면 이 밖의 변호사로는 今村力三郎, 秋山高三郎, 山岡萬之助, 切山篤太郎, 水野正之丞, 長島雄藏, 增崎喜作, 大田黑英記, 松本正寬, 赤井幸夫 등이 있다.

081 兒玉琢, 竹下留二 編, 앞의 책; 守屋榮夫, 〈京城地方法院にて〉,《土木談合事件辯論》, 京城地方法院, 1933; 岡田庄作, 앞의 책; 牧野良三 述, 앞의 책.

그 공사의 견적 가격을 계산하여 허용 가능한 최고한도의 예정 가격을 정해 두고, 청부업자가 제시한 가격 가운데 이보다 낮은 것이 없는 경우에는 재입찰을 하게 되어 있다. 따라서 담합하여 부당하게 가격을 올리는 것은 불가능하므로 사기죄는 성립하지 않는다. 청부업자끼리 담합금을 주고받았다고 해도 주문자에게 손해를 끼치는 일은 없으므로 문제가 되지 않는다는 것이다.[082]

1929년 2월 27일 일본 대심원이 내린 무죄 판결은 담합에 사기죄 구성에 필요한 기망 수단이 결여되어 있다고 보았다. 주문자는 공사 내용에 정통해서 예정 가격을 항상 첨부하므로 가격에 대해서는 착오가 없으며, 입찰자의 가격 협정[담합] 유무는 가격에 관한 착오와 관계가 없기 때문이다. 청부업자에게 담합은 주문자를 가격으로 착오에 빠뜨리기 위한 수단이 아니라 입찰자가 자신의 이익을 확보하기 위한 방법이므로 사기죄는 성립되지 않는다는 결론이다.[083]

이 두 판결은 주문자가 공사 내용을 알고서 예정 가격을 결정하였으므로 가격 면에서 착오는 없으며, 청부업자 사이 담합금을 수수했다고 하더라도 주문자에게 손해를 입히지는 않는다고 여긴 부분에서 일치한다.

이 논쟁들만으로 공평하게 판단한다면 법률적으로는 무죄여야 하는 듯하다. 그러나 이 두 판결 이후에도 조선 고등법원은 여전히 계속 유죄 판결을 내렸다. 가격 면에서 착오가 없었다고 해도 각 청부업자

<hr />

082   牧野良三 述,《請負業者の所謂談合に就て》, 1935, 201~203쪽.
083   위의 책, 199~201쪽.

가 자유롭게 개별적으로 입찰할 것을 전제로 행해져야 할 경쟁입찰이 담합이 되어 결정적으로 주문자를 속이고 있으며, 낙찰받은 청부업자로부터 담합금이 다른 업자에게 지불되므로 확실히 낙찰가격이 높아진다는 것이다. 전술한 에자키 요시토의 증언처럼 일을 하지 않고 담합금을 벌고 있는 청부업자의 존재를 의식한 판결이라고 할 수 있다.

경성 토목 담합사건과 그 고찰

〈표 3-11〉은 기소된 건수도 계약금액도 가장 많아 제일 큰 문제가 되었던 경성 토목 담합사건을 공사명, 기업자, 청부업자, 청부금액, 담합금의 순으로 정리한 것이다.

〈표 3-11〉 경성 토목 담합사건 일람표

공사명	기업자	청부업자	청부금액	담합금
黃海水利 第一工區	黃海水利組合	西松組	1,199,800	134,750
黃海水利 第二工區	黃海水利組合	飛島組	1,506,800	130,900
黃海水利 第三工區	黃海水利組合	黃海社	457,000	–
洛東橋橋梁架設工事	慶 南道地方費	鹿島組	289,000	13,200
圖們西部線改良 第二工區	朝鮮鐵道局	阿川組	548,000	65,000
東海北部線 第九工區	朝鮮鐵道局	京城土木	211,800	40,600
東海北部線 第十工區	朝鮮鐵道局	黃海社	273,000	30,000
惠山線 第四工區	朝鮮鐵道局	間組	494,400	72,000
雄基荷揚場 張工事	朝鮮鐵道局	長門組	139,500	28,300
萬頃大橋架設工事	全羅北道地方費	大倉土木	126,500	20,000
第二密陽水利工事	第二密陽水利組合	松本組	230,000	42,460
黃海水利 第四工區	黃海水利組合	間組	1,120,000	117,300

공사명	기업자	청부업자	청부금액	담합금
圖們東部線 第九工區	朝鮮鐵道局	松本組	569,000	95,400
圖們東部線 第十工區	朝鮮鐵道局	長門組	375,000	66,960
慈山水利 第一工區	慈山水利組合	盛陽組	277,250	35,000
釜山渡津橋架設工事	釜山府	大林組	916,000	173,400
三鄕水利工事	三鄕水利組合	熊城組	145,000	25,400
東新政橋架設工事	咸鏡南道地方費	中村組	113,560	31,520
圖們西部線改良 第四工區	朝鮮鐵道局	山本組	126,200	9,000
圖們西部線改良 第三工區	朝鮮鐵道局	岩村組	173,000	31,600
安邊橋架設工事	咸南地方費	山崎組	86,600	17,260
泉洞德川線道路 改修工事	平南地方費	京城土木	79,800	18,300
滿浦線 第四工區	朝鮮鐵道局	谷口組	268,450	35,500
滿浦線 第六工區	朝鮮鐵道局	京城土木	307,800	46,260
滿浦線 第七工區	朝鮮鐵道局	高榮組	478,000	–
惠山線 第六工區	朝鮮鐵道局	間組	1,039,000	178,000
滿浦線第八工區	朝鮮鐵道局	大林組	519,800	125,800
京城仁川線道路 改修工事 第一工區	京畿道地方費	三木合資	98,500	
京城仁川線道路 改修工事 第二工區	京畿道地方費	中村組	119,600	37,800
京城仁川線道路 改修工事 第三工區	京畿道地方費	長門組	138,200	–
櫻ヶ丘市街計 工事	朝鮮都市經營(株)	石田組	57,800	19,280
惠山線 第六工區	朝鮮鐵道局	盛陽社	468,000	93,000
합계			12,952,360	1,733,990
평균			404,761	54,188

출전　牧野良三 述,《請負業者の所謂談合に就て》, 1935, 174쪽.

이 표를 보고 느낄 수 있는 것은 우선 청부 금액이 크다는 것이다. 공사 32건의 총 계약금이 1,295만 2,360엔으로 평균 40만 4,761엔이다. 1백만 엔 이상의 공사가 4개인데, 최고 금액은 150만 6,800엔이며 최저액이라 할지라도 5만 7,800엔이다. 담합금의 합계는 173만 3,990엔, 평균 5만 4,570엔이다. 전술한 바와 같이 적발된 청부업자는 토목 청부업자 가운데서도 대기업에 해당한다. 철도 공사가 15건, 수리조합 공사가 7건, 교량 가설 공사가 5건, 도로 공사가 4건, 시가 계획 공사가 1건으로 전부 규모가 큰 공사들이었다. 이 담합사건에는 수수께끼 같은 문제점이 있다.

첫째, 재판에서 청부업자의 주장이 옳고 이익이 없다면, 왜 조선의 청부업자 수는 계속 증가했는가.

둘째, 검찰의 주장을 입증하는 데는 담합한 청부업자들이 얻고 있는 거대한 이익이 절대적인 조건이며, 이를 증명하려면 공사비 내역에 대한 조사나 질문이 불가피함에도 재판에서 그와 같은 핵심적인 질문이 일체 없었던 것은 무엇 때문이었는가.

셋째, 재판 자료를 읽어 보면 검찰의 주장은 논리가 타당하지 않아 설득력이 없는데도 왜 유죄 판결이 내려졌는가.

넷째, 비슷한 담합사건이 있었던 일본 내지와 대만에서는 무죄 판결이 나왔는데, 왜 유독 조선에서만 유죄가 되었는가.

이와 같은 문제점이 있기 때문에 재판 자료가 상당히 풍부한데도 지금까지 본격적인 선행연구가 거의 없었다고 할 수 있겠다. 자료를 읽어 보면 읽어 볼수록 청부업자를 무죄라고 여기게 되고, 왜 재판소에서 유죄 판결을 내렸는지 납득이 되지 않는다. 담합한 금액만큼 부당한 이익을 얻었다는 검찰의 주장과 판결은 이해가 되지만, 근거가 없어서 설득력이 없다. 일본 청부업자의 부당함이 드러난다기보다 오히려 당시 청부업자들의 입장을 옹호하는 결과를 낳고 있을 뿐이다.

그러나 이를 제 2 절에서 서술한 저임금 문제와 결부해서 생각해 보면 의문이 해소된다. 본래 토목공사비의 약 57퍼센트 정도를 차지하는 노무비 단가가 총독부의 통계에서는 약 1엔, 조선토목건축협회의 통계에서는 약 80전이었지만 실제로는 40전 정도밖에 되지 않았던 이 임금 문제로 담합사건에 대한 수수께끼가 풀리는 것이다. 위의 문제점들을 다시 한 번 정리하면서 생각보기로 하자.

우선 청부업자들의 주장은 옳지 않다. 이익이 있어서 조선의 업자 수는 계속 늘고 있었다. 견적 금액이 높게 설정되어 있기 때문에 마치 없는 것처럼 보일 뿐 이익은 확실히 존재했다.

검찰이 실제 노무비가 견적 금액보다 훨씬 낮다는 것을 알고 추궁했다고 해도, 청부업자는 조선총독부가 발표한 단가대로 노무비를 계산해서 견적을 냈는데 무엇이 문제냐며 항변할 수 있다. 이를 반박하고 청부업자가 차액만큼 부당 이익을 얻고 있는 것을 폭로하려면, 조선총독부가 발표하고 있는 임금이 실태보다 훨씬 높은 것부터 폭로하지 않으면 안 된다. 그러면 청부업자의 유죄를 확실히 입증할 수 있다. 그러나 그러한 내정을 폭로하면 어떻게 될 것인가. 지금까지 토목 예산이 과대했다는 것, 청부업자가 조선인 노동자를 착취해서 부당하게 이익을 얻어 온 것, 그리고 그것을 조선총독부가 용인하고 있었던 것까지 밝혀지게 된다. 요컨대 일본인 청부업자와 조선총독부가 짜고 조선인 노동자를 착취해 온 거대한 악의 시스템이 드러나게 되는 것이다. 더욱이 조선총독부가 발표하는 통계의 일부가 완전히 허위라는 점이 알려지면, 다른 통계 숫자도 신뢰할 수 없게 되어 식민지 지배의 근거가 흔들리게 된다. 이 때문에 검찰이 유죄를 주장하면서도 핵심적인 부분은 말하지 않았음을 짐작할 수 있다. 여기까지 생각해 보면 나머지 문제에 대한 답이 나온다.

조선총독부는 토목공사의 실태를 파악하고 있었으므로 청부업자가 큰 이익을 얻는 것도 알고 있었다. 그렇지만 청부업자는 언제나 그 정도 규모의 이익을 얻어 왔기 때문에, 일본인의 급여 및 여러 가지 경비 등이 조금씩 늘어나 결국 그 이익이 없으면 사업을 해 나가지 못하는 상황에 처하게 되었다고 추측된다. 조선총독부 측에서는 자금의 여유가 있는 환경을 만들어 준 대가로 식민지 지배를 원만히 해 나가도록 협조해 주기를 원했는데, 청부업자에게는 그 이익이 이미 당연해져서 조선인 노동자에 대한 임금 미불 문제나 부정 공사 문제 등을 종종 일으켰다. 조선총독부로서는 일본인 청부업자의 행동이 문제가 되어 조선인의 손해나 불평불만이 《동아일보》 등의 매체에서 연이어 보도되는 상황은 큰 골칫거리였다. 다시 말하자면, 일본인 청부업자의 부정행위로 말미암은 조선인의 불평은 일제의 식민지배에도 곤란한 일이었다. 조선총독부가 이러한 문제를 공정하게 해결하려면 조선인이 일본인 청부업자에 대해서 손해 배상청구소송 등을 일으킬 수 있도록 법적 조치를 취해야 하지만, 이는 일본인이 지배하는 식민지 구조를 붕괴시키기 때문에 불가능하다. 그러나 적어도 일본인 청부업자가 거액의 담합금을 주고받으면서 부당하게 이득을 올리는 상황은 해결해야 되고, 설사 해결하지 못하더라도 표면적으로 드러나지 않기를 원했기 때문에 이처럼 부정을 벌하였다는 사례를 만들어 놓았다고 생각된다. 한마디로 말해 조선총독부는 담합사건을 유죄로 함으로써 담합사건 이외 다른 일본인 청부업자의 부정행위까지 일소하고자 한 것이다.

조선총독부가 정말로 담합을 없애고 싶었다면 담합으로 올라 버린 공사의 낙찰 가격을 내려서 싼 가격으로 공사를 완성하였을 것이다. 그러나 조선총독부는 담합을 없애고 토목공사의 가격을 떨어뜨리려고는 하지 않았다. 대신 이 경성 토목 담합사건의 재판 중에 청부업자에 대한 구제책을 발표했다. 그것이 앞에서 살펴본 1932년 8월 10일에 나온 정무총감에 의한 통첩[084]이다. 요점은 다음과 같다. 조선통독부가 발주하는 1만 엔 이상의 공사는 청부업자 세 명을 선정해서 그들이 경쟁입찰하여 수주하게 하는 것이다. 이렇게 청부업자가 3인으로 좁혀진 상태라면 보통 3회 입찰하면 한 번은 낙찰이 가능하기 때문에 무리해서 담합할 필요가 거의 없어진다.

· · · · · · · · · · · · · ·

084 "政務總監による通牒 (昭和七年八月十日)
(一) 會計法第三十一條第二項ニ依リ一萬圓以上ノ工事ニ限リ随意契約制度ヲ実施スルコト。
(二) 一萬圓以上ノ工事ハ工事豫定價額ノ内譯明細書其他詳細ナル關係書類ヲ添ヘ事前ニ本府ノ査定ヲ受ケルコト。
(三) 豫定價額ノ調査作製ニ付テハ價額其他下調書取扱順序ヲ一層嚴重ニスルコト。
(四) 請負人ハ本府ニ於テ決定ズ之ガ契約擔任官ハ調査資料トシテ資力信用確實ナルモノ一工事ニ付三人ヲ選定シテ本府ニ提出スルコト。
(五) 契約擔任官ハ豫メ請負人名簿ヲ本府ニ提出スルコト本府ハ該名簿ヲ常備シ工事毎ニ適當ナル選定ヲナス。
(六) 本府ニ於テ請負人一人ヲ指定スル場合ハ其請負人ヲシテ見積書ヲ提出セシメ本府デ査定シ豫定價額範圍ナレバ契約ス請負人二人以上ヲ指名スル場合ハ別々ニ見積書ヲ提出セシメ本府ニ於テ査定シ安イ方ニ契約ス。
(七) 本府ニ於テ三人ヲ指名スル場合ニハ契約擔任官ハ請負人名ヲ絶對ニ秘密ニシ事前ニ洩レナキ樣ニスルコト。"

여기서 더 중요한 점은 이로써 조선인 청부업자를 배제하게 되었다는 것이다. 수의계약 제도 때와 달리 경쟁입찰 방식으로는 배제가 어려워 일본인끼리 담합하고 있었는데, 담합을 할 수 없게 된 대신 조선총독부가 3인의 청부업자를 지명하는 방법으로 조선인 청부업자를 배제할 수 있게 된 것이다.

이런 관점에서 보면 담합이라는 것은 결국 조선총독부가 일본인 청부업자의 이익을 충분히 보호해 주지 못하게 되었을 때 청부업자 측에서 이익을 확보하고자 취한 수단이다. 그리고 이 담합을 총독부가 유죄라고 한 것은, 청부업자에게 그들이 담합으로 얻고 있던 이윤을 다른 방법으로 보상해 줄 테니 식민지 지배에 문제가 되는 행위, 특히 조선인 입장에서 볼 때 문제가 되는 부정행위는 그만두라는 최후통첩이었다고 여겨진다.

이렇게 생각하면 셋째·넷째 의문에 대한 답이 나온다. 유죄 판결은 정말로 담합을 유죄라고 판단해서가 아니라, 조선총독부가 특별히 비호하는 일본인 청부업자에게 성실히 공사를 하도록 요구하고 한편으로는 조선인을 납득시키기 위한 징계였다고 생각된다. 그래서 법률적으로 검찰 측 주장에 설득력이 없어도 유죄가 된 것이라고 추측된다.

대만이나 일본 내지에서 무죄였던 것은 조선과 사정이 달랐기 때문이다. 조선의 경우 말단 노동자의 임금이 통계 자료로 공표되고 있지만 실제로는 그 2분의 1에서 3분의 1 수준의 저가이며, 그 몫만큼 업자가 부당 이익을 얻고 있는 특수한 상황이었기에 유죄가 되었던 것이다. 일본 내지에 그러한 사정이 없었던 것은 당연하고, 대만에서도 이러한 면에서는 조선 정도로 지독하지는 않았던 것으로 추측된다.

제4절 일제하 수리조합사업과 일본인 토목청부업자들[085]

　산미증식계획 가운데서도 특히 수리조합사업에 대하여 지금까지 많은 연구가 이루어져 왔다.[086] 식민지 조선에서 산업정책의 중심이 산미증식계획이었고 그 계획의 중심이 수리조합사업이었기 때문이다. 또한 수리조합사업이 가장 활발하게 이루어졌던 시기인 1928~1935년에 특히 수리조합사업이 추진된 장소에서 일본인 소유의 토지가 증가한 반면 조선인 지주는 토지를 잃고 몰락하였으며,[087] 나아가 수리조합 설립을 둘러싸고 많은 반대운동이나 부정사건이 일어나는 등 이 사업 자체가 문제를 내포한 정책이었을 가능성이 있기 때문이다.

• • • • • • • • • • • • • •

085　이 절은 필자의 박사논문 제3장 제2절을 수정·보완한 것((일제하 수리조합사업과 일본인 토목청부업자),《한국문화》68, 서울대학교 규장각 한국학연구원)을 다듬은 것이다.

086　李愛淑,〈日帝下 水利組合事業 展開와 地主制 强化〉, 서울대학교 대학원 국사학과 석사학위논문, 1984; 田剛秀,〈日帝下 水利組合事業이 地主制展開에 미친 影響: 産米增殖計劃期(1920-34)를 中心으로〉, 서울대학교 대학원 농경제학과 석사학위논문, 1984; 松本武祝,《植民地期朝鮮의 水利組合事業》, 未来社, 1991; 李榮薫·張矢遠·宮嶋博史·松本武祝 共著,《近代朝鮮水利組合研究》, 일조각, 1992; 박수현,〈日帝下 水利組合 抗爭 硏究: 1920~1934年 産米增殖計劃期를 中心으로〉, 중앙대학교 대학원 사학과 박사학위논문, 2001; 김진수,〈일제수리사(Ⅰ) 농업 및 수리정책〉,《한국 관개 배수》15-1호, 한국관개배수위원회, 2008(이하 2008a);〈일제수리사(Ⅱ) 수리행정기관 및 대행기관〉,《한국 관개 배수》15-2, 한국관개배수위원회, 2008(이하 2008b);〈일제수리사(Ⅲ) 수리조합〉,《한국 관개 배수》16-1, 한국관개배수위원회, 2009(이하 2009a);〈일제수리사(Ⅳ) 수리기술〉,《한국 관개 배수》16-2, 한국관개배수위원회, 2009(이하 2009b); 정승진,〈식민지 지주제의 동향(1914~1945): 전북《益山郡春浦面土地臺帳》의 분석〉,《한국경제연구》12, 한국경제연구학회, 2004;〈일제시대 전익수리조합의 전개과정과 그 역사적 의의〉,《농촌경제》31-6호, 한국농촌경제연구원, 2009 등이 대표적이며, 이 밖에도 매우 많다.

087　허수열,〈일제시대 개발은 '개발 없는 개발'〉,《월간 말》227호, 2005, 109쪽.

그렇다면 수리조합사업이 진행되는 가운데 어떠한 경로로 조선인 지주는 토지를 잃고 반대로 일본인 지주는 토지를 입수하게 되었는가. 이와 관련하여 가장 먼저 발표되었던 연구에서는 조선인 지주를 경제적인 이익 추구에 힘을 기울이지 않는 '보수적이고 정태적靜態的 지주'로 파악하고, 일본인 지주를 경제적인 이익 추구에 열심인 '동태적動態的 지주'로 파악함으로써 일본인 지주의 성장과 조선인 지주의 몰락을 설명하였다.[088] 그러나 이와 같이 분류하는 것이 과연 옳은 것인지 의문이 든다. 최근에는 조선인 지주 가운데에서도 '동태적 지주'로 분류해야 될 계층이 존재하고 있었음이 확인되는데, 그렇다면 조선인 지주가 몰락하게 된 원인이 불분명해진다. 과연 일본인 지주는 어떤 방식으로 토지를 확대시켜 나갔던 것인가. 이에 대하여 아래와 같은 몇 가지 설명이 있다.

예를 들어 허수열은 다음과 같이 설명하고 있다. 1928년에서 1935년까지는 대공황기여서 모든 물가가 하락하였는데, 특히 농산물의 가격이 큰 폭으로 하락하였기 때문에 농가의 현금 수입이 격감하였다. 하지만 과세공과금, 수리조합비, 차입 원리금과 이자 변제 등 농가의 현금 지출은 감소하지 않았으므로 차입금이 많았던 일부 지주 또는 차입금을 주요 재원으로 건설된 수리조합도 큰 경제적 타격을 입었다. 경제적으로 타격을 입은 지주가 경쟁하듯 토지를 매각하는 과정에서 농지가격은 급속히 하락하였으며, 자금력에 여유가 있는 일부 일본인

<hr />

088 東畑精一, 《增訂日本農業の展開過程》, 岩波書店, 1936, 89~97쪽; 東畑精一, 大川一司, 《朝鮮米穀經濟論》, 岩波書店, 1935, 9~22쪽.

지주가 토지를 대량으로 염가에 매수하였다. 따라서 1928~1935년 사이에 일본인 소유의 경지 면적이 급증하였다고 한다.[089]

마쓰모토 다케노리松本武祝는 다음과 같이 설명한다. 식산은행殖産銀行·동양척식 주식회사東洋拓殖株式會社·금융조합 등을 통하여 농작업 개량 자금이 공급되고 있었지만, 이때 "차입 희망자는 군농회郡農會 또는 수리조합에 신청하고, 이들 단체는 시용지施用地의 가뭄과 장마·홍수 피해(旱水害) 유무, 구입 비료의 적부, 차주의 자산 신용 상태 등을 조사"한다고 되어 있고, 대출 최소 한도액이 3백 엔으로 제법 큰 액수였기 때문에 소규모 지주는 이용하기 어려웠다. 이것을 조선인 지주가 몰락한 원인으로 볼 수 있다고 하였다.[090]

박수현에 따르면 이는 대출 한도금액의 문제가 아니라 수리조합이 식민지 권력, 대지주, 금융 기관과 같은 일본인들 사이의 긴밀한 유대 관계 아래 추진되었기 때문에 조선인은 몰락할 수밖에 없었으며, 결국은 항쟁하게 되었다고 한다.[091]

이와 같은 분석을 종합해 보면, 1928~1935년의 경제공황기에는 농산물 가격이 하락하여 현금 수입이 줄어들었는데, 조선인 지주는 규모가 작고 금융 기관과 유대 관계가 없었으므로 융자를 받지 못하여 토지를 매각하는 수밖에 없었다. 반면에 금융 기관과 유대 관계가 있는 일본인 지주는 융자를 받아서 자금력에 여유가 있었으며, 토지 가

· · · · · · · · · · · · · · ·

089　허수열, 《개발 없는 개발》, 은행나무, 2005, 86~88쪽.

090　松本武祝, 앞의 책, 148~149쪽.

091　박수현, 앞의 논문, 2001.

격도 하락하였기 때문에 손쉽게 토지를 매수할 수 있었다. 금융 기관과 일본인 지주의 유착관계를 설명함으로써 대규모 지주뿐만이 아니라 소규모 지주를 포함한 일본인 지주들이 이 기간에 어떻게 토지를 확대할 수 있었는지에 대한 수수께끼를 해명한 셈이다.

금융 기관과 일본인 지주의 유착에 관한 설명은 되었지만, 이것만으로는 풀리지 않는 또 하나의 수수께끼가 있다. 그것은 일본인 지주가 수리조합사업을 추진하게 된 동기에 관한 것이다.

수리조합사업에 관한 선행연구의 대부분이 반대운동을 중심으로 이루어졌다고 해도 지나친 말이 아닐 정도로 당시 수리조합에 관한 조선인들의 반대운동은 매우 격렬하였다.[092] 이와 같이 매우 격렬한 반대에도 어째서 수많은 일본인 지주들은 수리조합을 만들려고 하였는지 고찰해 볼 필요가 있다. 선행연구에서는 쌀을 증산하여 이익을 얻기 위해서였다고 설명한다. 즉, 수리조합사업을 추진하면 쌀의 수확량이 늘어 그만큼 이익이 생길 것으로 예측할 수 있으므로 이익을 높이기 위해서 수리조합사업을 추진하였다는 것이다. 모든 선행연구가 이와 비슷한 결론을 내리고 있다. 쌀 증산으로 말미암은 이익 밖에는 생각할 수 없다는 것이 일반적인 견해인데, 과연 그러할까?

만약 쌀 증산에 따른 이익이 그 정도로 막대하였다면, 어째서 수많은 조선인 지주는 반대하였을까. 이익이 확실하였다면 조선인들이 반

· · · · · · · · · · · · · · ·

092   앞의 논문: 박수현, 〈1920·30년대 수리조합 설치반대운동 추세와 그 원인〉, 《사학연구》 67, 한국사학회, 2002; 손경희, 〈서면수리조합 설립에 대한 반대운동〉, 《계명사학》 16, 계명사학회, 2005; 金性基·鄭勝振, 〈創設過程으로 본 日帝下 水利組合의 歷史的 性格〉, 《사회과학연구》 13-2, 충북대학교 사회과학연구소, 1997.

대할 이유가 없었다. 물론 수리조합마다 각각 여러 가지 이유를 내세 웠고, 그 가운데 일본인 지주는 찬성하지만 조선인 지주가 반대하는 이유가 명확한 경우도 있었다. 그러나 식민지 조선 전체로 범위를 확 대해 살펴보면, 대부분 수리조합사업 규모가 크면 클수록 일본인 지 주는 추진하고 조선인 지주는 반대했다는 공통점을 찾아볼 수 있으며, 사업 추진 지역에서는 조선인 지주의 몰락을 확인할 수 있다. 이처럼 거시적인 관점에서 문제를 파악할 때 이상한 점은 오히려 일본인 지주 의 동기이다. 조선인 지주는 쌀 증산에 따른 이익이 확실하지 않고 오 히려 수리조합비 부담만 커질 것이라며 반대했다. 이 같은 염려는 일 본인 지주에게도 마찬가지로 적용되었을 것이다. 금융 기관으로부터 조선인 지주보다 일본인 지주가 훨씬 융자를 받기 쉬웠다는 차이는 있 었지만, 그렇다고 해도 결국은 빚이기 때문에 반드시 변제해야 한다는 점에서 융자를 그대로 이익으로 볼수는 없다.

같은 시기 일본 내지의 수리조합에 대한 연구를 보면 이러한 의문 은 더욱 커진다. 다마키 아키라玉城哲에 따르면 이 시기의 일본 수리조 합은 사업비의 규모 면에서 견주어 볼 때 식민지 조선보다 매우 극진 히 보호받고 있었다. 일본 농림성은 1923년에 〈용배수 개량사업 보조 요항用排水改良事業補助要項〉을 부·현에 통첩하고, 부·현이 경영하는 용배 수 개량사업 가운데 농지 면적이 5백 정보를 넘는 사업에 50퍼센트를 보조할 것을 결정하였다.

조선의 산미증식계획은 제1차 때보다 제2차 때 원조가 대폭 늘었 으나 대부분 정부가 알선한 저리 자금의 융자가 증가한 것이었고, 변 제 의무가 없는 원조는 그다지 많지 않았다. 관개 개선이 20퍼센트, 지목地目 변환이 25퍼센트였고, 개간과 간척은 30퍼센트였다가 1929년 부터 50퍼센트로 올랐다.[093] 수리조합은 압도적으로 관개 사업이기 때문에 20퍼센트였다. 이와 비교하면 일본의 50퍼센트는 큰 규모다. 이러한 원조를 하게 된 이유를 다마키는 다음과 같이 설명하고 있다.

> 제1차 세계대전을 거치며 일본의 쌀값은 이상 폭등하여 쌀 소동 (1918)을 야기하기에 이르렀지만, 1920년에 발생한 반동공황 이후 쌀값은 하락한 채 계속 침체되어 있었으며 지주는 농업에 대한 적극적인 투자와 기술 개량 의욕을 거의 상실하였다. 농민은 대부분 가난하며, 고액의 비용이 필요한 농업 수리 투자의 주체로서는 아직 성숙하지 않았다. 그래서 정부 재정자금의 투입이 필요해진 것이다.[094]

1920년 이후 쌀값이 계속 하락하여 일본 내지의 일본인 지주가 농업에 대한 적극적인 투자 의욕을 상실하였기에 일본 정부가 50퍼센트의 사업비를 원조했다는 것이다. 하지만 이 정도 규모로 사업비를 원조해 주었음에도 일본에서는 수리조합사업이 그다지 열심히 추진되지 않았다. 더욱이 약소 지주의 반대를 무시하고 대규모 지주가 수리조합 설립을 강행하여 문제가 된 사례는 찾아볼 수 없다. 이 시기 일본 내지의 농업 문제는 지주와 소작인 사이의 대립이고, 수리조합을 둘러

---

093 松本武祝, 앞의 책, 65쪽.

094 玉城哲, 〈日本農業の近代化過程における水利の役割〉, 玉城哲·旗手勳·今村奈良臣 共編, 《水利の社會構造》, 國際連合大學, 1984, 33쪽.

싸고 지주끼리 서로 대립한 사례는 찾을 수 없다.[095] 이러한 사실과 식민지 조선에서 일본인 지주의 행동을 비교해 보면 매우 이상한 점을 발견할 수 있다. 조선에서 사업비 원조는 대체로 20~30퍼센트에 지나지 않았고, 쌀값이 1920년대부터 1930년대에 걸쳐 장기적인 하락 경향을 보이는 가운데 조선 쌀값은 일본보다도 낮았다. 그럼에도 대부분의 일본인 지주는 조선인 지주의 반대를 물리치고 수리조합사업을 추진하였다.

게다가 1929년이라는 시점은 조선 쌀의 증산으로 쌀값이 하락하기 시작하면서 일본 내지에서 조선 쌀의 이입 제한을 검토하기 시작한 때이었다. 조선에서 쌀이 과잉 생산되어 1934년에 산미증식계획이 중지된 것은 잘 알려져 있는 일이지만, 실제 조선 쌀의 과잉 생산이 문제된 것은 5년 전으로 거슬러 올라간다. 1929년 5월 미곡조사회가 설치된 이래 1930년 4월까지 수십 회에 걸쳐 회의가 열렸다. 당시 농업과장이던 유무라 다쓰지로湯村辰二郎를 중심으로 하는 조선총독부 측의 설득으로 이 시기에는 조선 쌀의 반입이 제한되지 않았지만, 1932년에 미곡통제조사회가 설치되면서 1933년부터 반입 제한이 실시되었다.[096] 그리고 이듬해인 1934년에 산미증식계획이 중지되었다. 만약에 수리조합사업이 쌀의 증산에 따른 이익을 생각한 것이었다면, 1929년부터 수리조합사업은 격감하였을 것이다.《동아일보》에도 미곡조사회의

· · · · · · · · · · · · · · · ·

095 玉城哲·旗手勳·今村奈良臣 共編,《水利の社會構造》, 國際連合大學, 1984를 자세히 검토한 결과 지주와 소작인의 대립은 있었으나 일본에서 水利組合 설립을 둘러싼 지주들의 대립이 있었다는 사례는 찾아볼 수 없었다.

096 井上則之,《朝鮮米と共に三十年 湯村辰二郎の記錄》, 米友會, 1956, 53~70쪽.

<그림 3-5> 창설된 수리조합의 수

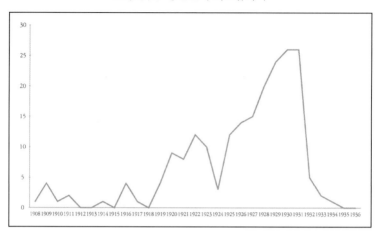

비고　李榮薰·張矢遠·宮嶋博史·松本武祝 共著,《近代朝鮮水利組合硏究》, 일조각, 1992, 10쪽
의 〈표 1-1〉의 데이터를 바탕으로 작성했다. 1912~1913년, 1915년, 1918년, 1935~1936
년의 수치는 나와 있지 않아 0으로 표시하였다.

일은 1929년에만도 80회 이상 보도되고 있었으므로 일본으로 반출되
지 않아 쌀값이 더욱 떨어질 가능성이 높았음은 분명하다. 지주의 처
지에서 생각한다면, 쌀 생산량을 늘려 부채를 지불해야 하는 수리조합
은 창설하지 않는 것이 일반적이다. 1929년과 1930년에는 수리조합
창설이 줄어야 마땅했다. 그러나 〈그림 3-5〉를 보면 알 수 있듯이, 실
제로는 1934년까지였던 제2차 산미증식기간에 창설된 수리조합의 수
는 1930~1931년에 정점을 찍었다. 어째서 일본인 지주가 그토록 열
심히 수리조합사업을 추진하였는지 의문이 든다.

　많은 선행연구는 쌀의 증산으로 얻는 이익 외에는 생각하지 않았
다. 그것밖에는 없을 것으로 생각하였기 때문인 듯하다. 그러나 수리

조합사업을 거시적인 시각에서 다시 살펴보면 쌀의 판매 이외에 큰 이익을 내는 부분이 있었으니, 바로 토목공사다. 토목공사를 담당한 토목청부업자는 공사를 통하여 막대한 이익을 올리고 있었다.[097]

이처럼 수리조합사업의 중심에 토목공사가 있었다는 사실을 고려한다면, 토목청부업자와 수리조합사업의 수수께끼를 푸는 하나의 열쇠가 되지 않을까 생각한다. 지금까지 수리조합사업에 관해서는 일본인 지주, 조선인 지주, 소작인, 그리고 조선총독부의 관점에서 연구되어 왔고 토목청부업자의 관점에서는 거의 연구가 이루어지지 않았다. 그러나 관개시설을 만들거나 저수지, 용수로 등을 만드는 토목공사가 수리조합사업의 핵심이라는 사실을 염두에 둔다면, 토목청부업자의 입장에서 본 수리조합사업에 대한 선행연구가 거의 없었다는 것이 오히려 부자연스럽다. 이와 같이 토목청부업자와 연관된 관점에서 연구할 필요성은 장시원 또한 《근대조선수리조합연구近代朝鮮水利組合研究》에서 "향후 식민지 시대의 조선 수리조합사업의 연구에 있어서도, 공사를 담당한 토목회사의 실체에도 주목할 필요가 있다."[098]라고 언급한 바 있다.

토목청부업자가 본 수리조합사업

당시 조선에 진출한 토목청부업자에게는 공사가 매우 부족했다. 경

---

097   졸고, 〈일제하 조선인 노동자의 저임금과 일본인 토목청부업자의 부당 이익〉, 《韓日經商論集》 제60호, 한일경상학회, 2013, 55~75쪽.

098   李榮薰·張矢遠·宮嶋博史·松本武祝 共著, 앞의 책, 84쪽.

인선·경부선·경의선 토목공사가 끝난 이후 철도 공사는 줄어들었으며 그 밖의 토목공사도 적어졌다. 일본에서는 민간 기업이 발달하고 있었기 때문에 건축공사가 있었으나 조선에서는 그마저도 거의 없었다. 이와 같은 상황이었으므로 토목청부업자들은 토목공사나 건축공사를 할 만한 새로운 분야를 개척하고자 애썼을 것이다.

당시 조선의 농업에 대해 서술한 자료들을 보면, 조선은 일본에 견주어 강수량이 적은데도 저수지나 용수로 같은 관개시설이 충분하지 않았음을 알 수 있다. 토목청부업자들이 조선에 관개시설 구축을 위한 토목공사가 필요하다는 데까지 생각이 미치게 되었을 것임은 자명하다. 그럼에도 그때까지 토목공사가 이루어지지 않았다는 것은 농민에게 자금이 없었다는 것을 의미한다. 결국 상당 부분 총독부 예산에서 원조를 받아야만 했다는 결론이 나오는데, 사실상 조선총독부 자체로서도 자금이 없어서 일본에서 가져오지 않으면 안 되는 상황이었다. 구체적으로는 발행한 공채를 대장성 예금부의 자금으로 사 달라고 하여 자금을 한국으로 가져오는 방법이었다. 비록 빚이었으나 이 자금으로 토목공사를 할 수 있었기 때문에 토목청부업자가 일본에 가서 정치가를 만나 그 자금을 내놓도록 운동을 하게 되었다. 한 예로 경성상공회의소 회장이며 토목건축청부업자였던 고우카이샤의 사장 와타나베 데이이치로가 산미증식계획의 수립을 위해 분주하게 움직였다고 한다면 납득이 갈 것이다.《경성일보》에는 다음과 같이 기술되어 있다.

산미계획의 확립은 와타나베 데이이치로를 조선의 대표적인 유명 인사로서 도쿄에 그 명성을 떨치게 하였다. 이후 우리의 와타나베 군은 조선 문제가 제기될 때마다 내각에 찾아가서 수상을 비롯하여 관계가 있는 대신에게 큰소리치는 역할을 맡았으며, 지금으로 말하자면 중앙정부에 진정을 요청하는 일을 담당하게 되었다.[099]

산미증식계획이 확립될 즈음하여 가장 많이 노력한 인물이 와타나베 데이이치로라는 토목건축청부업자였음이 이 기사에 쓰여 있는데, 이는 매우 당연한 일이다. 산미증식계획으로 가장 이익을 많이 얻는 이들이 토목건축청부업자이기 때문이다. 이러한 측면에서 보더라도 토목청부업자에 대해 연구해 마땅하다.

그렇다면 토목건축청부업자가 어느 정도의 이익을 얻었는가 하는 관점에서 수리조합사업의 규모에 대해 생각해 보기로 하자. 우선 수리조합사업은 규모가 큰 토목공사였다. 거의 전 식민지 시기인 1941년까지 수리조합의 공사비 총액은 2억 1,593만 4천 엔이다. 또한 대규모 수리조합의 하나인 부평수리조합富平水利組合이 1923년에 창립된 이후 1941년까지 투입한 11회의 공사비 총액은 389만 2,651엔이다.[100] 수리조합사업이 활발하게 이루어지고 있었던 시기를 중심으로 고찰하면 조선총독부의 연간 예산은 약 2억~2억 5천만 엔이다. 수리조합사업

· · · · · · · · · · · · · ·
099 《京城日報》1930.8.15.
     "産米計畫の確立は渡辺定一郎君をして朝鮮の代表的名物男として東都にその勇名を
     ほしいままにせしめた' 以来我渡辺君は朝鮮の問題が起る毎に内閣に押しかけ首相を
     はじめ関係大臣室で蛮声を張りあげる役目を買って出ることが恒例となり' 今では中央
     政府への陳情要望一手引受どころとなって仕舞った.'
100 李榮薰·張矢遠·宮嶋博史·松本武祝 共著, 앞의 책, 218쪽.

의 공사비로 2억 1,593만 4천 엔이 투입되었다는 것은, 총독부 예산 1년분과 거의 동등한 금액이 수리조합사업에 이용되었다는 뜻이다.

식민지 조선 농가의 경제 상태와 견주어 본 수리조합사업 금액

먼저 그때의 경제 상황에 대한 이해를 돕기 위해서 당시의 금액을 현재의 금액으로 환산해 보고자 한다. 단순한 물가 수준만으로는 비교할 수 없는 경제 상황의 차이가 있겠지만, 당시의 금액을 현재의 금액으로 환산해 보는 것으로 참고가 되는 경우가 많기 때문이다.

조선총독부는 비교적 중간 정도에 속하는 자작 및 소작농 1,919호를 선정하여 조사한 결과를《농가경제개황조사農家經濟槪況調査》라는 자료로 펴냈다. 이 자료에서 1933년의 농가 1년 동안 총수입을 보면 〈표 3-12〉와 같다.

〈표 3-12〉 1933년 농가 경제 개황 조사

	1호당	가족 1명당	1호당 현금 수입
南鮮區	462엔	73엔	191엔
中鮮區	493엔	77엔	208엔
西北鮮區	462엔	69엔	222엔
全鮮	472엔	73엔	206엔

출전 朝鮮總督府農林局農村振興課 篇,《農家經濟槪況調査: 自作兼小作農家 1933年~1938年》, 1940, 25쪽.

수입이 연간 450~5백 엔으로 1개월에 40엔 정도이고, 현금 수입은 1년 동안 약 2백 엔에 지나지 않는다. 비료·소작료 등 농사에 필요한 영농지출이 평균 194엔 정도였으므로 실수입은 겨우 2백 엔 정도였다. 조사한 호수의 절반 이상에 부채가 있었으며, 평균 부채는 212엔이었다. 각 호의 가족 수는 평균 6.5명, 농업 종사자는 평균 3.8명[101]이므로 이는 3~4명이 노동한 결과다. 환산하면 1인당 1년에 1백 엔, 1개월에 10엔 이하, 1일 30전 정도 벌었다는 계산이 나온다. 실제 조사결과에서도 1인당 36전[102]에 지나지 않았다. 여기에서 영농지출을 제하면 실제로는 1인당 1일 18전 정도다.

다음 〈표 3-13〉과 〈표 3-14〉는 한국은행 경제통계시스템에서 2017년의 쌀값을 기준으로 당시 1원[103]을 현재 가치로 환산한 결과를 우리은행 외환센터에서 발표한 기간별 평균 환율을 기준으로 하여 엔화와 비교한 것이다. 2017년 1백 엔당 원화의 평균 매매 기준율은 1008.29원이었다.

〈표 3-13〉 1910~1940년 1원의 현재 환산 가치

연도	당시 1원의 현재 환산 가치	엔화와 비교 (매매 기준율)
1910	18,697원	1,854.33엔
1915	19,316원	1,915.72엔
1920	5,251원	520.78엔
1925	5,784원	573.64엔

•••••••••••••
101 朝鮮總督府農林局農村振興課 篇,《農家經濟槪況調査: 自作兼小作農家 1933年~1938年》, 1940, 5쪽.

102 위의 책, 8면.

103 그때 식민지 조선과 일본 내지의 화폐는 달랐지만 단위와 교환 비율은 같았다. 여기에서는 이해를 돕기 위해 당시 조선의 1엔을 1원으로 썼다.

연도	당시 1원의 현재 환산 가치	엔화와 비교 (매매 기준율)
1930	8,787원	871.48엔
1935	7,859원	779.44엔
1940	5,744원	569.68엔
평균	10,205원	1,012.15엔

〈표 3-14〉 제2차 산미증식계획 기간(1926~1934) 1원의 현재 환산 가치

연도	당시 1원의 현재 환산 가치	엔화와 비교 (매매 기준율)
1926	6,315원	626.31엔
1927	6,824원	676.79엔
1928	7,765원	770.12엔
1929	7,648원	758.51엔
1930	8,787원	871.48엔
1931	13,058원	1,295.06엔
1932	10,553원	1,046.62엔
1933	10,293원	1,020.84엔
1934	9,439원	936.14엔
평균	8,965원	889.10엔

현재 화폐 단위에 따른 엔화와 원화의 차이는 약 10배[1엔=10.08원]이지만, 식민지 조선에서 1원과 1엔은 일대일 교환이 보장되었으므로 당시 1원의 가치는 1엔과 동일하다고 가정할 수 있다. 1910년부터 1940년까지 5년 단위로 나누어 1원의 평균 환산가치를 계산해 보면 요즘의 1만 원(1만 205원), 약 1천 엔(1,012엔) 정도이다. 제2차 산미증식계획 기간(1926~1934)과 비교하면 평균 약 9천 배(8,965배) 차이가 난다. 〈표 3-12〉

의 개황 조사가 이루어진 1933년의 1원은 지금의 약 0.0001원이다.

한편 2018년 한국 보건복지부가 발표한 기준 중위소득과 그 60퍼센트를 반올림하여 산출하는 최저 생계비를 정리하면 다음 〈표 3-15〉와 같다. 이에 따르면 7인 가구의 최저 생계비는 421만 6,415원, 6인 가구의 경우 371만 4,784원이다.

〈표 3-15〉 2018년 대한민국 기준 중위소득과 최저 생계비 (단위: 원/월)

	기준 중위소득	최저 생계비
1인	1,672,105	1,003,263
2인	2,847,097	1,708,258
3인	3,683,150	2,209,890
4인	4,519,202	2,711,521
5인	5,355,254	3,213,152
6인	6,191,307	3,714,784
7인	7,027,359	4,216,415

1933년과 견주어 보기 위해 2018년 기준 6~7인 가구의 최저 생계비를 10,293분의 1로 나누어 당시 가치로 환산하면 361~410원이다. 평균 6.5명인 가족의 최저 생계비로 한 달에 이 정도는 필요했다는 뜻이다. 일 년으로 환산하면 연 4,331~4,916원이다. 그러나 개황 조사 결과로 분석한 중간층 조선 농민 가정의 연수입은 472엔, 실수입은 2백 엔 정도였다. 현재 가치로 환산하면 연수입 485만 8,296원, 실수입 약 206만 원이다. 요즘의 한 달치 최저 생계비도 되지 않는 수입으로 일 년을 살았으며, 그만큼 빚도 지고 있었던 것이다. 빈곤 농가가 아니

라 '비교적 중간층'이었던 농가의 수입이 이와 같았다. 그나마도 일할 수 있으면 다행이었으나, 한 명조차 일하기 어려운 상황이었으므로 화전민이 되거나 일을 찾아서 간도 지방이나 일본으로 갈 수밖에 없었을 것이다.

임금 면에서 비교해 보면, 2018년 한국의 법정 최저 임금 월 157만 3,770원은 1933년의 약 153원(152.86원)에 해당한다. 그때 1인당 한 달에 10원 이하를 벌었을 것으로 추정되는데, 이는 현재 최저 임금의 6.5퍼센트 이하, 즉 10만 2,955원에도 미치지 못하는 액수이다. 조선 농촌의 경제 상태가 얼마나 궁핍한 수준이었는지 실감할 수 있다.

이런 상황에서 수리조합사업의 공사비 총액 2억 1,593만 4천 엔은 엄청난 금액이다. 현재 가치로 2조 원(2천억 엔)이 넘는 금액이 수리조합사업에 쓰인 것이다. 공사마다 쓰인 비용 또한 1만~1백만 엔이었으므로 1억 원(1천만 엔)에서 1백억 원(10억 엔)에 달한다.

총독부로부터 원조가 있다고는 해도 기본적으로 각 농가에 수리조합비로 부과되는 것이다. 게다가 수리조합이 일단 인가를 받고 설립되면 수리조합비는 세금과 동일한 성질을 갖게 되어 강제 징수권이 있었으므로 지불하지 않으면 재산의 차압 등 강제집행을 당했기 때문에[104] 부담이 컸다고 할 수 있다. 한 수리조합에 속하는 농가의 수가 매우 많아서 농가 1호당 부담은 그다지 크지 않았다. 그러나 수리조합비를 못내고 농지를 매각하는 상황이 발생한 것을 보면 농가의 경제력에 견주어 수리조합사업의 공사 금액 규모가 과대했을 것으로 추측된다.

••••••••••••••••
104   金谷要作, 《朝鮮の産業金融について》, 友邦協會, 1980, 98쪽.

수리조합사업 공사금액 검토

수리조합비가 무엇 때문에 이처럼 높았느냐는 문제에 대하여 지금까지의 연구는 대부분 농업용 관개시설만이 아니라 본래 정부가 했어야 할 치수 사업까지 담당케 했음을 지적하는 데 머무르고 있다. 수리조합에 치수사업까지 부담시키고 있었다는 문제[105]도 지나칠 수 없지만, 수리조합이 지주들의 자주적인 의사로 설립되었기 때문에 조합 자체가 어떠한 결정을 내렸는지가 논의되어야 할 것이다.

만약에 수리조합사업이 진정으로 농민의 이익을 생각하였다면 농가의 부담을 줄이기 위해서 공사의 규모를 최소한으로 하고 공사비 이외의 지출도 가능한 한 억제하여야 한다. 이와 같은 관점에서 보았을 때 수리조합의 재정은 어떠하였는지 조사해 보자.

우선 공사비이다. 공사 견적을 정확하게 내어 공사비가 부당하게 높았는지 아니면 적정했는지를 판단하려면, 그때의 토목기술 전문가가 토지에 적합한 관개시설 건설계획을 세웠는지와 다양한 건축 자재의 가격이나 노임, 시공일정 등이 적절하였는지를 검토하지 않으면 안된다. 공사비 산정 과정을 고찰해 보기로 하겠다.

토목청부업자가 토목공사로써 이익을 확보하려면 몇 가지 넘어야 할 벽이 있다. 첫째가 입찰이다. 수리조합사업의 공사는 민간 공사이기 때문에 반드시 일반경쟁입찰을 해야 할 의무는 없다. 그러나 민간 공사라 할지라도 여러 업자에게 견적 가격을 사전에 제출하게 하고 가격을 비교하여 청부업자를 결정하는 경우는 지금도 흔히 있는 일로,

• • • • • • • • • • • • • •

105 松本武祝, 앞의 책, 112~113쪽.

규모가 큰 공사라면 발주자는 경쟁입찰 방식을 취하는 편이 유리하다. 그런데 실제로는 일반경쟁입찰이 아니라 수의계약인 경우가 많았다는 것을 낙찰 기록으로도 알 수 있다. 그만큼 수리조합사업의 공사는 청부업자에게 유리하였다고 할 수 있다.

가령 조선총독부가 발주자가 되어 철도 공사를 발주한다면, 그 전에 조선총독부 철도국의 전속 기술자가 공사 견적을 내어 최고 한도액을 결정하고, 입찰 때 이를 초과하는 경우밖에 없다면 다시 입찰을 했을 것이다. 그러나 수리조합사업에는 전속 기술자가 없기 때문에 청부업자의 입찰가대로 결정되는 경우가 대다수였을 것으로 생각된다.

표면적으로는 외부 기술자를 고용해서 관개시설 건설에 관해서 설계하고 그 시점의 견적 가격을 내게 하여 참고하였을 것이다. 그러나 견적 가격을 낮게 산정한다고 해서 그 기술자에게 가는 이득은 없다. 오히려 어느 정도 높은 견적 가격을 산정하여 동료 청부업자에게 미움을 받지 않는 편이 낫다. 또한 낮은 시공가를 설정해서 만약 불량 공사가 행해지거나 하면 자신의 책임 소재가 되지만, 견적 가격이 다소 높았더라도 제대로 공사가 이루어지면 책임을 추궁당하지 않는다. 토목공사는 하나하나가 다른 토지에서 이루어지는 다른 형태의 공사이므로 완전히 동일한 공사는 없다. 따라서 다른 토목공사와 비교된다고 하여도 어느 정도의 차이는 충분히 오차 범위를 감안하여 마무리 짓게 된다.

이상과 같은 점을 살펴보면, 조선총독부나 지방자치단체에서 발주된 공사에 견주어 수리조합 공사는 청부업자에게 유리한 높은 가격으로 책정되었다고 할 수 있다.

수리조합사업의 관리비

청부업자에게 공사의 많고 적음은 사활의 문제로 직결된다. 이 때문에 철도 공사의 계획과 설립, 확대를 위해서 도쿄와 조선을 몇십 번씩 왕복하면서 국회의원들과 만나 담판과 진정을 하였으며, 데이코쿠 호텔에 정치가와 실업가를 모아 성대한 회합을 개최한 것이다. 그 과정에서 일본 제국의회의 승인을 받아 산미증식계획을 시작한 것도 전술한 바와 같다. 정치인에게 로비함으로써 이런 유리한 조건의 수리조합사업 공사가 증가한다면, 청부업자는 당연히 하지 않을까.

공사비 이외의 비용을 살펴보자. 당시 조선에 거주하고 있던 토목기술자들의 수리토목연구회水理土木研究會에서 1929년부터 토목 기술을 다룬 잡지《공사의 벗》을 출간하였는데, 그 가운데 수리조합공사 사업비 내역을 게재한 부분이 네 곳 있다.

〈표 3-16〉 동진수리조합東津水利組合 공사 개요 (단위: 엔)

관리비	327,685	3.5%
공사 감독비	632,930	6.7%
공사비	5,989,923	63.7%
용지비	1,385,183	14.7%
잡비	500	0.0%
도로개수 기부금	80,000	0.9%
창립비	255,000	2.7%
조합채비組合債費	589,000	6.3%
예비비	138,000	1.5%
합계	9,400,000	100.0%

출전 水理土木研究會,《工事の友》第1集 第1號, 1929.1.

비고 원 자료의 합계에 오류가 있다. 위의 비용을 모두 합한 값은 9,398,221엔이다.

〈표 3-17〉 연해수리조합沿海水利組合 공사 개요 (단위: 엔)

관리비	384,570.22	5.3%
공사 감독비	335,479.22	4.7%
기성 공사비	1,949,000.00	27.1%
공사비	2,251,577.00	31.3%
건물비	28,606.00	0.4%
용지비	963,952.71	13.4%
보상비	20,000.00	0.3%
조합채비	999,871.12	13.9%
예비비	45,000.00	0.6%
창립비	211,851.24	2.9%
합계	7,189,907.00	100.0%

출전 水理土木研究會,《工事の友》第1集 第4號, 1929.7.
비고 원 자료의 합계에 오류가 있다. 위의 비용을 모두 합한 값은 7,189,907.51엔이다.

〈표 3-18〉 중앙수리조합中央水利組合 공사 개요 (단위: 엔)

창립비	23,788	0.3%
공사비	4,280,273	58.1%
사무소비	64,780	0.9%
측량 설계비	464,158	6.3%
용지매수 보상비	763,054	10.4%
건축 영선비	19,121	0.3%
전화 가설비	12,824	0.2%
조합채비	1,542,000	20.9%
예비비	190,902	2.6%
계	7,361,000	100.0%

출전 水理土木研究會,《工事の友》第1集 第5號, 1929.9.
비고 원 자료의 합계에 오류가 있다. 위의 비용을 모두 합한 값은 7,369,000엔이다.

〈표 3-19〉 재신수리조합載信水利組合 공사 개요 (단위: 엔)

순 공사비	2,399,000	83.9%
창립비, 사무비, 잡비	132,400	4.6%
조합채비	106,700	3.7%
공사 감독비	172,000	6.0%
예비비	50,900	1.8%
합계	2,861,000	100.0%

출전 水理土木研究會,《工事の友》第2集 第1號, 1930.2.

수리조합은 관개시설을 건설하기 위한 것이므로 공사비가 압도적인 비율을 차지하였을 것이라고 예상되지만, 반드시 그렇지는 않았음을 알 수 있다. 재신수리조합載信水利組合의 경우 순 공사비가 사업비 중 83.9퍼센트를 차지하고 있으며, 공사 감독비까지 포함하면 89.9퍼센트로 거의 90퍼센트에 이른다. 그러나 동진수리조합東津水利組合은 공사비와 공사 감독비를 합하여 70.4퍼센트, 중앙수리조합中央水利組合은 공사비 58.1퍼센트, 연해수리조합沿海水利組合의 경우에는 공사 감독비, 기성 공사비, 공사비를 합하여 63.1퍼센트이다.

공사 비용은 어쩔 수 없다고 하여도 공사 이외의 비용은 가능하면 삭감해야 마땅한데, 이 부분은 어떠한지 살펴보기로 하자.

재신수리조합의 경우, 공사비 이외에는 창립비, 사무비, 잡비, 조합채비, 예비비 등이 예산총액의 10퍼센트를 차지한다.

동진수리조합의 내역에서는 관리비 32만 7,685엔, 창립비 25만 5천 엔, 잡비 5백 엔, 예비비 13만 8천 엔으로 도합 7.7퍼센트이다. 관리비는 관리를 위한 비용, 즉, 사무를 보는 데 드는 비용이다. 32만 엔은 조선인의 하루 임금 70전에 비추어 보면 한 해 동안 약 47만 명(46만 8,121명)을 고용할 수 있다. 조선인 47명을 1만 일(약 28년), 조선인 1백 명을 4천 7백 일(약 13년) 고용할 수 있는 비용이 이 부분에 할당되어 있는 것이다. 일본인의 임금은 이보다 높아 일반적으로 70엔 정도였으며, 최고위 재판관의 월급이 250엔이었으므로[106] 연봉은 3천 엔이다. 관리비 32만 엔은 최고위 재판관 10명을 10년 동안 고용할 수 있는 금액이다. 이는 완전히 다른 용도에도 사용할 수 있는 거금이다. 가난한 농촌을 위한 사업으로는 상당한 관리비라고 할 수 있을 것이다.

　사무소 건설 비용이 공사비에 계상되지 않고 관리비에 들어 있었을지도 모르지만, 그것에도 그리 큰 금액이 필요하지 않다. 사무소 등의 건물 건축 비용도 그다지 많이 들지 않았다.[107] 한 예로 1926년 5월호에 기재되어 있는 사무소와 사택 신축공사에는 2,250엔, 1930년 7월호에 기재되어 있는 사무실 신축 공사비로는 1,320엔이 들었을 뿐이다. 4천 엔으로 사무소 5곳을 만들었다고 가정하면 2만 엔이며, 거기에서 월급 1백 엔인 일본인을 2명씩 고용했다고 해도 한 달에 2백 엔, 1년에 2천 4백 엔에 지나지 않는다. 20명씩 고용하더라도 1년 동안 2만 4천 엔이므로, 1925년부터 1928년까지 4년 동안 보고했다 하더라도 9만 6천 엔, 거기에 사무소 건설비를 추가하여도 12만 엔 정도로 충분할 것인데, 관리비로 32만 엔이다. 대체 어디에 사용한 것인가.

- - - - - - - - - - - - - - - -

106　岡本真希子,《植民地官僚の政治史》, 三元社, 2008, 192면.

107　본문에도 있는 내용이지만,《조선토목건축협회회보》의 집계를 보면, 수리조합의 사무소 건설에 드는 비용은 한 곳당 1천~4천 엔 정도가 일반적이었다.

수리조합사업과 일본인 지주의 이익

위 표에서 또 다른 항목인 창립비는 창립할 때 드는 비용이다. "설립할 때 발기인의 동의를 얻기 위한 비용이나 설계를 부탁하기 위한 비용"[108]이라고 하는데, 이것 역시 고액이다. 설계를 의뢰하는 비용임은 이해가 가지만, 발기인의 동의를 얻기 위한 비용이라는 점은 깊이 생각해 보면 매우 이상하다.

그 지역에 토지를 가지고 있는 지주는 수리조합사업 시행 결과로 수확이 증가한다면 비록 공사비용 같은 지출이 생겨도 최종적으로는 수입이 증가할 것이므로 이를 고려하여 수리조합의 설립을 찬성한다. 수리사업을 해도 공사비용만 부담하게 되고 그다지 수입은 증가하지 않는다든가, 혹은 적자가 예상될 위험성이 있다면 조합 설립에 반대할 것이다. 이 외에 각 지주의 판단에 다른 요소가 영향을 미쳐서는 안 된다. 그런데 발기인의 동의를 얻기 위한 비용이 존재했다는 것은, 원래대로라면 동의를 얻기 어려우므로 지주의 찬성을 이끌어 내기 위한 비용이 필요하다는 뜻이다. 발기인이 모였을 때의 식사비나 교통비, 혹은 발기인으로서 며칠 동안 일한 대금 등의 합이 5백 엔 정도라면 문제가 없겠지만, 동진수리조합의 창립비는 25만 5천 엔에 달한다. 예를 들어 이 가운데 15만 엔을 서로 나누어 가졌다고 해도 발기인이 10명이라면 1인당 1만 5천 엔이 된다. 현재 가치로 이 금액을 환산하면 약 1억 5천만 원(1천 5백만 엔) 정도가 된다. 이러한 금액이 수리조합에서, 특히 일본인 발기인이나 일본인 지주 사이에 거래되고 있었다면, 수리

....

108 金谷要作, 앞의 책, 101쪽.

조합사업의 위험성이 약간 높다고 판단되더라도 조합 설립에 찬성하는 일본인 지주가 많았던 이유가 설명된다.

"발기인의 동의를 얻기 위한 비용"이라는 설명을 또 다른 측면에서도 풀이할 수 있다. 일이 없어 곤란한 상황에서 벗어나기 위해 도쿄까지 몇 번이고 왕복하여 법안을 성립하도록 운동을 벌인 토목건축청부업자들이 법안이 성립된 뒤로는 방관하며 아무 일도 하지 않았을 리 없다. 조선의 철도 공사를 늘리기 위해서 도쿄까지 가서 정치가나 재계 인사들과 담판할 정도였으니, 같은 조선에 살고 있는 지주, 특히 일본인 지주에게 부탁하는 것 정도는 매우 간단하였을 것이다. 만약 지주가 자금적인 불안으로 수리조합에 적극적이지 않다면 다소의 자금을 융통해 주었을 수도 있다.

토목건축청부업자도 자금적인 여유가 그리 많지는 않았겠지만, 큰 공사를 수주하게 되면 계약한 내용에 따라 금융 기관으로부터 융자를 충분히 받을 수 있다. 수리조합의 토목공사는 소규모라 하여도 수만 엔이며 대규모라면 수십만 엔부터 수백만 엔에 이르기 때문에, 현재 금액으로 최대 수백억 원(수천억 엔)의 금액이 움직이게 되므로 이익도 당연히 커진다. 그러므로 일본인 지주에게 금전적으로 원조하는 일은 매우 간단했으며, 이러한 사항이 직접 기재된 항목이 창립비라고 생각된다. 그러나 창립비가 없어도 공사를 성립시키기 위해서 청부업자가 일본인 지주를 상대로 자금을 융통하는 일은 얼마든지 가능했다고 생각된다.

이러한 내용을 이해하기 쉽게 도식으로 만들면 〈그림 3-6〉과 같다.

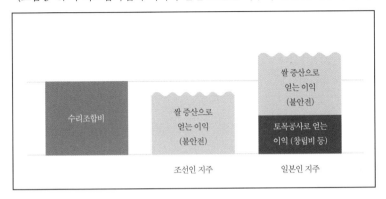

〈그림 3-6〉 수리조합사업의 이익에 관한 조선인 지주와 일본인 지주의 차이

일본인 토목청부업자와 일본인 지주의 유착

이러한 금전적 움직임을 직접 증명할 자료는 찾지 못했지만, 이들 사이의 직접적인 관계를 나타내는 자료는 남아 있다. 청부업자 스스로 수리조합을 설립한 경우다. 즉, 수리조합 발기인이나 조합장을 청부업 자가 역임하는 것이다. 대표적인 사례로 토목건축업자인 고우카이샤 의 사장 마쓰야마 쓰네지로松山常次郞는 대규모 수리조합이었던 부평수 리조합의 조합장을 역임하고 있었다. 이 밖에 다른 경우를 찾아내기 위해 국사편찬위원회 한국사데이터베이스에서 수리조합을 검색하자, 한국근현대인물자료에서 298명이 나왔다. 한국인은 180명, 일본인은 118명이었으며, 일본인 118명 가운데 토목과 건축, 청부업 등에 관련 이 있는 사람은 12명이었고 그 가운데 7명은 토목건축청부업자로서 수리조합의 공사도 하청받았다는 기록이 있었다. 나아가 5명은 수리 조합의 조합장을 했다는 기록이 있으므로 마쓰야마 쓰네지로를 제외

한 4명에 대해 살펴보기로 하겠다. 발췌하면 다음과 같다.

오쿠라 요네키치大倉米吉, 1874~

오쿠라토목[지금의 다이세이건설]과 데이코쿠 호텔 등을 창설한 오쿠라 기하치로의 차남이다. 당시로서는 매우 큰 규모의 토목청부업자인 오쿠라토목의 회계 주임을 맡고 있었는데, 1908년에 오쿠라농장의 경영을 위해 조선으로 건너온 뒤 임익수리조합장臨益水利組合長을 역임하였다. 학교 등에도 자주 기부를 하였다.[109]

이케가미 기사부로池上儀三郎, 1889~

1911년에 조선에 건너와서 전라북도 서기, 농무과 주석, 관방 주사를 거쳐 1932년 토목 주사主事가 된다. 1933년에 토목 주사를 사임하고 곧바로 익옥수리조합益沃水利組合의 이사가 되었다.[110]

우에다 쇼이치植田庄市, 1890~

1913년에 조선으로 건너와서, 조선총독부 토목국, 평안북도수리조합 등에 근무. 그 후 1929년부터 토목청부업자 사가와구미佐川組를 설립하여 사장이 된다.[111]

109 〈大倉米吉〉, 국사편찬위원회 한국사데이터베이스 한국근현대인물자료, 〈http://db.history.go.kr/id/im_215_10845〉, (2019.1.30.)
110 〈池上儀三郎〉, 국사편찬위원회 한국사데이터베이스 한국근현대인물자료, 〈http://db.history.go.kr/ id/im_215_13582〉, (2019.1.30.)
111 〈植田庄市〉, 국사편찬위원회 한국사데이터베이스 한국근현대인물자료, 〈http://db.history.go.kr/id/im_ 215_30656〉, (2019.1.30.)

도키히로 요이치時弘彌市, 1891~

1919년에 조선으로 건너온다. 1935년 현재 공사 청부업을 경영하면서 수리조합의 평의원이며, 우체국 소장을 지내기도 하였다.[112]

오쿠라 요네키치는 부친이 일본 최대 토목업체의 창설자이며 자신도 그곳에서 회계 주임을 맡아 왔으므로 본인이 직접 토목건축업에 종사하지 않더라도 토목건축업의 입장에서 생각하는 경향을 띠었을 것이다. 임익수리조합장을 역임할 때에도 토목건축업자 측 입장을 고려하였을 것이며, 부친에게 부탁하거나 자신의 경력을 살려서 공사의 이익을 토목건축업에서 수리조합의 일본인 지주에게 돌려줄 수도 있었을 것이다.

이케가미 기사부로는 1911년부터 1933년까지 조선총독부의 지방 관청에 근무하고 있었는데, 토목 주사가 된 지 일 년 만에 관리를 그만두고 익옥수리조합 이사가 되었다. 전형적인 낙하산 인사이다. 쌀의 증산보다 관공서와 우호적 관계를 쌓아올리기 위한 인사로 보인다. 이케가미도 관청의 토목과와 관련이 있으므로 토목청부업자에게 매우 강한 발언력을 갖고 있었을 것이며 수리조합의 일본인에게 토목건축업자의 이익을 돌려주도록 압력을 가할 수도 있었다고 생각된다.

우에다 쇼이치는 조선에 와서 총독부 토목국에 근무하였으며 평안북도수리조합 등에 몸담은 뒤에 직접 청부업을 시작하였는데, 토목국

<hr>

112 〈時弘彌市〉, 국사편찬위원회 한국사데이터베이스 한국근현대인물자료, 〈http://db.history.go.kr/id/im_215_01084〉, (2019.1.30.)

에서 근무한 경력 덕분에 쉽게 수리조합에서 근무할 수 있게 되었던 듯하다.

도키히로 요이치는 공사 청부업을 하면서 수리조합의 평의원을 지냈으므로 자연스럽게 수리조합과 청부업자 사이 밀접한 관계가 형성된다.

수리조합과 청부업자가 긴밀한 관계를 맺고 있음을 알 수 있는 사례는 그다지 많지는 않지만, 이러한 경우만 보더라도 토목청부업자와 수리조합의 결속은 간단히 성립되었다고 할 수 있다. 이 네 가지 경우로 알 수 있는 것은, 토목과 관계 있는 일본인은 쉽게 수리조합의 조합장이나 이사 또는 평의원이 될 수 있었다는 것이다. 수리조합에서 토목업자와 조선총독부 토목과는 중요한 존재였다고 생각된다.

조금 더 자세한 사정을 엿볼 수 있는 경우로 가장 먼저 예를 들었던 마쓰야마 쓰네지로에 대해 살펴보도록 하자.

마쓰야마는 일본 도쿄제국대학 토목공학과를 졸업한 뒤 미국 캔자스주 와델공무소에서 수리·교량 및 토목학을 전공하고 1910년 귀국하여 1912년 도쿄부 토목기사, 교량 주임을 지내다가 사직하였다. 1913년에 조선 황해도 천좌농장川佐農場의 기사장이 되었고, 1915년부터 1917년까지는 평안북도 대정수리조합大正水利組合 기사장을 역임하였다. 1918년에는 수리 관개와 전기사업의 설계 입안立案을 전문으로 하는 공무소 고우카이샤를 설립하여 사장이 되었으며, 1920년에는 국회의원선거에 출마하여 중의원 의원에 당선되었다. 1924년에 고우카이샤 사장직을 사직하였고, 그 뒤에는 선만개척회사鮮滿開拓會社, 남해척식회사南海拓植會社 사장에 취임하였다. 하지만 그가 혼자서 한 일은 아니다. 마쓰야마는 처음 조선에 건너온 1913년 와타나베 데이이치로와 함께 일을 하게 된다. 마쓰야마는 당시 29세였으며 와타나베가 42세로 13세 연상이었다. 와타나베는 아내의 오빠인 니가타현의 부자 가와카미 사타로川上佐太郎를 설득해서 황해도에 투자하여 간척사업에 성공하는데, 이때 데려간 토목기사가 마쓰야마 쓰네지로다. 마쓰야마가 1918년에 만든 회사가 고우카이샤이며, 부평수리조합의 초대 조합장으로서 수리조합의 인가를 받은 것은 1923년이다.

부평수리조합은 조합 설치 이전인 1922년에는 3,872정보, 1941년에는 4,120정보의 양수기揚水機를 수원으로 하여 수리조합으로서는 조선 최대였지만, 일본인 대지주인 한다 센지로半田善四郎가 중심이 되어 고우카이샤의 사장인 마쓰야마 쓰네지로에게 수리조합의 창설, 설계, 공사까지 선임하였다. 한다 센지로는 구역 안에 토지를 406정보 소유한 최대 지주이며, 마쓰야마도 8.2정보를 가지고 있었다. 토목건축업자도 조선에 살고 있는 일본인으로서 당연히 자금을 모아서 토지를 구입하여 자산을 운용하려고 했으며, 지주가 된 경우도 적지 않았다. 따라서 그 구역의 토지를 소유한 일본인 지주로서 자연스러운 형태로 수리조합의 경영에 참가하는 것도 충분히 가능하였을 것이다.[113]

즉, 마쓰야마 쓰네지로는 수리조합장인 동시에 공사를 하청받는 토목청부업자였다. 이 같은 경우에는 일반적으로 수리조합사업과 토목

113 〈松山常次郎〉, 국사편찬위원회 한국사데이터베이스 한국근현대인물자료, 〈http://db. history.go.kr/id/im_215_01014〉, (2019.1.30.); 九度山町柿の里振興公社 松山常次郎記念館 松山常次郎氏とは, 〈http://kaki-kudoyama.com/sights/spot6_1.html〉, (2014.11.18.) 참조.

공사 양쪽으로부터 이익을 내려고 한다. 마쓰야마 또한 수리조합사업만으로 이익을 올리려고 하지는 않았을 것이다. 어느 한 곳에서든 이익이 보장된다면 좋았겠지만, 최악의 경우에는 수리조합사업의 손실을 토목공사의 이익으로 충당하려고 하였음이 틀림없다. 이 당시 토목공사는 일본인 청부업자에게 큰 이익을 남기는 상당히 중요한 사항이었으며, 또한 공사를 하는 만큼 이익이 나왔다.[114]

따라서 수리조합사업은 쌀 생산량을 늘려 이익을 내기 위한 사업이라기보다는 쌀의 증산이라는 대의명분을 앞세워 조선의 농민을 납득시켜 수리조합비로 공사비를 부담시키고자 한 수단이었으며, 실제로는 오히려 토목공사로 이익을 내려고 하였던 것은 아니었을까 싶다. 이러한 생각을 가진 일본인 청부업자가 직접 토지를 보유하고 수리조합장이 되어 수리조합사업을 추진하는 경우도 있었으며, 또한 일본인 청부업자가 일본인 지주와 유착하여 이익을 반반씩 나누는 형태로 수리 사업을 추진한 경우도 많았을 것으로 생각된다.

일본인의 취직자리로서 수리조합

수리조합과 일본인의 유착에 관계한 수리조합 직원의 급여 문제를 살펴보고자 한다. 1930년 기준 143개 수리조합에서 근무하고 있던 유급직원은 856명으로, 수리조합 한 곳에 평균 약 6명(5.98명)의 직원이 있었다. 월급의 합계는 7만 1,802엔, 연간 수입으로 환산하면 86만 엔 정도이므로 평균을 내면 1인당 월급으로는 83엔 88전, 연봉은 약

••••••••••••••••
114   졸고, 앞의 논문, 55~75쪽.

1,007엔(1,006.57엔)[115]이 된다.

〈표 3-12〉의 농가 경제 개황조사에서 살펴본 바와 같이, 이 직원들의 급여는 1인당 연간 70엔 정도밖에 되지 않는 수입으로 살아가는 농가로부터 징수한 수리조합비에서 나가는 것이다. 이 직원이 이 급여를 받을 만큼 가치 있는 일을 하고 있다면 문제는 없을 것이다. 그렇다면 이 수리조합의 직원이 어떠한 일을 하였는가에 대해 생각해 보자.

수리조합은 농지의 수리관개시설을 만드는 것이 목적이기 때문에 제일 중요한 것은 수리관개시설의 공사지만, 설계와 관련된 것은 주로 시작 단계에서 필요하며 관련 비용은 창립비나 설계비로 별도 계상된다. 설계자는 보통 공사감독으로서 현장에서 직접 공사를 감독·지도·검사해 나가지만, 이 인건비는 공사 감독비로 계상하든지 공사비에 포함시키는 것이 일반적이고 수리조합 직원의 인건비로 지출하지는 않는다. 또한 공사는 청부업자와 노동자가 담당하는 것이지, 수리조합 직원의 일은 아니다.

설계와 공사 이외에 중요한 업무에는 회계에 관한 것과 완성한 수리시설의 유지 관리, 배수작업 등이 있다. 회계는 조합채권을 발행 및 지불하고 토지 소유자로부터 수리조합비를 징수·관리하며 공사비를 지불하는 등의 일이라고 생각되지만, 이는 일부러 직원을 고용하지 않아도 수리조합 설립에 찬성한 지주나 농민들이 서로 협력하면 염가로 해결할 수 있는 일이다. 또한 완성된 수리시설의 유지 관리나 배수 작업 등도 일부러 전속 직원을 고용할 정도의 일이었을까 하는 의문을

115　朝鮮土地改良部,《朝鮮土地改良事業要覽》, 1930, 134~140쪽.

지울 수가 없다. 한 달에 며칠만 일급을 지불해서 고용하면 충분하였으리라고 생각한다.

마쓰모토 다케노리의 연구에 따르면, 수리조합과 같은 성격을 띤 일본의 토지개량구土地改良區에는 실제로 직원이 없는 경우가 상당히 많았다고 한다. 이에 대하여 그는 일본과 달리 조선에서는 말단에서 일상적인 시설과 용수관리까지 직원이 담당하는 일이 많았기 때문이었을 것이라고 서술하고 있지만,[116] 필자는 동의하지 않는다. 이는 수리조합이라는 일본인이 권력을 장악한 조직의 부당한 이익 확보였던 것이다. 수리조합에 많은 직원은 필요하지 않았지만, 일본인의 취직자리를 확보하기 위해 수리조합을 이용하였을 것으로 생각된다. 실제로 다음과 같은 비판이 따랐다.

낙하산 인사를 하여 공무원을 조합장에 앉혀 막대한 봉급을 지불한다 하지 말고, 실제로 영농 경험이 있는 권위자를 그 자리에 앉히는 등 수리조합을 합리적으로 경영해야 하지 않겠는가. ……공무원을 앉혀서 조사나 봉급 등으로 40만~50만 엔을 지출하고도 조합의 설립공사를 기공하지 못한다면 몇 년이 지나도 조선 농민이 수리조합의 설립에 반대하고 저주를 퍼부을 것이다.[117]

---

116 松本武祝, 앞의 논문, 103~104쪽.

117 大陸硏究社 編纂,《滿鮮問題の歸趨》, 1934, 190면,
"更に役人の天下りをして組合長たらしめ莫大な俸給を支拂ふ等と云ふことをせず實際に營農の體驗ある權威者をしてその職に當らしむる等水利組合の合理的經營を爲すべきではないか (中略) 役人を天下らせ調査俸給等に四五十萬円もの金を支出し組合の設立工事の起工に至らぬやうでは幾年經っても朝鮮農民が水利組合の設立に反對し

여기에서 알 수 있는 것은 공무원의 낙하산 인사처[재취직처]로서 수리조합이 기능했다는 사실이다. 정말로 산미증식계획의 하나로 수리조합사업이 이루어졌으며 농업의 발전을 위한 것이었다면, 고용직원을 최저한으로 하여 농민의 부담이 되는 지출을 줄여야 했다. 하지만 그렇지 않고 공무원의 재취직처로 활용하며 높은 급여를 지불하였다. 뿐만 아니라 부평수리조합에서는 관리의 퇴직급여금까지 적립하고 있었다. 이러한 사실은 주목할 만하다. 조합에서 일하고 퇴직한 직원에게까지 급여를 지급하려고 적립을 한 것이다. 수리조합이 농민을 위한 단체가 아니라 관공청과 이어 주는 일본인을 위한 안정된 취직처로서 기능하고 있었다는 뜻이다.

수리조합의 대행기관

일본인의 취직자리 확보라는 관점에서 보면, 수리조합사업에 나오는 대행기관의 문제도 알 수 있다. 대행기관이란 조선토지개량회사朝鮮土地改良會社나 동양척식 주식회사 토지개량부 등 수리조합사업을 대행하는 기관이다. 주된 업무는 ① 창립사무, ② 측량 설계, ③ 공사 감독, ④ 기타 조합사무 등이며 수수료를 징수하도록 되어 있다.[118] 그러나《동아일보》를 보면 이 대행기관에 대한 불만이 컸음을 알 수 있다.[119] 무엇 때문에 대행기관이 필요하며, 또 대행기관에 지불하는 수

• • • • • • • • • • • • •

呪詛の聲を放つてあらう."

118　김진수, 앞의 논문, 2008b.

119　〈全朝鮮水利組合實査〉,《동아일보》1927.12.18;〈代行數料一定問題: 代行機關의 現狀〉,《동아일보》1928.6.13;〈評議會를 決議機關 水組의 自治도 決議, 會計監査도 地

수료 등으로 비용이 높아지는 것은 아닌가 의문스러운 것이다.

원래 대행기관이 필요한 경우는 아주 바쁜데 경제적으로 여유가 있을 경우다. 바빠서 자신이 직접 할 수 없을 때 금전을 지불하고 대행시키면 편리하기 때문이다. 그러나 조선 농촌에는 실업자가 많아 노동력은 남아돌고 경제적으로는 여유가 없었다. 전문적인 일이라 해도 직접 해야 할 상황이었다. 대행기관이 하는 창립사무나 기타 조합사무 등은 직접 할 수 있고, 측량 설계 및 공사 감독은 청부업자에 부탁하면 되므로 대행기관을 거칠 필요가 없었다. 그런데도 이러한 기관들이 생겨난 이유는 조선인의 수리조합비로 일본인 실업자를 어떻게든 해결하기 위해서였다. 조선인의 눈을 속이려면 가능한 한 복잡하게 해야 할 것이다. 그렇지 않아도 수리조합은 아주 복잡한 조직이고, 거기에 토목 청부업자가 들어가는 것만으로도 복잡한데 대행기관까지 얽히면 더 그렇게 된다. 회계보고가 자세히 시행될 일도 없고 회계감사가 시행될 일도 없으므로, 결국 조선인은 그 조직의 회계가 어떻게 되어 있는지 잘 모르게 되고 따지지도 못하게 된다. 《동아일보》도 지적은 하였지만 간단한 정도로 끝내고 있다.

여기까지 내용을 정리해 보면, 일본인이 수리조합을 이용해서 조선인이 부담한 수리조합비에서 이익을 챙기는 구조가 확인된다. 수리조합비로부터 얻은 일본인 토목청부업자의 이익이 일본인 지주에게도

••••••••••••••••
主가 選定), 《동아일보》 1930.11.26; 〈水利組合檢討監督當局의 責任을 論함(四)〉, 《동아일보》 1931.7.9.

분배되고, 그것과는 별도로 조합 직원의 급여나 대행기관 수수료의 상당 부분이 일본인의 손에 넘어갔다. 결국 일본이 조선을 식민지배하며 조선 재정을 장악한 상태에서, 조선에서 이익이 충분히 확보되지 않자 농민으로부터 세금 이외에도 강제집행이 가능한 수리조합비를 부과하여 자금을 과도하게 모아 일본 토목건축청부업자와 일본인 지주, 수리조합에 근무하는 일본인 등에게 부당한 이익을 주는 시스템으로 작용한 것이 수리조합사업이었다고 할 수 있다. 이러한 자금의 흐름을 거시적인 시각으로 본다면, 조선인 지주의 자본이 일본인 지주·청부업자 및 그 밖의 일본인에게 대량으로 유출된 것이라 할 수 있다.

제 4 장

식민지 근대화론에 대한 분류와 반론[001]

식민지 근대화론은 '친일파'의 이론적 대명사라고도 말할 수 있다. 관련 내용이 교과서에 실리면 큰 문제가 되고, 그 교과서에 대한 반대 운동이 전개될 정도이다. 그러나 비판은 많지만, 제대로 된 비판은 충분하지 않다. 또한 식민지 근대화론 안에도 여러 가지 주장들이 혼재하므로 정리할 필요가 있다.

여기에서는 식민지 근대화론의 주장을 분류하고, 그 내용을 소개하

001　이 장은 2015년 11월 19일 동북아역사재단 주최의 학술회의 "한일관계의 제문제와 동북아 역사문제"에서 발표한 내용을 수정·보완한 것이다.

고 나서 각 주장에 대한 소략한 반론을 제기하여 마무리하고자 한다. 식민지 근대화론의 내용 가운데서도 식민지 시대의 경제에 관한 분야로 한정하여 논할 것이다. 때문에 해방 뒤 대한민국의 경제발전과 관련된 사항이나 구한말의 경제적 상황을 다루지 않았고, '근대화'에 포함된 제도나 법의 정비 내용들도 일단 제외하였다.

식민지 근대화론 측 주장을 구체적으로 살펴보면, 다음과 같이 다섯 가지로 나눌 수 있다. 그 주장의 내용을 소개한다.

식민지근대화론의 분류

① 식민지 조선 경제 발전론

식민지 조선의 경제가 발전했다는 주장이다. 이에 대해서는 대부분 이론異論이 없을 것이다. 많은 공장들이 세워지고 일제의 병참기지로서 역할한 식민지 시대 후기와 근대적인 공장 등이 거의 없었던 구한말은 큰 차이가 있기 때문이다. 조선총독부의 많은 통계 수치도 식민지 조선의 경제 발전을 나타내고 있다. 이에 기초한 연구가《한국의 경제 성장: 1910-1945》[002]에 정리되어 있다.

② 일제에 의한 경제 발전론

일제에 의하여 경제가 발전했다는 주장이다. 조선총독부 예산은 조선 내의 세금 수입만으로는 부족하기 때문에 보조금으로서 일본 국내의 예산에서 자금을 충당했고, 더구나 대규모 토목사업 등에는

----

002   김낙년 편,《한국의 경제 성장: 1910-1945》, 서울대학교출판부, 2006.

채권을 발행하고 일본 대장성 예금부가 그 채권을 매수하는 형식으로 일본의 자금이 투입되고 있었다. 그 자금으로 조선의 인프라 정비가 이루어지고 경제 발전의 기초를 만들었기 때문에, 일제가 조선경제를 발전시킨 것은 확실하다는 주장이다.

③ 조직적 수탈 부재론

일제에 의한 의도적·조직적 수탈은 없었다는 주장이다. 이에 따르면 제2차 세계대전 말기 예외적인 수탈은 있었지만, 이를 제외하면 경제 전체에 영향을 미치는 조직적·구조적 수탈은 없었다.

해방 이후로 한국 역사학계는 식민지 시대의 가장 크고 대표적인 수탈은 토지 조사 사업에 따른 토지 수탈과 산미증식계획으로 본격화된 쌀 수탈이며, 이 두 가지가 조선인을 빈곤으로 몰아넣은 최대 원인이라고 생각해 왔다. 그러나 조직적 수탈 부재론 측에서는 일본인 지주가 소유한 토지가 대폭 늘어난 때는 토지 조사 사업이 이루어진 1910년대가 아니라 1926~1935년이므로 토지 조사 사업에서 토지 수탈이 거의 없었으며[003] 일본인 지주는 정상적인 경제 거래로 토지를 입수하고 있었다고 했다. 또한 쌀도 제2차 세계대전 말기를 제외하면 수탈이 아니라 통상의 경제적 거래에 지나지 않았다고 주장했다. 즉, 일본의 쌀값이 30퍼센트 정도 비쌌기 때문에 일본으로 수출(移出)되었다는 것이다.[004]

④ 일제 권력의 경제 악용 부정론

003　조석곤, 〈수탈론과 근대화론을 넘어서〉, 《창작과 비평》 25-2호, 창비, 1997; 허수열, 〈일제시대 개발은 '개발 없는 개발'〉, 《월간 말》 227호, 2005, 109쪽. 이 책 19쪽 참조.
004　이영훈, 《대한민국 이야기: 《해방전후사의 재인식》 강의》, 기파랑, 2007, 70쪽.

일제는 권력을 가지고 있었지만, 경제 분야에서 권력을 악용하거나 경제 분야에 개입하지는 않았다는 주장이다. 이와 같이 주장하는 김낙년은 경제란 일상의 자발적 거래를 중심으로 하기 때문에 일제 권력은 경제 영역에 개입할 수 없었거나 개입하기가 어려웠고, 실제로 개입하지 않았다고 보았다.[005]

⑤ 경제 이익의 평등 파급론

경제 발전의 이익은 일본인만이 아니라 조선인에게도 어느 정도 평등하게 널리 전달되었다는 주장이다.

식민지 시대에 경제가 발전하였다고 해도 그것은 일본인 경제만 해당되며 조선인 경제는 이와 단절된 이중구조였다고 하는 것이 이중구조론인데, 호리 가즈오堀和生는《조선 공업화의 사적 분석朝解工業化の史的分析》에서 이 이중구조론을 비판하였다. 기존 연구에서 일본인 경제와 매우 빈곤한 조선인 경제가 마치 상호 영향이 없었던 것처럼 기술하는 것은 잘못이며, 일본인을 중심으로 한 경제 발전이었지만 조선인 경제도 거기에서 영향을 받아 발전했다고 주장한 것이다.[006] 또한 김낙년도 "공업화가 진행된 것, 그 과정은 일본인 자본이 주도했다고 하여도 조선인 자본이나 노동자의 성장을 배제되지는 않았다는 점들이 밝혀지고 있다."[007]라고 쓰며 이중구조를 부정하였다.

005 김낙년,《일제하 한국경제》, 해남, 2003, 2~3쪽; 김낙년 편, 앞의 책, 7쪽. 김낙년은 이 같은 내용을 여러 번 되풀이하여 주장하였다. 이 책 서설 25~26쪽 각주 15 참조.

006 堀和生,《朝解工業化の史的分析》, 有斐聞, 1995, 9~13쪽.

007 김낙년, 앞의 책, 11쪽.

이와 같은 주장으로 식민지 근대화론자는 일제강점기의 경제 발전에 따라 조선인도 그 이익을 받았다고 주장하고 있다.

우선 반론에 들어가기 전에 통계를 하나 소개하겠다. 《조선총독부 통계연보》의 1928년 일본인과 조선인의 인구와 우편저금 잔고에 대한 것이다. 이 내용을 《일본인과 조선인日本人と朝鮮人》[008]이라는 책에서 보고 충격을 받아 《조선총독부 통계연보》의 수치를 발췌하여 정리하였다. 은행의 예금 잔고는 일본인과 조선인으로 나눠져 있지 않았지만, 우편저금은 나눠져 있었기에 이러한 표를 만들 수 있었다.

〈표 4-1〉 1928년 재조선 일본인과 조선인의 인구와 우편저금 잔고

	일본인		조선인		합계
인구	469,043명	2.45%	18,667,334명	97.55%	19,136,377명
우편저금액	26,481,546엔	86.01%	4,305,957엔	13.99%	30,787,503엔
1인당 저금액	56.46엔		0.23엔		
조선인 기준 저금액 비율	244.76		1		
1인당 추정 은행 예금 잔고	442.87엔		1.80엔		

출전   朝鮮總督府, 《朝鮮總督府統計年報》 昭和三年, 1930에서 산출.

이것을 보면, 인구의 겨우 2.45퍼센트인 일본인이 우편저금의 86퍼

008   吉留路樹, 《日本人と朝鮮人: 日本人の血の中にひそむ蔑視と差別》, エール出版社, 1972, 3쪽.

센트를 가지고 있는 것을 알 수 있다. 거의 믿을 수 없는 상황이다. 계산하면 1명당 조선인보다 245배 많은 자산을 소유하고 있는 상황이 된다. 다른 은행 예금은 일본인과 조선인을 구분하지는 않았지만, 예금 총액은 도합 2억 4,150만 엔으로 우편예금의 약 7.8배이다. 1인당 추정 은행 예금 잔고는 우편저금의 저금액 비율을 그대로 은행 예금에 적용하여 추계한 것이다.

식민지 근대화론을 주창하는 논문 가운데는 인구가 아주 적었던 일본인이 모든 것을 장악하는 것은 불가능하기 때문에 조선인에게도 경제적인 이익이 배분되었다는 내용이 많다. 또한 당시 조선인이 일본인 노동자 임금의 반밖에 받을 수 없었다는 자료를 읽으면서도, 그래도 50퍼센트 정도는 받고 있었다고 생각하고 있었다. 그러나 그때 이 우편저금액의 차이에 압도되어 버렸다. 일본인의 저금은 실제로 조선인의 245배에 달했던 것이다. 일본인 한 사람이 조선인 245명분의 경제력을 가지고 있었다.

만일 1백 명 정도의 상당히 우수한 일본인만이 조선에 와 있었다고 하면 말이 될지도 모르겠지만, 그때는 이미 40만 명 이상의 일본인이 조선에 와 있었다. 게다가 일본에서 상당히 가난했던 일본인이 온 경우도 많았음에도 그 차이는 상상을 초월한다. 이 압도적 차이가 수탈이나 착취, 부당한 이익 확보 없이 만들어질 수 있었을까. 그렇지는 않았을 것이다. 여기에는 무엇인가 중대한 문제가 있었다는 의구심이 들지 않을 수 없다. 이러한 점을 의식하며 식민지 근대화론에 대한 반론을 되새겨 보자.

식민지 근대화론에 대한 반론

'① 식민지 조선 경제 발전론'에 대한 반론

농업은 별로 발전하지 않은 것과 1910년대 통계상의 오차가 컸던 문제를 제외하면, 필자는 식민지에서의 경제 발전은 인정해야 한다고 생각한다. 다만 이 책 제3장 제2절에서 분석한 것처럼 조선총독부통계자료에 있는 조선인의 임금은 현실보다 너무 비싸게 위조된 것이기 때문에 그 경제발전의 수치도 더 낮게 수정해야 한다고 생각한다. 다시 말하면 식민지 근대화론 쪽 학자들이 GDP 수치 등을 추산할 때 그 위조된 인건비를 기초로 해서 계산했기 때문에 상당히 수정해야 한다는 것이다. 경제 발전을 인정하되 그 내용을 엄밀히 비판해야 한다고 보기 때문이다.

'② 일제에 의한 경제 발전론'에 대한 반론

일제는 표면상으로는 조선의 경제 발전을 추진하였지만, 실은 조선의 경제 발전, 특히 공업의 발전을 상당히 경계하고 있었다. 앞에서도 살펴보았지만, 조선 공업을 발전시키려고 노력하던 다가와 쓰네지로에게 시모오카 정무총감은 그렇게 되면 일본이 곤란해진다고 설명하였다. 그는 일본에서도 휴업하고 있는 공장이 많은데, 조선에 공장을 세워 더 싼 제품을 만들면 일본이 곤란해지기 때문에 조선의 공업이 발전할 만한 정책은 취하지 않도록 해 왔다고 고백했다.[009] 해방 이후 한국이 안행형 경제 발전 형태로 일본을 좇아온 것과 같이 식민지 조선의 경제가 성장하면 일본이 곤란하게 된다고 예측하고 있었다는 것이다.

만약 일제가 진정한 의미로 조선을 발전시키겠다고 했다면, 메이지 시대에 일본 정부가 많은 관영 공장을 건설하여 민간에 불하한 것처럼 조선총독부의 예산으로 공장을 지어 민간에 불하했겠지만, 그러한 일은 결코 하지 않았다. 공업을 발전하지 못하게 하면서도 조선 경제를 위해 진력했다는 대의명분을 내세울 수 있는 것이 인프라 정비였기 때문에, 인프라 정비 즉 토목공사를 편중시켰다고 말할 수 있다. 더욱이 교통비나 전기요금 등을 일본보다 이상하리만치 비싸게 설정하여 공업 발전을 억제하였다고도 생각된다.[010]

1930년대 만주국이 만들어지며 새로운 시장이 확보되었기 때문에 많은 공장이 들어서기 시작했지만, 어디까지나 일본 안의 공장과 경합하지 않도록 배려하면서였다.

'③조직적 수탈 부재론'에 대한 반론

토지 조사 사업으로는 토지를 수탈당하지 않았다고 하여도, 동시기

• • • • • • • • • • • • • •

009　京城商工會議所, 《京城商工會議所二十五年史》, 1941, 87~88쪽.
　　　이 책 40쪽 조선의 안행형 경제 발전을 무서워한 일본을 참조.

010　牧山正德, 〈朝鮮の勞銀問題〉, 朝鮮總督府 編, 《朝鮮》 2月號, 1931.
　　　전기요금은 일본에서는 1킬로와트시에 2전 3전 5리였으나 조선에서는 4전 5전 5리로 훨씬 비쌌다. 수송비 또한 국외 수송인 일본 오사카에서 조선 경성까지 운임이 조선 내 부산-경성 사이 운임과 거의 같았으며, 일본 고베에서 경성까지 운임은 이보다도 저렴했다.

〈표 4-2〉 조선과 일본의 1석[150킬로그램]당 쌀 가격 추이 (단위: 엔)

	조선 내 미가 (A)	일본 미가 (B)	조선에서 일본으로 이출 가격	조선 미가 기준 일본 미가
大正 13[1924]	33.06	38.73		17.2%
14[1925]	32.13	35.76		11.3%
昭和 1[1926]	30.09	33.05		9.8%
2[1927]	25.14	28.43	31.30	13.1%
3[1928]	25.31	27.09	27.69	7.0%
4[1929]	23.55	26.62	27.21	13.0%
5[1930]	13.13	16.73	22.61	27.4%
6[1931]	16.95	16.55	16.23	-2.4%
7[1932]	18.91	20.46	20.50	8.2%
8[1933]	18.59	20.25	20.67	8.9%
9[1934]	24.86	26.71	23.90	7.4%
10[1935]	27.37	28.04	28.57	2.4%
11[1936]	27.84	27.70	29.87	-0.5%
12[1937]	29.00	31.24	31.70	7.7%
昭和 13[1938]	31.58	32.99	32.35	4.5%
14[1939]	39.04	44.94	35.42	15.1%
평균	26.03	28.46		9.38%

출전　拓務大臣官房文書課 編, 広瀬順晧 解説,《拓務省 拓務統計》(復刻本, 全4卷) 昭和 3年 ~昭和 14年, クレス出版, 2000.

비고　조선과 일본의 미가는 이선배가 농산물 쌀값 항목(米欄)에서 매해의 생산액(단위: 엔)을 생산량(단위: 석)으로 나누어서 산출하였다. 평균값은 필자가 계산하였으며 미가 차이 백분율의 평균은 소수점 아래 둘째 자리에서 반올림한 연도별 백분율의 평균이다.

대량으로 시행된 철도 및 도로 공사 등에서는 용지에 해당하는 장소의

토지 기부가 강제되었으므로 수탈이 이루어지고 있었다.[011]

쌀이 일본으로 수출[이출]된 것은 일본에서 쌀이 30퍼센트 정도 더 비쌌기 때문이므로 수탈이 아니라고 이영훈은 주장하고 있지만, 〈표 4-2〉[012]를 보면 알 수 있듯이《척무성 척무통계拓務省拓務統計》에 게재된 기간 동안 쌀 가격은 평균 9.38퍼센트 차이 났다. 세계 대공황과 쇼와 공황昭和恐慌의 영향을 가장 강하게 받은 1930년의 27.4퍼센트가 최대 이며, 이 밖에는 20퍼센트를 넘은 경우도 없다. 대부분 10퍼센트 안팎의 가격차밖에 나지 않는다. 이영훈의 주장은 잘못인 것이다.

이렇듯 가격차가 조금밖에 나지 않음에도 수송비 등을 들여서 일본까지 수출할 수 있었던 이유는, 공동판매장에서 시장 가격과 관계없이 부당하게 싸게 매입했기 때문이다.[013] 쌀은 공짜로 수탈당한 것은 아니지만 정당한 가격보다 훨씬 낮은 가격으로 빼앗긴 것이며, 그 가격차만큼 수탈당한 것이 된다. 또한 이 책 제3장 제2절에서 지적했듯이 토목공사에서 조선인 노동자의 저임금과 수리조합사업의 부당한 비용에도 수탈에 해당하는 부분이 있다.

'④일제 권력의 경제 악용 부정론'에 대한 반론

김낙년은 경제 영역에서는 일상의 자발적 거래가 이루어지므로

011　中野正剛,《我が觀たる滿鮮》, 政敎社, 1915, 52~55쪽.

012　이선배,《일제강점기 진실의 문》, 한국학술정보, 2011, 55~57쪽.
　　　이 표는 필자가 이선배와 직접 만나 계산 방법에 대해 설명을 들은 뒤 수정한 것이다. 본래 이선배가 계산하여 내놓은 수치는 8.3퍼센트로 이와는 약간 다르지만 이영훈이 제시한 30퍼센트라는 수치가 잘못임을 아는 데는 무리가 없다.

013　위의 책.

'수탈'이 일반적이었다고는 생각할 수 없다고 하였지만, 정말로 그럴까? 두 가지 의문이 생긴다. 하나는 국가주권이 개입하는 경제 분야가 있다는 점이다. 그것이 재정과 금융이라는 것은 말할 것도 없다.

세금을 징수하는 세입, 그리고 그 모인 세금을 어떻게 사용하느냐는 세출, 이 재정이야말로 국가권력이 개입하는 최대의 경제 분야일 것이다. 나아가 금융도 살펴야 한다. 이자 제공을 조건으로 민간의 남는 자금을 은행에 모아 개인이나 기업에 융자하는 것이 금융인데, 이러한 재정과 금융 면에서 일본인에게 부당하게 유리한 부분, 조선인에 대하여 부당하게 불리한 부분이 없었는지를 일체 조사하려고도 하지 않고 수탈이 성립하지 않았다고 하는 것은 무리가 있다.

조금만 생각해 보면 알 수 있다. 융자할 때 일본인에게는 이율이 5퍼센트고 조선인에게는 10퍼센트라면, 조선인에게 7퍼센트로 대출해 주겠다는 일본인이 나타날 것이다. 조선인의 처지에서 보면 은행에서 빌리는 것보다 이자가 싸기 때문에 일본인에게 빌리려고 할 것이고, 일본인은 은행에서 이율 5퍼센트로 빌린 자금을 조선인에게 7퍼센트로 빌려주는 것만으로도 이익이 발생한다. 이러한 이익을 부당 이익이라고 부를 수 있을 것이며, 또한 이렇게 조선인이 일본인보다도 많은 이자를 지불하지 않으면 안 되는 것이 부당한 손실이라고 말할 수 있다. 실제로 조선에 건너온 많은 일본인이 자신의 자금만이 아니라 융자를 받은 자금으로 조선인 대상 고리대업을 하여 부자가 되었다.[014] 이러한 상황은 정치권력에 의한 금융정책에 따라 발생하는 것이기 때

••••••••••••••
014   이 책 28쪽 참조.

문에 충분히 수탈이라고 부를 수 있다.

게다가 김낙년이 보지 않은 부분이 있다. 식민지 시대에는 일상의 경제생활까지도 일제 권력의 영향을 받았다는 사실이다.

예를 들어 일본인 토목청부업자가 고용한 조선인 노동자에게 임금을 지불하지 않고 도망갔다고 하여도, 조선인 노동자가 손해 배상을 청구하거나 임금을 지불하게 하는 것은 거의 불가능했다. 이런 일들이 일반적으로 통용되기 시작하면 임금은 오르지 않는다. 조선인 노동자의 처지에서는 적더라도 임금을 지불받는 편이 나으므로 터무니없이 싸더라도 참게 되고, 일본인 토목청부업자 입장에서는 인건비를 낮추고 싶기 때문에 저임금이 유지되는 셈이다.

물건을 살 때도 같다. 일본인이 상품을 비싸게 팔려고 하는 조선인에게 불만을 이야기하고, 때리고, 결국 상품을 빼앗았는데도 아무런 처벌도 받지 않는 사건이 일어나면, 조선인은 일본인의 폭력을 피하기 위해서 처음부터 울며 겨자 먹기로 싸게 팔게 된다. 조선총독부가 일본인의 부정사건이나 폭력사건을 묵인함으로써 일본인에게는 부당하게 유리하고 조선인에게는 부당하게 불리한 환경이 형성되는 것이다. 식민지 조선이라는 공간에서는 직접적이지 아니어도 이러한 구조적인 폭력이 지배하고 있었고, 그것은 일제에 의한 경제적인 악용이었다.

또한 당시 만주에서 활약하던 토목업자인 사카키다니 센지로가 중국인 업자보다 2할 비싸고 질도 다름없었으나 일본인 업자와 거래했다는 기록이 남아 있다.[015] 이는 국가권력의 폭력 개입이라기보다는 일

015   峯崎淳, 〈日本の土木を歩く: 榊谷仙次郎と南滿洲鐵道株式會社(その9)〉, 《CE建設業

본인끼리라는 연대감에 따른 경우 같은데, 조선에서도 비슷한 구조가 있었을 것이라고 추측할 수 있다. 즉, 조선인의 것이라면 싸더라도 사주지 않는 경우가 있었을 것이다. 본래 수요와 공급으로 결정되는 시장경제에서 이렇듯 국가권력·폭력·연대감 같은 전혀 다른 요소가 개입하여 조선인에게는 손실을, 일본인에게는 이익을 초래하는 구조가 형성되었을 것으로 예상된다. 이 같은 식민지 시대의 경제를 시장 경제 또는 자본주의 경제라고 할 수 있을지 의문이 생긴다.

'⑤경제 이익의 평등 파급론'에 대한 반론

호리 가즈오와 김낙년이 모두 이중구조론을 비판하고 있으나, 무엇보다도 짚고 넘어가고 싶은 것은 제2차 세계대전 뒤 일본 경제에서 이중구조가 상당히 문제가 되었다는 사실이다.[016]

전후 일본 경제는 고도 경제 성장이 시작하게 될 때까지 기간, 즉 1950~1960년대의 대기업과 중소기업, 또는 근대적 공업 부문과 전통적 공업 부문, 그리고 도시와 농촌 사이의 상당히 큰 임금 격차를 이중구조라고 불렀다. 이중구조는 일부 경제학자가 주장한 문제가 아니라, 일본 정부가 발행한 경제백서에서도 1957년부터 그 구조를 설명하고 해소를 호소했을 만큼 큰 문제였다. 그때 임금격차가 100 대 47 정도

• • • • • • • • • • • • • • • •

界》第57-3號, 2008.

016 正村公宏, 《現代日本經濟論》, 日本評論社, 1968, 37~55쪽; 有澤廣己, 《昭和經濟史》下, 日本經濟新聞社, 1980, 182~185쪽; 村隆英, 《昭和經濟史》, 岩波書店, 1986, 235~250쪽 등에는 이중구조가 단순히 어휘 수준에서 언급되기만 한 것이 아니라, 목차의 제목에 나와 있으며 그 장에서 논의할 중심 주제로 다루어지고 있다.

였고, 이 이중구조는 일본의 고도 경제 성장으로 해소되었다.[017] 일본 안에서 대기업과 중소기업 사이에 경제 거래가 활발하게 이루어지고 그 임금 격차가 100 대 47 정도 되는 상황을 이중구조라고 부르고 있었다면, 식민지 시대에 일본인 경제와 조선인 경제 사이에 약간의 거래가 있었다고 해서 너무나 큰 경제적인 차이를 무시하고 이중구조를 통째로 부정한다는 것은 모순된 태도라고 할 수 있다.

물론 식민지 조선에서 일본인 경제가 발전함에 따라 조선인 경제가 좋은 영향을 받은 경우도 있었을 것이고, 일본인 경제와 조선인 경제를 완전히 분리하는 것은 곤란한 일일지도 모른다. 그러나 전술한 바와 같이 조선인을 억제하고 수탈·착취할 수 있는 구조가 있었다. 전체적으로 생각해 보면 조선인 경제와 일본인 경제를 나누어서 생각하는 것은 충분히 가능하고, 이중구조를 말하는 것은 아무런 문제도 없으며, 오히려 당연한 것이다.[018] 앞부분에서 살펴본 우편저금 잔고가 이 부분에 대한 근거가 될 것이다.

017　앞의 책, 238면.

018　이 부분에 관해서 가장 상세하고 설득력 있는 연구가 허수열의 《개발 없는 개발》일 것이다. 조선이 경제적으로 발전하여도 조선인에게는 거의 이익이 되지 않았던 당시 상황을 실증적이고 상세하게 분석해 낸 업적이 뛰어나다.

결어

이 책은 크게 두 부분으로 구성되어 있다. 하나는 필자의 박사논문 토목공사를 중심으로 한 서설부터 제3장까지의 부분이며, 또 하나는 제4장의 식민지 근대화론의 분류와 반론으로 구성되어 있다. 결어에 서는 각 부분을 요약하고 간단한 소감을 쓰겠다.

일제하 일본인 토목청부업자의 활동과 이윤 창출 요약

일제하 조선에서 활약한 일본인 청부업자의 기원은 메이지 유신 직후의 일본이다. 그때 일본에서는 많은 외국인 기술자의 협력을 받아 철도를 중심으로 순조롭게 서양 토목기술을 도입하였기 때문에 청부 업자들이 쉽게 성장할 수 있었다. 1889년부터는 회계법이 제정되어 일반경쟁입찰 방식이 채용됨으로써 쉽게 신규 청부업자가 될 수 있는 환경이 조성되었다.

1890년대 후반에는 일본의 철도 공사가 거의 없어졌는데, 조선에서 경인·경부·경의철도 공사가 시작되어 일본인 청부업자들이 대거 몰려왔다. 조선인 청부업자들이 많이 발생하여 같이 공사를 해 나갔지만, 러일전쟁이 시작되자 일제는 군사력을 배경으로 대한제국과의 계약을 완전히 무시하였고, 일본인 청부업자들이 공사를 독점하게 되었다. 한국병합 이후 해방까지 조선총독부의 통계를 보면, 영선비·토목비·철도 건설 및 개량비·토지 개량비·사방사업비 등 토목관련비 합계가 조선총독부 재정 지출의 약 20퍼센트를 차지했다.

조선총독부는 겉으로는 공정한 토목 정책을 표방하였다. 그러나 조선인 청부업자의 신규 참입을 막기 위해서 현장 감독을 청부업자가 준비해야 하는 기술주임제도를 창설하였고, 칙령 제120호와 칙령 제411호로 수의계약과 지명경쟁입찰을 실행하였다. 1922년에 회계법이 개정되며 칙령 제120호·제411호가 폐지되자, 일본인 청부업자들은 빈번하게 담합을 하였다. 담합은 유죄 판결을 받았지만, 조선총독부는 1932년 정무통감 통첩과 1934년 회계사무장정 개정을 통해 일본인 청부업자들이 담합하지 않아도 이윤을 확보할 수 있도록 보호해 주었다. 이렇게 조선총독부가 일본인 청부업자들만을 보호하는 가운데 조선인 청부업자는 성장하지 못했고, 입찰 때도 차별받았다.

1920년대에 일본인 청부업자들은 토목 공사를 늘리기 위해 상공회의소를 통해 동상운동을 펼쳤다. 일본 도쿄까지 가서 수차례 정치인들을 만나고 설득하였으며, 재계인을 동원하고 단체를 만들었다. 이러한 정치운동으로 수리조합사업과 철도 12년 계획을 제국의회에 승인받도록 했다. 이는 재조선 일본인 청부업자들이 일본 내지의 정치에 영향을 준 큰 일이었다.

이러한 일본인 청부업자들 밑에서 조선인 노동자들이 저임금으로 일하고 있었다. 게다가 그조차 지불되지 않은 경우가 많아 신문에 자주 보도되었다. 조선총독부가 발표한 공식 통계에 따르면 조선인 노동자의 임금은 평균 하루 1엔으로 일본인 노동자의 절반가량이었지만, 실제로는 30~50전으로 일본인 노동자의 4분의 1정도밖에 되지 않았다. 이 차이만큼 일본인 청부업자가 합법적으로 착취한 것이다. 조선인 노동자 1인의 임금을 하루 1엔으로 계산할 때 일반적인 토목공사에서 노무비는 공사비의 57퍼센트를 차지한다는 자료가 있으니, 모든 토목공사비의 57퍼센트 이상, 즉 28퍼센트 이상을 조선인 노동자에게서 구조적으로 착취하고 있었던 셈이다.

조선총독부는 일본인 청부업자들이 이처럼 많은 이익을 확보하는 것을 알고 있었다. 일본인 청부업자들은 습관적으로 이익을 확보하기 위해 담합을 했고, 그런 와중에도 임금 미불 문제 등 여러 가지 문제를 일으켰다. 담합사건의 유죄 판결은 그에 대한 징계였다고 생각된다. 일본 내지와 대만에서는 담합이 무죄 판결을 받았다. 같은 담합인데 조선에서만 유죄가 된 배경에는 조선인 노동자의 저임금 문제가 있다고 추측된다. 조선총독부가 배려하여 일본인 청부업자에게 높은 이익을 주고 있는데도 임금 미불이나 부실 공사 등으로 조선인들의 반발을 사고 심각한 문제가 되자, 저임금 문제를 밝히지 않은 채로 일본인 청부업자를 징계하고 조선인들의 반발을 무마하고자 담합사건을 유죄로 만들었다고 보인다.

수리조합사업은 일본인 청부업자들이 토목공사를 늘리기 위한 것이었다고 생각할 수 있다. 일본인 청부업자들이 일본인 지주들에게 토목공사로 얻을 이익을 분배하겠으니 수리조합을 만드는 데 동의해 달라고 부탁했다고 추측할 수 있다. 농업 생산 향상이라는 수리조합사업의 목적은 부차적인 것이었으며, 실제로는 일본인 청부업자가 토목공사를 통해 이윤을 창출하고 이를 일본인 지주와 나누는 것이 숨겨진 목적이었다고 볼 수 있다. 이는 거시적인 시각으로 보면, 조선인 지주의 땅이 일본인 지주와 일본인 청부업자에게 부당한 방법으로 대량 유출된 셈이라 하겠다. 즉 조선인 지주의 토지가 수리조합사업을 통해 구조적으로 수탈당했다고 말할 수 있을 것이다. 이러한 사정들을 종합적으로 생각해 보면 알 수 있듯이 일본으로부터 조선에 투자된 자금의 대부분은, 다시 일본인들이 장악할 수 있는 구조가 되어 있었던 것이다. 그러므로 일본에서 막대한자금이조선에투입되었지만 일본인 부자는 대량생산되었으나 대부분의 조선인은 절대빈곤에서 벗어나지 못했던 것이다.

식민지 근대화론의 분류와 반론 요약

식민지 근대화론 측의 주장은 다섯 가지로 분류하여 살펴보았다. ① 식민지 조선의 경제가 발전하였다고 하는 식민지 조선 경제 발전론, ② 일제에 의해 경제가 발전했다고 하는 일제에 의한 경제 발전론, ③ 조직적 구조적인 수탈은 없었다고 하는 조직적 수탈 부재론, ④ 일제 권력은 정치 분야에서는 악이었지만, 경제 분야에서는 악이 아니었다고 하는 일제 권력의 경제 악용 부정론, ⑤ 식민지 시대 경제 발전의 이익이 조선인에게도 평등하게 파급되었다고 하는 경제 이익의 평등 파급론, 이 다섯 가지이다.

이들에 대해서는 다음과 같이 반론을 제기하였다. ① 식민지 조선의 경제 발전은 인정하지만, 그것은 ② 일제에 의한 것이 아니었다. 일제는 오히려 조선의 공업 발전을 억제하기 위해서 노력하고 있었다. ③ 조직적인 수탈은 없었다고 하지만, 도로나 철도 건설을 위해 강제된 토지 기부는 수탈이며, 쌀 수출이 경제적인 거래라 하여도 시장 가격보다도 부당하게 쌌던 부분만큼은 수탈이라고 할 수 있다. 토목공사에서 조선인 노동자의 저임금과 수리조합사업에서의 부당한 수리조합비도 수탈에 해당한다. ④ 일제 권력은 금융을 장악해서 조선인의 자금을 일본인에게 이동하도록 했다. 일본인에게 조선인이 부당하게 손해를 입어도 재판하지 않은 것은 일본인의 이익을 일제 권력이 지킨 것이며, 그 영향은 일상생활에도 있었다. ⑤ 경제 이익의 평등 파급론은 식민지의 일본인과 조선인의 압도적인 빈부 격차로 부정된다.

수탈의 새로운 정의와 일제강점기 경제 연구

일반적으로 수탈이란 강제로, 즉 폭력이나 권력, 협박 등으로 빼앗는 것을 말한다. 무력이나 권력을 사용하여 대가를 일체 지불하지 않고 재산 등을 가져가는 것만을 수탈이라고 한다면, 수탈은 거의 없었다고 할 수 있을지도 모르겠다. 그러나 무력이나 권력을 이용하여 대가를 조금밖에 지불하지 않고 재산을 가져가거나 부당한 이익을 챙기는 것까지 포함해서 수탈이라고 한다면, 수탈은 상당히 많았다. 그것을 구조적 수탈이란 개념으로 정의할 수도 있지 않을까 생각한다.

일제강점기의 경제 문제에 접근할 때 무엇보다도 주의해야 할 점은, '수탈'이라는 개념만으로는 전부 파악할 수 없다는 것이다. 예를 들어 조선총독부가 입찰 자격을 엄격하게 제한하여 조선인의 신규 참여를 어렵게 한 것도, 수의계약을 인정하여 일본인 청부업자의 이익을 확보한 것도 수탈이라고 말하기는 어렵다. 조선인에 대한 저임금 실태를 알면서도 동떨어진 통계 수치를 연이어 공개하고 그것을 바탕으로 더 높은 견적 가격을 산정하기는 하였으나, 경제는 이미 존재하는 가치만을 대상으로 하는 것이 아니며 새로운 가치를 생산해 가는 과정이 중요하기 때문에 그 과정에서의 문제가 모두 수탈이라는 개념에 해당하는 것은 아니다.

이러한 점을 감안한다면, 이제는 기존의 수탈의 정의에만 얽매일 것이 아니라 경제에 대한 일제 권력의 영향을 바탕으로 새로운 시각으로 연구해야 할 것이다. 정치권력에 의한 경제 영역에의 부당 관여·개입, 당연히 해야 할 일을 하지 않은 부당한 방치, 부작위 등을 포괄하는 폭넓은 개념으로 일제강점기 경제 연구가 진전되어야 한다. 즉 구조적인 폭력 지배를 당하는 가운데 경제가 어떻게 일그러졌는가가 연구되어야 한다는 것이다.

여기까지의 내용은 기본적으로 정확할 것이라고 생각되지만, 여러 가지 부족한 점이 있을 수 있다. 그런 부분은 지적해 주시면 감사하겠다. 그리고 왜 일본인이 일본의 악을 들추어내느냐는 의문도 있을 테지만, 이에 대해서 존경하는 사사가와 노리카쓰笹川紀勝 교수님은 "더 좋은 일본을 만들기 위해서"라고 하셨는데, 필자도 "그것이 한국을 위함과 동시에 일본을 위한 길이기도 하다"고 대답하고 싶다.

식민지 시대의 자료는 대부분 일본어로 되어 있어 한국인이 살펴보기 어려운 면이 많다. 그 까다로운 연구의 일부분에라도 도움이 된다면 행복하겠다. 필자의 연구로 새로운 연구가 활발해진다면 그 이상 기쁜 일은 없을 것이다.

참고문헌

연속간행물

《東亞日報》(東亞日報社) 《朝鮮日報》(朝鮮日報社) 《朝鮮》(朝鮮總督府文書課) 《皇城新聞》(皇城新聞社) 《通商彙纂》(外務省通商局) 《朝鮮土木建築協會會報》(朝鮮土木建築協會) 《京城土木建築協會會報》(京城土木建築業協會) 《工事の友》(水理土木研究會) 《朝鮮總督府統計年報》(朝鮮総督府) 《季刊三千里》(三千里社) 《世界》(岩波書店) 《土木建築工事畵報》(工事畵報社) 《한겨레21》(한겨레) 《CE建設業界》(日本土木工業協會)

연구서

1. 국문

강만길,《20세기 우리 역사: 강만길 교수의 현대사 강의》, 창작과 비평사, 1999.
김낙년,《일제하 한국경제》, 해남, 2003.
김낙년 편,《한국의 경제 성장: 1910-1945》, 서울대학교출판부, 2006.
金玉根,《日帝下朝鮮財政史論攷》, 一潮閣, 1994.
李榮薰·張矢遠·宮嶋博史·松本武祝,《近代朝鮮水利組合硏究》, 일조각, 1992.
이선배,《일제강점기 진실의 문: 병합 후 반세기 역사왜곡 비판》, 한국학술정보, 2011.
이태진,《동경대생들에게 들려준 한국사: 메이지 일본의 한국침략사》, 태학사, 2005.
정재정,《일제침략과 한국철도: 1892~1945》, 서울대학교출판부, 1999.

정태헌,《일제하의 경제정책과 조선사회: 조세정책을 중심으로》, 역사비평사, 1996.
정태헌,《한국의 식민지적 근대 성찰: 근대주의 비판과 평화공존의 역사학 모색》, 선인,
    2007.
車軒權,《日政下 朝鮮의 租稅政策》, 韓國租稅硏究院, 1998.
한영우,《다시찾는 우리역사》, 경세원, 1997.
허수열,《개발 없는 개발: 일제하 조선경제 개발의 현상과 본질》, 은행나무, 2005.

2. 일문

《國土交通省總合政策局建設百三十年史》, 鹿島硏究所出版會, 1971.
間組百年史 編纂委員會,《間組百年史: 1899-1945》, (株)間組, 1989.
岡本眞希子,《植民地官僚の政治史》, 三元社, 2008.
京城商工會議所,《京城商工會議所二十五年史》, 1941.
高橋裕,《現代日本土木史》(第二版), 彰國社, 2007.
高成鳳,《植民地鐵道と民衆生活》, 法政大學出版局, 1999.
堀和生,《朝鮮工業化の史的分析》, 有斐閣, 1995.
旗手勳·玉城哲 外,《水利の社會構造》, 國際連合大學, 1984.
吉留路樹,《日本人と朝鮮人》, エール出版社, 1972.
金谷要作,《朝鮮の産業金融について》, 友邦協會, 1980.
金洛年,《日本帝國主義下の朝鮮經濟》, 東京大學出版會, 2002.
金洛年 編,《植民地期朝鮮の國民經濟計算: 1910 - 1945》, 東京大學出版會, 2008.
大陸硏究社 編,《滿鮮問題の歸趨》, 大陸硏究社, 1934.
大石愼三郎,《江戶時代》, 中央公論社, 1977.
大平鐵畊,《朝鮮鐵道十二年計畫》, 朝鮮鐵道新報社, 1927.
東畑精一,《增訂日本農業の展開過程》, 岩波書店, 1936.
東畑精一·大川一司,《朝鮮米穀經濟論》, 岩波書店, 1935.
鹿島建設株式會社,《鹿島成建設社史》, 大成建設株式會社, 1963.
林健久,《日本における租稅國家の成立》, 東京大學出版會, 1965.
林信光 編,《圖說 日本の財政》(平成19年度版), 東洋經濟新報社, 2007.
梅渓昇,《お雇い外國人: 明治日本の脇役たち》, 講談社, 2007.
牧野良三,《競爭入札と談合》, 解説社, 1953.
牧野良三 述,《請負業者の所謂談合に就て》, 1935.
武田晴人,《談合の經濟學》, 集英社, 1994.
尾崎新二,《もう僕は京城っ子には戻れない》, 世界日報社, 1995.
社史発刊準備委員會大建設業課,《建設業許可業者数調査の結果について》, 2007.

山田盛太郎,《日本資本主義分析》, 岩波書店, 1934.

森武麿,《日本の歴史》20(アジア・太平洋戦争), 集英社, 1993.

杉田聡,《道路行政失敗の本質》, 平凡社, 2003.

三和良一,《改訂版日本經濟史》, 放送大學教育振興會, 1989.

石森憲治,《會計法精義》, 清水書店, 1909.

石井寛治,《日本の産業革命》, 朝日新聞社, 1997.

石井孝,《明治維新の舞台裏》, 岩波書店, 1975.

鮮交會,《朝鮮交通史》資料編, 1986.

孫基禎・鎌田忠良,《日章旗とマラソン: ベルリン オリンピックの孫基禎》, 講談社, 1988.

松尾茂,《私が朝鮮半島でしたこと》, 草思社, 2002.

松本武祝,《植民地朝鮮期の水利組合事業》, 未来社, 1991.

松浦茂樹,《明治の國土開発史》, 鹿島出版會, 1992

松下孝昭,《近代日本の鐵道政策: 1890~1922》, 日本經濟評論社, 2004.

児玉琢 口述, 竹下留二 編,《朝鮮の談合》, 1933.

野呂栄太郎,《日本資本主義発達史》, 岩波書店, 1930.

永後熊治郎,《汽笛はるかなり 朝鮮鐵道に半生を捧げたポッポ屋》, 文芸社, 2003.

外務省通商局 編,《通商彙纂》韓國篇 (10), 驪江出版社, 1987.

宇佐美誠次郎・谷山治雄, 共編,《現代財政論》, 大月書店, 1955.

遠山茂樹,《明治維新》, 岩波書店, 1950.

有沢広巳,《昭和經濟史》下, 日本經濟新聞社, 1980.

依田憙家,《再増補 日中両國近代化の比較研究序説》, 龍渓書舎, 1993.

依田憙家,《日本の近代化》, 北樹出版, 1989.

日本土木工業史編纂委員會,《日本土木工業史》Ⅱ, 社團法人日本土木工業協會, 2000.

田村貞雄,《殖産興業》, 教育社, 1977.

井上則之,《朝鮮米と共に三十年: 湯村辰二郎半生の記録》, 米友會, 1956.

正村公宏,《現代日本經濟論》, 日本評論社, 1968.

朝鮮經濟日報社 編,《朝鮮請負業年鑑》, 1935.

朝鮮總督府 農林局 農村振興課 篇,《農家經濟概況調査: 1933-38》, 1940.

朝鮮總督府 鐵道局 編,《朝鮮鐵道四十年略史》, 1940.

朝鮮總督府 鐵道局, 朝鮮鐵道史編纂委員會 編,《朝鮮鐵道史》, 景仁文化社, 1990.

朝鮮總督府 土地改良部 編,《朝鮮の水利組合》, 1929.

朝鮮總督府,《産業調査委員會會議錄》, 1921.

朝鮮土地改良部,《朝鮮土地改良事業要覽》, 1930.

佐藤常雄・大石慎三郎,《貧農史観を見直す》, 講談社, 1995.

中野正剛,《我が観たる満鮮》, 政教社, 1915.

中村隆英,《昭和經濟史》, 岩波書店, 1986.

榛葉孝平,《朝鮮の土木事業概要》, 友邦協會, 1967.

鐵道建設業協會,《日本鐵道請負業史》明治篇, 1967.

鐵道省,《日本鐵道史上編》, 1921.

鯖田豊之,《文明の条件》, 講談社, 1972.

沢井理恵,《母の京城, 私のソウル》, 草風館, 1996.

土木工業協會, 電力建設業協會, 編,《日本土木建設史》, 技報堂, 1971.

土木學會,《明治以後本邦土木と外人》, 1942.

土木學會岡田宏 編,《鐵道》(Ⅰ)(新体系土木工學 66), 技報堂出版, 1980.

海野福寿,《日本の歴史》18(日清·日露戰争), 集英社, 1992.

Eckert, Carter J., 小谷まさ代 訳,《日本帝國の申し子》, 草思社, 2004.

논문

고바야시 다쿠야,〈일제하 도로 사업과 노동력 동원〉, 서울대학교 대학원 국사학과 석
    사학위논문, 2010.

김낙년,〈일제하 조선인의 생활수준은 악화되었을까?〉,《역사비평》2006년 겨울호(통
    권 77호).

金性基·鄭勝振,〈創設過程에서 본 일제하 水利組合의 歷史的性格〉,《사회과학연구》
    제13권 제2호, 1997.

金載昊,〈植民地期의 財政支出과 社會間接資本의 形成〉,《경제사학》제46호, 2009.6.

김진수,〈일제수리사 Ⅰ~Ⅳ〉,《한국관개배수논문집》15권 1호~16권 2호, 2008~
    2009.

도리우미 유타카,〈일제하 일본인 請負業者의 활동과 이윤창출〉, 서울대학교 대학원
    국사학과 박사학위논문, 2013.

도리우미 유타카,〈일제하 조선인 노동자의 저임금과 일본인 토목청부업자의 부당 이
    익〉,《한일경상논집》60, 한일경상학회, 2013.

도리우미 유타카,〈일제하 수리조합사업과 일본인 토목청부업자〉,《한국문화》68, 서
    울대학교 규장각 한국학연구원, 2014.

박수현,〈일제하 水利組合 抗爭 연구: 1920~1934年 産米增殖計劃期를 중심으로〉, 중
    앙대학교 대학원 사학과 박사학위논문, 2001.

박이택·김낙년,〈자본형성〉, 김낙년 편,《한국의 경제 성장: 1910-1945》, 서울대학교출

판부, 2006.

손경희, 〈서면水利組合 설립에 대한 반대운동〉, 《계명사학》 제16호, 2005.

이금도·서치상, 〈조선총독부 발주 공사의 입찰방식과 일본청부업자의 수주독점 행태〉, 《大韓建築學會論文集 計劃系》 22권 6호.(통권212호), 2006.6.

李愛淑, 〈日帝下水利組合事業 展開와 地主制强化〉, 서울대학교 대학원 국사학과 석사학위논문, 1984.

田剛秀, 〈日帝下 水利組合事業이 地主制展開에 미친 影響: 産米增殖計劃期(1920-34)를 中心으로〉, 서울대학교 대학원 농경제학과 석사학위논문, 1984.

정승진, 〈식민지 지주제의 동향(1914~1945): 전북 《부산군 춘포면 토지대장》의 분석〉, 《한국경제연구》, 제12권, 2004.

정승진, 〈일제시대 전익水利組合의 전개과정과 그 역사적 의의〉, 《한국농촌경제연구원 논집》 제31권 제6호, 2008.

조석곤, 〈식민지근대화론 연구성과의 비판적 수용을 위한 제언〉, 《역사비평》 2006년 여름호(통권 75호).

조석곤, 〈식민지근대화론과 내재적발전론의 재검토〉, 《동향과 전망》 1998년 여름호(通卷第38號).

차명수, 〈경제 성장·소득분배·구조변화〉, 김낙년 외, 김낙년 편, 《한국의 경제 성장: 1910-1945》, 서울대학교출판부, 2006.

허수열, 《《해방 전후사의 재인식》의 식민지경제에 대한 인식 오류〉, 《역사비평》 2006년 여름호(통권 75호).

허수열, 〈일제시대 개발은 '개발 없는 개발'〉, 《월간 말》 2005년 5월호(통권 227호).

車明洙, 〈經濟成長·所得分配·構造変化〉, 金洛年 編, 《植民地期朝鮮の國民經濟計算: 1910-1945》, 東京大學出版會, 2008.

広瀬貞三, 〈1910年代の道路建設と朝鮮社會〉, 《朝鮮學報》 第164號, 1997.

金子文夫, 〈1920年代における朝鮮産業政策の形成: 産業調査委員會を中心に〉, 原朗 編, 《近代日本の經濟と政治》, 山川出版社, 1986.

本間德雄, 〈朝鮮の土木事業について〉, 《朝鮮の國土開発事業》(友邦シリーズ 第8號), 友邦協會, 1967.

玉城哲, 〈日本農業の近代化過程における水利の役割〉, 《水利の社會構造》, 國際連合大學, 1984.

遠藤正一, 〈安積疏水を作ったファン·ドールン〉, 《農村振興》 第692號, 全國農村振興技術連盟, 2007.

中村尚史, 〈帝國鐵道協會の成立: 日本鐵道業の發展と業界團体〉, 《經濟學研究》 第70卷 第4·5合併號, 九州大學, 2004.

찾아보기

ㄱ

ㅇ